DIE QUEEN DES TELESHOPPINGS
UND IHR WEG AN DIE SPITZE

STOLPERSTEINE
INS GLÜCK

Eden
BOOKS

Inhaltsverzeichnis

Vorwort

Liebe Judith Williams,

Uns eint nicht nur die Leidenschaft für die Oper, sondern auch das gemeinsame Schicksal einer schweren Erkrankung, das uns auf dem Zenit unserer Karrieren ereilt hat. Ich weiß, was es bedeutet, von einem Moment auf den anderen aus seinem gewohnten Leben und von der geliebten Kunst weggerissen zu werden. Aus diesem Leben, für das man so viel gegeben hat und das einem alles bedeutet. Ich weiß, wie es ist, wenn das Leben eine unerwartete Wendung nimmt und einen plötzlich verletzlich werden lässt und mit der Angst konfrontiert, alles Liebgewonnene und Erreichte zu verlieren.

In dieser Zeit hatte ich das große Glück, starken Rückhalt in meiner Familie zu finden. Und auch viele mir bislang unbekannte Menschen haben mich unterstützt und mir den Mut gegeben, die Leukämie zu bekämpfen. Kraft schöpfte ich während der Behandlung auch aus der Musik. Schließlich gelang dank dem großen Einsatz meiner Ärzte und neuester wissenschaftlicher Erkenntnisse die Rückkehr in ein gesundes und normales Leben. Genau wie Sie bin ich heute in der glücklichen Lage, sagen zu können, dass ich eine sehr schwere Krankheit bekämpft und besiegt habe.

Seit dieser Erfahrung empfinde ich eine Dankbarkeit und ein Glück wie noch nie zuvor in meinem Leben. Dies gab für mich den Ausschlag, die José Carreras Leukämie-Stiftungen ins Leben zu rufen, unterstützt von meiner Familie und einer Gruppe von bedeutenden Wissenschaftlern und Ärzten. Es ist mir heute mehr denn je ein Herzensanliegen, der Wissenschaft und der Gesellschaft etwas zurückzugeben und Leukämie eines Tages heilbar zu machen, um damit den betroffenen Leukämie-patienten Mut und Hoffnung zu spenden sowie konkrete Unterstützung durch die Leukämie-Stiftung anzubieten.

Liebe Judith Williams, Sie haben meine größte Bewunderung dafür, dass Sie es geschafft haben, Ihrer schweren Erkrankung die Stirn zu bieten. Sie haben unbeirrt und im Vertrauen auf eine gute Zukunft an sich gearbeitet. Dank Ihrer Energie und Ihrem Talent sind Sie heute eine erfolgreiche und leidenschaftliche Geschäftsfrau. Es berührt mich sehr, dass Sie seit Ihrer Genesung Ihre wundervolle Stimme für wohltätige Zwecke einsetzen und mit Konzerten und Musik-Produktionen anderen Menschen helfen. Und es erfüllt mich natürlich mit besonderem Stolz und großer Dankbarkeit, dass Sie den Verkaufserlös Ihres Buches meiner Stiftung zukommen lassen wollen.

Ich wünsche Ihrem Buch viel Erfolg. Es möge für alle ein gutes Beispiel und Inspiration sein.

Mit herzlichen Grüßen
    Ihr

José Carreras

7

Prolog

Acht Tage nach meiner Geburt gaben mir meine Eltern einen neuen Namen. Für ihre erste Tochter hatten sie Elizabeth Alexandra ausgewählt, doch nun lag Mommy im Krankenhaus der Amerikanischen Streitkräfte in München mit ihrem Baby im Arm und dachte: Sie sieht nicht aus wie eine Elizabeth! Meine Eltern sind gebürtige Amerikaner. Nachdem mein Vater den Metropolitan Award gewonnen hatte, den renommierten Nachwuchspreis der New Yorker Metropolitan Opera, haben sie sich Deutschland als neue Heimat ausgesucht. Hier gehörte Elisabeth seit vielen Jahren zu den beliebtesten Mädchennamen – doch auf einmal glaubte Mommy nicht mehr, dass er der Richtige für mich sei. Sie wusste nicht, wie sie das heikle Thema zur Sprache bringen sollte, als mein Vater zu Besuch kam. Noch war sein Stern als künftiger Opernstar nicht aufgegangen, trotzdem ließ seine Bassstimme bereits Wände erzittern und Fensterscheiben vibrieren. Er nahm mich liebevoll in den Arm und sah mich lange an. Dann wandte er sich an seine Frau. »Gaye«, dröhnte es durch die Geburtsstation, »sie sieht nicht aus wie eine Elizabeth!«

Später berichtete mir Mommy, wie ihr in diesem Augenblick ein Stein vom Herzen fiel. Und sie einmal mehr darüber staunte, wie gut sie sich mit ihrem Mann verstand.

»Wie sollen wir unsere kleine Schönheit dann nennen?«, fragte sie.

Daddy ist jemand, der nie um eine Antwort verlegen ist. »Das ist doch klar«, sagte er. »Hier haben wir eine Judith. Judith Alexis Williams, willkommen auf dieser Welt!«

Was meine Eltern dazu brachte, meinen Namen zu ändern, war ihr Bauchgefühl – heute passt er perfekt zu mir. Gleich zu Beginn zeigte sich, was sich wie ein roter Faden durch mein Leben ziehen sollte: Kehrtwendungen, Widerstände, Hindernisse und Stolpersteine säumten meinen Weg zum Glück.

Kapitel 1

Von Pudeln und Opern

Als meine Eltern Anfang der Siebzigerjahre von Salt Lake City nach München zogen, war die Stadt gerade dabei, sich als Gastgeberin der Olympischen Spiele und Ausrichterin des Endspiels um die Fußballweltmeisterschaft mächtig herauszuputzen. Der Stadtteil Schwabing wurde zum Zentrum der Freizügigkeit und Lebenslust. Jimi Hendrix rockte den Club »Big Apple«, während sich Mick Jagger und Keith Richard um das Groupie Uschi Obermaier balgten. Meine Eltern waren so jung wie die Leute, die Schwabing zum Partynabel Deutschlands machten, trotzdem konnte man sie hier nicht finden. Sie hatten anderes im Sinn, mit einem klaren Ziel vor Augen: Daddy würde in München ein Hochschulstudium zum Opernsänger absolvieren, während Mommy ihn dabei tatkräftig unterstützen wollte, obgleich sie selbst schon Erfolge auf der Theaterbühne gefeiert hatte. Soweit der Plan. Mein Vater wollte sein Ziel ohne finanzielle Unterstützung seiner Eltern schaffen. Als sie arm wie Kirchenmäuse in Deutschland ankamen – außer hundert Dollar und einer schwangeren Katze hatten sie nichts zu bieten –, hieß es erst einmal: Geld verdienen. Daddy nahm einen Job als Verkäufer in einem Hi-Fi-Geschäft auf dem amerikanischen Kasernengelände an, was meine Eltern dort zu einer günstigen Unterkunft berechtigte. Von Hi-Fi-Geräten hatte Daddy keine Ahnung, doch er hatte jede Menge Charme und seine Bassstimme. Damit verdreifachte er den Umsatz des Geschäftes in kürzester Zeit. Nach ein paar Monaten bot sich meinen Eltern eine überraschende Gelegenheit: Sie zogen nach Solln, den südlichsten Stadtteil Münchens. Dort gab es einen historischen Dorfkern und eine Villenkolonie aus der Gründerzeit, und in einer Villa bot ihnen die Besitzerin eine Wohnung an. Sie war kürzlich überfallen worden und daher überzeugt, dass ein »starker Mann« im Haus nicht schaden könne. Wie viele Bassisten ist Daddy ein Schrank von einem Mann. Trotzdem hätte er mögliche Einbrecher eher mit seinem tiefen »C« als mit seinen Muskeln in die Flucht schlagen können. Dann kam ich, am 18. September 1971. Neben dem Stolperstein »Welchen Namen geben wir dem Kind?« gab es ein weitaus schwerwiegenderes Ereignis: Beinahe wäre Mommy bei meiner Geburt gestorben. Sie hatte viel Blut verloren und ihr Kreislauf brach zusammen. Die Ärzte waren nicht in der Lage, eine Infusion zu legen. Daddy war im Kreißsaal. Seine donnernde Stimme wird heute noch zittrig und dünn, wenn er sich an den Vorfall erinnert.

»Plötzlich schrien Krankenschwestern und Ärzte um die Wette. Doch anstatt Gaye zu helfen, war es das Wichtigste, mich aus dem Raum zu bugsieren«, erzählte er mir neulich wieder unter Tränen, als ich ihn bat, meine Kindheitserinnerungen aufzufrischen. »Draußen flehte ich Gott im Himmel an, mir meine Liebste zu lassen. Ich hatte furchtbare Angst um Gaye und um dich. Sie mussten Mommy die Galle entfernen, was dazu führte, dass sie im ersten Jahr deines Lebens zu schwach war, dich in den Armen zu halten.«

Wer weiß, vielleicht führte diese Aufregung dazu, meinen Namen acht Tage später in Judith zu ändern. Judith bedeutet »Die Gepriesene« und sicher priesen Mommy und Daddy Gott dafür, dass am Ende alles gut ausgegangen war. Vielleicht hing es auch mit meiner extravaganten Patentante Judith zusammen. Die Schwester von Daddy flog aus London ein, um die nächsten sechs Monate als Ersatzmutter tätig zu sein. Heute wundert mich das nicht mehr: In der Familie Williams lässt man stets alles stehen und liegen, wenn irgendwo Not am Mann ist.

Als Mommy wieder auf dem Damm war, hatte Daddy eine gute Neuigkeit. Zu dieser Zeit lebte einer der berühmtesten Operntenöre der Welt in der Stadt, der Amerikaner James King. Der Sohn eines Sheriffs aus Dodge City im Bundesstaat Kansas gehörte zu den ersten Ausländern, die an der Deutschen Oper Berlin auftreten durften. Später sang er den Bacchus in *Ariadne auf Naxos* an der Wiener Staatsoper und gehörte als Siegmund in der *Walküre* zu den umjubelten Stars der Bayreuther Festspiele. King besaß ein Haus in Forstinning, dreißig Kilometer östlich von München, am Rand des Ebersberger Forstes. Seine Sehnsucht nach Wasser zog ihn jedoch an den Starnberger See und da tat er etwas Außergewöhnliches: Er vermietete sein Haus zu einem äußerst günstigen Preis an einen Bekannten von Daddy. Der war völlig überraschend Witwer geworden und hatte sechs Kinder zu versorgen. Natürlich war der Mann froh über diese einmalige Gelegenheit. Weil das Haus von James groß genug war, zogen wir gleich mit ein. So bekam ich von einem Tag auf den anderen sechs Geschwister und meine Mommy übernahm die Mutterrolle. Zum Glück war sie wieder voll bei Kräften und strotzte nur so vor Energie. Auch für mich konnte es nichts Besseres geben. Auf einen Schlag hatte ich ein halbes Dutzend Geschwister. Herrlich! Im Nachhinein kann ich nur staunen, wie meine Eltern bei all dem Trubel nie ihr Ziel aus den Augen verloren: Daddy sollte schließlich Opernsänger werden und im Haus eines Opernstars zu wohnen bedeutet noch lange nicht, auf seinen Spuren zu wandeln. So übte er weiterhin unverdrossen seine Arien, lernte Italienisch, trainierte die Fechtkunst und finanzierte alles als Angestellter des Hi-Fi-Ladens.

Familiensinn wurde bei uns Williams stets großgeschrieben – was meine eigene Patchworkfamilie, bestehend aus meinem Mann Alexander und unseren vier Kindern, bezeugt – und diesen Familiensinn durfte ich in den beiden fröhlich-chaotischen Jahren im Haus von James King ausleben. Ich schlief bei der ältesten Tochter im Bett, was mir ein wunderbar behütetes Gefühl gab. Tagsüber unterhielt ich die Kinder mit Geschichten und sang ihnen Arien vor, die ich von Daddy aufschnappte. Ein wunderbares Publikum – immer aufmerksam und fordernd! Ich kann mich an keinen Nachmittag erinnern, an dem wir Fernsehen schauten. Auch wenn ich heute selbst in dieser Branche tätig bin, bin ich mir sicher: Für Kinder ist ein Leben ohne Fernseher ein Segen.

Als Daddys Bekannter wieder heiratete und eine neue Mutter ins Haus kam, war es an der Zeit, weiterzuziehen. Ich tat das äußerst ungern und konnte mich am Anfang nicht an unsere neue Bleibe in einem anderen Haus der amerikanischen Armee gewöhnen. Doch blieb uns keine Wahl. Die deutsche Nationalmannschaft hatte dank eines Treffers von Gerd Müller die Fußballweltmeisterschaft gewonnen und nach der Olympiade und diesem Ereignis entwickelte sich München zur heimlichen Hauptstadt der Republik. Für eine abgebrannte amerikanische Kleinfamilie war es schwer, Unterschlupf zu finden. Schließlich zogen meine Eltern in einen kargen Altbau im Stadtteil Giesing. Kaum dort angekommen, eröffnete Daddy nicht weit entfernt einen Pudelsalon. Er liebt Hunde so sehr wie die Musik und von nun an gehörten waschen, föhnen, Fell scheren, Krallen schneiden und Ohrenpflege genauso zu seinen täglichen Arbeiten wie der Verkauf von Hi-Fi-Anlagen, die Gesangsausbildung, die Formenlehre und das Einstudieren neuer Lieder. Der Pudelsalon wurde mein Kinderzimmer. Als sei es gestern gewesen, erinnere ich mich an die beiden Räume im Erdgeschoss eines Mehrfamilienhauses. Vorn befand sich der Verkaufstresen mit allen Arten von Produkten, die Hunde und ihre Herrchen und Frauchen glücklich machen: Kauknochen, Shampoo, Spielzeug, Körbchen – und Hundeschokolade, die vor allem mir sehr gut schmeckte! Im hinteren Raum stand eine Riesenbadewanne, dazu ein Tisch mit einem überdimensionalen Föhn, den ich heute sehr vermisse, denn so schnell sind meine langen Haare nie wieder trocken geworden. Dort wurden die Hunde gewaschen und gestriegelt und geföhnt, und bald hatte sich Daddy einen hervorragenden Ruf erarbeitet. Er richtete Hunde, die in einer Show auftraten, immer besonders prächtig her. Verließen die stolzen Besitzer dann unser Geschäft, verkaufte ich ihnen noch ein Shampoo oder ein Spielzeug. So machte ich bereits als Dreikäsehoch erste Erfahrungen mit dem, was später mein Leben bestimmen sollte: mit Verkauf und Musik. Denn diese kam auch nie zu kurz, weil Daddy rund um die Uhr übte, zu Hause genauso wie im Pudelsalon. Kein Wunder, dass ich schon in jungen Jahren eine Menge Opernarien auswendig wusste.

Neben der Arbeit mit den Hunden züchtete Daddy Perserkatzen. Er hatte ein fotografisches Gedächtnis, wenn es um ihre Stammbäume ging. Seine Katzen waren heißbegehrt und immer, wenn Ebbe in der Haushaltskasse herrschte, verkaufte er eine. So kamen wir mit Ach und Krach über die Runden. Heute weiß ich, dass wir arm waren, aber damals empfand ich es genau andersherum: Meine Eltern jammerten nie über den Mangel an Geld, stattdessen wurde gesungen, gespielt und gelacht. Es gab nichts, was ich vermisste. Im Gegenteil, ich dachte immer, dass wir reich sein mussten, schließlich hatten wir ein Dach überm Kopf und sogar ein Auto. Bis mir eines Tages auffiel, dass mein Wintermantel von Jahr zu Jahr kürzer wurde und meine Handgelenke immer eiskalt waren. Selbst das empfand ich nicht als unangenehm, denn sicher gab es gleich wieder was zu lachen und das wog alles auf. Zum Beispiel die Sache mit unseren Papageien: Der eine konnte sprechen, der andere hatte seinen Lieblingsplatz auf meinem Kopf und der dritte – um Himmels Willen, der flog gerade zum offenen Fenster hinaus! Daddy war außer sich und rief die Münchner Feuerwehr. Die rückte an und Daddy kletterte zu ihnen in den Wagen. Dort war am Dach ein Megafon befestigt, aus dem sein Opernbass mit amerikanischem Akzent durch die Straßen von Giesing dröhnte: »Liebe Mitbürger! Haben Sie meinen geliebten Papagei gesehen? Er ist groß und grün und hört auf den Namen Aladin! Aladin, wo bist du? Komm zu Daddy!« Auf meinem kleinen rosa Fahrrad strampelte ich hinter dem Feuerwehrauto her und lauschte Daddys Lockrufen. Mittlerweile wusste das ganze Stadtviertel, dass »die Amerikaner« ihren Vogel vermissten. Sogar im Radio kam die Durchsage: »Wer hat einen Papagei gesehen?« Daraufhin kam der Hinweis, Aladin habe es sich in einer Baumkrone gemütlich gemacht. Das Feuerwehrauto machte sich auf den Weg, ich trat in die Pedale und kurz darauf sah ich Daddy auf einer Drehleiter immer höher schweben, dem Himmel und Aladin entgegen. Wenig später betrat er mitsamt dem Vogel wieder festen Boden und seine Stimme dröhnte über den Platz, als er sich bei jedem Feuerwehrmann für den Einsatz bedankte. Im Amerikanischen gibt es den Ausdruck »They are the talk of the town« – das sind die Leute, über die man immer spricht. In Giesing erfüllten wir diese Aufgabe locker. Der Opernsänger mit seinem Pudelsalon verlieh dem Stadtviertel eine sympathische Note.

Noch immer war bei uns Schmalhans Küchenmeister und die einzigen Möbel, die wir in unsere Wohnung stellen konnten, waren ein Geschenk von James King. Dafür hatten wir die Fantasie von Mommy: Unsere Toilette verschönerte sie mit farbintensiven Dschungelmotiven. Von diesem Augenblick an lebte ich in ständiger Furcht, dass mich ein Krokodil in den Po beißen könnte, wenn ich auf dem Klo saß. Ich war mittlerweile vier Jahre alt und für eine Vierjährige kann so eine Vorstellung sehr real sein. Eines Nachts wachte ich auf und stellte fest, dass ich allein war. Ich hatte nicht mitbekommen, dass Mommy und Daddy nochmals in den Pudelsalon gefahren waren, weil sie die Kasse mit den Tageseinnahmen vergessen hatten. Dafür wusste ich umso besser, dass mein nächtlicher Gang zur Toilette mit großen Gefahren verbunden war. Also beschloss ich, Reißaus zu nehmen, da schließlich ein Krokodil in der Wohnung lauerte. Gedacht, getan: raus aus der Wohnung, raus aus der Haustür, hinaus auf die dunkle, verlassene Straße. Die sah aber auch nicht gefahrlos aus, daher machte ich kehrt und verkroch mich im dunklen Treppenhaus. Neben uns wohnte die Vermieterin, Frau Huber, eine waschechte Münchnerin mit großem Herzen, und bei ihr klingelte ich. Im Nachthemd öffnete sie die Tür und da stand ich, einsam und verlassen. Inzwischen hatte mich die Angst mächtig durchgeschüttelt und ich hatte mich nass gemacht. Frau Huber erkannte das Dilemma sofort. »Jo mei, wen hamma den hier, sapperlot?«, sagte sie im schönsten bayerischen Dialekt. Sie nahm mich mit in ihre Wohnung und half mir, mich sauber zu machen. Danach tischte sie zum Trost Erdbeerkuchen auf, und das mitten in der Nacht. Ich verdrückte gerade das dritte Stück, als ihr feines Gehör Schritte im Treppenhaus vernahm. Frau Huber öffnete die Tür.

»Frau Williams«, sagte sie. »Ich hätte da ein Päckchen für Sie abzugeben.«

Mommy und Daddy fielen aus allen Wolken, als sie mich mit erdbeerverschmiertem Mund an Frau Hubers Küchentisch sitzen sahen. Aufgeregt erzählte ich von dem Krokodil. Wahrscheinlich machten sie sich schreckliche Vorwürfe, taten jedoch so, als sei es das Normalste der Welt, nachts allein aufzuwachen. Schließlich sahen sie meine Selbstständigkeit als wichtiges Ziel an. Mich ständig zu betütteln war nicht ihr Ding. In dieser Zeit lernte ich zwei Dinge kennen und lieben: Das gemütliche Chaos bei uns zu Hause, das meine Fantasie befeuerte, und die Perfektion und die Ordnung unserer Nachbarn, die in der Lage waren, mitten in der Nacht Erdbeerkuchen auf feinem Porzellangeschirr herbeizuzaubern. Noch heute ruft der Geruch frischer Bettwäsche, ein tadellos gebügeltes Tischtuch oder perfekt ausgerichtetes Porzellan in einem Glasschrank Kindheitserinnerungen in mir wach, als ich in unserer nächsten Umgebung deutsche Tugenden schätzen und bewundern lernte.

Kapitel 2

Erste Gesangserfahrungen

Nachdem Daddy 1978 sein Studium als Opernsänger abgeschlossen hatte, sahen er und Mommy sich nach einem Engagement um. Nun liegen die nicht gerade auf der Straße. Leider stimmt es nicht, dass alle Opernsänger gutes Geld verdienen. Dafür müssen sie schon zum Superstar werden und nur ganz Wenige schaffen das. Daddy sollte eines Tages diese höchste Stufe der Karriereleiter erreichen, doch am Anfang musste er sich ganz schön strecken. Daher stand außer Frage, als ein Angebot vom Opernhaus Trier eintrudelte, dass wir mit wehenden Fahnen München verlassen würden. Ich war sieben Jahre alt und ahnte nicht, dass es 15 Jahre dauern sollte, bis ich unter ganz besonderen Umständen in die Stadt an der Isar zurückkehrte. Wieder fiel mir der Abschied schwer und irgendwann fragte ich Mommy: »Kann ich nicht dableiben? Ihr könnt mich ja besuchen, wann immer ihr wollt!« Ich stellte mir vor, wie ich bei einer wildfremden Familie unterkriechen würde, zusammen mit meinem Lieblingspudel »Funny Girl«, der seinen Namen nach dem gleichnamigen Film mit Barbra Streisand erhalten hatte. Zu dem gesellte sich Pudel »Arabella«, der so hieß, weil Daddy gerade die Werke von Richard Strauss einstudierte. Warum sollte ich nicht mit den beiden Hunden an dem Ort bleiben, den ich kannte und liebte? Noch ahnte ich nicht, dass dieser erste Anflug von Heimatlosigkeit und Einsamkeit mich noch viele Jahre lang begleiten sollte.

Meine Eltern besaßen zu dieser Zeit einen alten VW-Bus, in den all unsere Habseligkeiten passten. Daddy störte es nicht, dass auf der Beifahrerseite ein tellergroßes Loch im Boden war, doch Mommy bekam es mit der Angst zu tun.

»Lewis, kannst du das Loch nicht zumachen?«, fragt sie.

»Natürlich, Sweetheart«, antwortet Daddy. Liebevoll legte er ein Stück Pappe darüber sowie eine Gummimatte und betrachtete zufrieden sein Werk. Später, als wir den VW-Bus ausluden, fand Mommy den bis oben gefüllten Mülleimer, den er eingepackt hatte.

»Man muss deinen Daddy nehmen, wie er ist«, seufzte sie. »Er singt wie ein Gott, doch von Autos und Umziehen hat er keine Ahnung.«

Unsere neue Heimat war Konz an der Mosel. Hier sah es anders aus als in München: Weinberge, so weit das Auge reichte, von denen manche so steil waren, dass mir schwindelig wurde. Das Städtchen mit seinen fünfzehntausend Einwohnern war nur ein paar Autominuten von Trier entfernt und Luxemburg erreichte man in einer Dreiviertelstunde. Es wäre eine Idylle gewesen, hätte es nicht die Eisenbahn gegeben: Durch seine strategische Lage an drei wichtigen Linien besaß Konz gleich vier innerstädtische Bahnhöfe und alle Züge fuhren an unserem Haus vorbei. Doch egal – wir hatten wieder ein Dach überm Kopf, lebten nur ein paar Meter von der Mosel entfernt und hatten einen Garten hinterm Haus, in dem Mommy Gemüse anpflanzen wollte. Noch war aber Winter und das Geld reichte nur, um die Küche einzuheizen, alle anderen Räume blieben kalt. Wobei »kalt« die Dinge nicht richtig beschreibt: Das Haus in Konz habe ich als Eisschrank in Erinnerung. Da mittlerweile die Ärmel meines Wintermantels nur noch knapp bis an die Unterarme reichten, fiel das auf. Helmut Philipp, ein Steuerberater und Opernfan aus Konz, beobachtete, wie der Mantel kürzer und kürzer wurde. Eines Tages sprach er meine Eltern an. Als Opernkenner kannte er die Gehaltsklasse von Daddy. Ich weiß nicht, was sie besprochen haben, doch eines Tages holte mich Helmut Philipp von der Schule ab, lud mich in ein Fischrestaurant ein – es war das erste Mal, dass ich in einem Restaurant aß – und führte mich anschließend ins beste Modegeschäft von Trier. Dort kaufte er mir einen Wintermantel. Letztes Jahr konnte ich mich endlich für seine Großzügigkeit bedanken.

Auch in Konz standen nur wenige Möbel im Haus, dafür hatten wir ein Klavier, dass Daddy jemandem für hundert Mark abgekauft hatte.

Ich liebte den geschwungenen Korpus des Instruments und seinen warmen Klang. Mein Lieblingsplatz war darunter. Dort verbrachte ich meine Tage, während Daddy übte: *In diesen heiligen Hallen kennt man die Rache nicht* aus der *Zauberflöte* von Wolfgang Amadeus Mozart, *Ha, wie will ich triumphieren* aus der *Entführung aus dem Serail,* die Arie des Kaspar aus Carl Maria Webers *Freischütz,* den Baron Ochs auf Lerchenau aus Richard Strauss' *Rosenkavalier* und, und, und. Irgendwann kannte ich alle Bassarien auswendig, was mir Jahre später während meines Gesangstudiums nicht weiterhelfen sollte, weil ich keine einzige Sopranarie kannte. Wahrscheinlich wurde ich in dieser Zeit zum »Daddykind«. Ich liebte es, ihn singen zu hören – seine Stimme hatte bereits diese magische Anziehungskraft, der ich nicht widerstehen konnte – und hing ständig an seinem Rockzipfel.

Als ich acht Jahre wurde, geschah etwas Wunderbares. Meine Patentante Judith lud mich nach London ein. Das Beste war: Ich durfte allein fliegen. Meine Eltern brachten mich zum Luxemburger Flughafen und ich kam aus dem Staunen nicht mehr heraus. Das fühlte sich wunderbar an: Judith, die Welt gehört dir! Ich fühlte mich so richtig erwachsen und zu jedem Abenteuer bereit.

Meiner Tante Judith habe ich vieles zu verdanken. Ohne sie wäre ich vielleicht nicht einmal da. Schließlich hat sie es geschafft, meine Eltern zusammenzubringen, was nicht einfach gewesen ist. Das geschah in der Zeit, als Mommy und Daddy noch in Salt Lake City lebten, ohne voneinander zu wissen. Mommy studierte Schauspiel an der Universität von Utah, und Auftritt Tante Judith: sie unterrichtete dort die Schauspielklasse.

»Ich habe sofort gedacht: Deine Mommy wäre die Richtige für meinen verrückten Bruder«, erzählte sie mir später mit einem Lächeln. »Für den war ja sonst keine gut genug, doch Gaye hatte dieses gewisse Etwas. Ich wollte unbedingt, dass sich die beiden kennenlernen.«

Mommy sah das ein bisschen anders. »Puh«, dachte sie, »bei diesem Kerl muss die Schwester die Dates ausmachen. Das kann ja nichts werden.«

Zunächst behielt sie recht. Meine Eltern telefonierten ein einziges Mal miteinander, danach meldete sich Daddy monatelang nicht mehr. Dann wollten sie sich doch wieder treffen und er versprach, Mommy abzuholen. Sie wohnte damals mit zwei Studentinnen in einer Wohnung und als Daddy dort ankam, war sie noch nicht fertig. Damals wusste er noch nicht, was wir mittlerweile alle wissen: Mommy ist der unpünktlichste Mensch auf der Welt. Der Running Gag meiner Schulzeit war: Die kleine Judith wartet auf ihre Mama, die erst Stunden später auftauchen wird. Doch damals gab es die kleine Judith nicht und an diesem Abend dachte sicher auch keiner der beiden an sie.

»Ich musste mich zwei geschlagene Stunden lang mit der alten Vermieterin unterhalten«, erinnert sich Daddy noch heute. »Und warum das Ganze? Weil deine Mom erst ihr Kleid fertig nähen musste. Als sie dann die Treppe herabkam, war es auch noch lila. Ich dachte: ›Oh Gott, was für ein furchtbares Kleid – und was für eine wunderbare Frau.‹ In diesem Moment wusste ich: Die werde ich heiraten – wenn sie was anderes anzieht.«

Vor der Hochzeit stand der Gang zu den Schwiegereltern in spe an. Daddy flog nach Montana, um seine Eltern »gut vorzubereiten«. Mommy kam nach und wunderte sich nach einer Woche, warum das Thema Hochzeit nie angesprochen wurde. Vielleicht sollte sie das tun? Während eines Abendessens legte sie das Besteck zur Seite, räusperte sich und sagte: »Wie ihr wisst, hat mir Lewis einen Antrag gemacht. Lasst uns doch mal über die Hochzeit sprechen.«

Im nächsten Augenblick hätte man eine Stecknadel auf den Boden fallen hören können. Dann stand Großmutter auf und sagte nur: »Welche Hochzeit? Es gibt keine Hochzeit!«

Als mir Mommy später die Geschichte erzählte, fragte ich empört: »Wie konntest du ihn nach dieser Blamage überhaupt noch nehmen?« Ich erinnere mich, wie sie mit der Schulter zuckte und antwortete: »Ich liebte ihn und wenn man das tut, kommt es nicht auf ein paar Fehler an. Liebe ist größer als Eitelkeit.«

Trotzdem muss es für sie schmerzhaft gewesen sein, nach dem unglückseligen Abendessen allein nach Salt Lake City zurückzufliegen. Wieder ging ein halbes Jahr ins Land, ohne dass Entscheidendes geschah. In dieser Zeit war sich Daddy wohl über vieles nicht klar: Sollte er Gesang studieren? Oder Journalist werden? Oder Tierarzt? Wie sagt man so schön: Liebe ist, wenn man die Nähe des anderen braucht, um sich glücklich zu fühlen. Genau das war der entscheidende Grund, der Mommy und Daddy am Ende doch noch zueinander führte. Und wenn sie heute auf über 44 Jahre Ehe zurückblicken, kommen ihnen hin und wieder zwei andere Sprichwörter in den Sinn: Aller Anfang ist schwer – doch Ende gut, alles gut.

Den Grundstein zu ihrer Verbindung hatte also Tante Judith gelegt. Daddy und Mommy zogen nach Deutschland und einige Zeit später verließ auch sie die Vereinigten Staaten. *Swinging London* hieß ihr Ziel, der Olymp der Jugend, die Modemetropole, dort, wo eine gewisse Mary Quant gerade den Minirock erfunden hatte. Das war eine andere Nummer als das mormonisch geprägte Salt Lake City. Tante Judith war Schauspielerin und Coach für Dialekte und hatte Leute wie Robert Redford, Dustin Hoffman und Brad Pitt in New York unterrichtet, als sie den Briten Brian Cooper kennenlernte, einen renommierten Journalisten, dessen Vater die Nürnberger Prozesse als Kriegsberichterstatter vom Anfang bis zum Ende begleitet hatte. Brians Heimat wurde auch ihre.

Nun war also London mein Ziel und Tante Judith tat alles, damit ich die Tage dort nie vergesse. Sie führte mich zum Buckingham Palace, wo wir die Zeremonie der Wachablösung beobachteten – ich mit offenem Mund. Im Tower of London sahen wir uns die Kronjuwelen an und als wir vor der Krone »Imperial State Crown« standen, scherzte Tante Judith: »2.868 Diamanten stecken darin, darunter einer der größten der Welt. Wenn die Queen diese Krone auf dem Kopf trägt, braucht sie keinen Geldbeutel, wenn sie sich was kaufen will.« Jetzt bekam ich den Mund gar nicht mehr zu! Wie aufregend die Welt doch war! Dann nahm mich Tante Judith mit zu einem Teehaus, zeigte mir Big Ben und den riesigen Hyde Park und als ich nach einer Woche nach Hause flog, nahm ich mir vor, irgendwann, wenn ich groß war, auch so eine Krone zu tragen.

Zu Hause herrschte jetzt noch mehr Trubel. Seit einem Jahr war meine Schwester auf der Welt und sicher nicht nur, weil ich nach dem Auszug aus dem Haus von James King meine Eltern gepiesackt hatte, wie sehr ich mir ein Geschwisterchen mit kleinen Füßchen und rosa Zehen wünschte. Jetzt war Elisabeth Alexandra da – dieses Mal wurde der Name nicht mehr geändert – und von heute auf morgen verwandelte ich mich in eine Löwenmutter. Wehe, wenn jemand ihr was zuleide tat! Wie zum Beispiel Felix, der freche Nachbarsjunge von gegenüber. Er wagte es tatsächlich, Elisabeth einen Regenwurm in die Windel zu stopfen! Ich lief zu Mommy und mit der Ernsthaftigkeit eines siebenjährigen Mädchens sagte ich: »Entweder du kümmerst dich darum oder ich erledige das.« Schon damals konnte jeder spüren: die Familie war mir heilig und ich würde sie verteidigen, komme was wolle. Meine Mommy sah mich an und lachte: »Du hast den Kampfgeist deiner Ahnen. Wusstest du eigentlich, dass sie Pioniere waren? Deine Vorfahren gehörten zu den ersten Siedlern Amerikas!«

Kapitel 3

Pioniergeist

Davon wusste ich nichts. Ich hatte leider nur wenig Kontakt zu meinen Großeltern. Stattdessen waren der gefeierte Opernstar Kurt Böhme und seine Frau Inge Ersatzgroßeltern geworden. Kurt schenkte mir meine erste Puppe, als ich fünf Jahre alt war, weil er nicht glauben konnte, dass ich nicht eine einzige besaß. Meine echten Großeltern dagegen bekam ich kaum zu Gesicht, denn Flüge in die USA waren zu teuer, als dass wir sie uns häufig leisten konnten. Im Alter von sechs Jahren lernte ich zum ersten Mal meine Großeltern väterlicherseits in ihrem Haus in Montana kennen. Ein Jahr später besuchte uns die Mutter von Daddy, als Elisabeth auf die Welt kam. Ich muss gestehen, dass sie mir ein bisschen unsympathisch war. »Das ist doch keine Oma«, dachte ich. Weder backte sie Plätzchen noch las sie mir Geschichten vor, wie es die Großmütter in meinen Kinderbüchern taten. Also pflanzte ich mich vor ihr auf und stellte meine Forderungen. Oma verzog keine Miene. »Eine Geschichte willst du hören?«, gab sie zurück. »Na gut.«

Ich war gespannt und setzte mich zu ihr.

»Filifu«, begann sie, »hatte keinen Schuh. Daher ging er barfuß. Damit ist die Geschichte zu Ende. Jetzt zurück an die Arbeit.«

»Wie bitte? Das ist alles? Also Oma, das ist die blödeste Geschichte, die ich je gehört habe!«

Oma beharrte darauf, dass die Geschichte zu Ende sei, und da ich schon damals recht energisch sein konnte, gab ein Wort das andere. Schließlich sagte sie: »Wenn du die Dinge so siehst, musst du auch nicht zu meiner Beerdigung kommen.«

»Abgemacht«, gab ich zurück. In diesem Augenblick kam Mommy ins Zimmer. Die letzten Sätze hatte sie mitbekommen. Sie erstarrte.

Vielleicht war das der Grund, weshalb sie mir jetzt das Leben meiner Großeltern näherbringen wollte?

»Zu deinen Urahnen gehört ein gewisser Samuel Fuller«, begann sie. »Er segelte auf dem Schiff Mayflower von England nach Amerika. Über zwei Monate dauerte diese Fahrt. Am 21. November 1620 kam er auf Cape Cod an, nahe dem heutigen Ort Provincetown. Den harten Winter überlebte er nicht. Er starb, wie viele andere, an den Folgen der Tuberkulose. Das ist eine Krankheit, gegen die man damals nichts ausrichten konnte. Doch er hatte einen Sohn, der im folgenden Frühling nach Virginia ging.«

Ich erinnere mich, wie ich an Mommys Lippen hing. Sicher konnte ich damals nicht erfassen, was es bedeutete, dass meine Vorfahren zu den berühmten Pilgervätern gehörten, das wurde mir erst später klar. Die Pilgerväter waren zwar nicht die ersten Siedler Amerikas – schon 1607 gab es welche in Virginia und einige Spanier landeten bereits 1530 auf den Galveston Islands im Golf von Texas –, aber sie prägten die Geschichte Amerikas wesentlich mit. Diese Prägung lässt sich am besten in einem Satz zusammenfassen: harte Arbeit und unbändiger Wille. Nur damit konnten sie in der Wildnis überleben. Ich kann mich glücklich schätzen, dass Mommy ihren Stammbaum und den von Daddy so gut kennt. Nur deshalb weiß ich, dass ich indianische Vorfahren habe. Bereits 1625 tauchte in unserer Genealogie ein Indianer vom Stamm der Wampanog mit dem Namen No Pee auf. Er war der Sohn von No Took Salt und heiratete in die Fuller-Familie ein. Wenn ich mich heute im Spiegel betrachte, wird mir klar: Das indianische Erbe meiner Familie lässt sich bis zu mir verfolgen.

Natürlich hatte das Leben der Ureinwohner Amerikas sowie der weißen Siedler wenig mit dem zu tun, was wir in Deutschland vor allem über die Bücher von Karl May wissen: Bis Anfang des 19. Jahrhunderts war der sogenannte »Wilde Westen« tabu für die Einwanderer. Alles, was westlich des Missouri River lag, eine Fläche so groß wie Zentraleuropa, war unbekanntes Land. Erst 1804 wagten sich die Pioniere Meriwether

Lewis und William Clark über den Fluss. Ihre mehrere Jahre dauernde Expedition führte sie über die Rocky Mountains bis zum Pazifik. Daneben gab es nur eine Handvoll verwegener Männer, die sich Mountain Men nannten und als Trapper in den Jagdgründen der Lakota-, Sioux-, Blackfoot- und Ree-Indianer im heutigen South Dakota, Wyoming und Idaho lebten. Für den Rest der europäischen Einwanderer bedeutete West Virginia das Ende der Welt. Das änderte sich erst nach der Lewis-und-Clark-Expedition. Sie öffnete den Weg nach Westen und schon bald zogen die ersten Siedler in Planwagen dorthin. Stützpunkte wie Fort Kearny am Platte River in Nebraska und Fort Bridger am Bitter Creek entstanden. Fort Bridger war das Nadelöhr über die Rocky Mountains in Richtung Utah und genau diesen Weg nahmen meine Vorfahren. Ich kann nur erahnen, welche Strapazen sie auf sich nehmen mussten. Mommy berichtete mir von Urahn John T. R. Hicks. Er kam im Alter von dreißig Jahren 1856 nach Amerika und machte sich sofort auf, die endlosen Steppen zu durchqueren. Die Siedler in seinem Treck litten an Kälte und Hunger, und Johns Frau Harriet war so krank, dass sie im Planwagen liegen musste. Als John eines Tages als Kundschafter vorausritt, fanden einige Mitreisende, dass Harriet eine zu große Belastung für alle war. Sie zogen die hilflose Frau aus dem Wagen und ließen sie am Wegesrand liegen. Am Abend kehrte John zurück und fand heraus, was geschehen war. Ganz allein ritt er den weiten Weg zurück. Mit viel Glück fand er seine Frau vor Einbruch der Dunkelheit und konnte sie retten. Doch ist überliefert, dass sie sich von diesem Zwischenfall nie vollständig erholen konnte. Aus dieser Geschichte lernte ich: Egal was passiert, ich darf niemals jemanden zurücklassen.

»Die Hicks-Familie«, erklärte Mommy, »waren Mormonen der Kirche Jesu Christi der Heiligen der Letzten Tage.« Wir gingen sonntags zur Kirche wie die meisten Leute in unserer Nachbarschaft, aber ein großes Thema war das nicht für mich. Doch was Mommy mir nun erzählte, war so spannend, dass ich alles um mich herum vergaß.

»Das Mormonentum«, sagte sie, »wurde 1830 von Joseph Smith gegründet, einem Bauernsohn aus Vermont. Am Anfang waren es nur sechs Anhänger, doch das änderte sich rasch. Als Smith 1844 für das Amt des Präsidenten der Vereinigten Staaten kandidierte, gab es bereits ein paar Tausend Kirchenmitglieder. Im selben Jahr wurde er getötet – der erste US-amerikanische Präsidentschaftskandidat, der während des Wahlkampfs ermordet wurde.«

»Wow«, sagte ich. »Erzähl weiter!« Ich wollte unbedingt mehr hören. Das war nicht »Filifu hatte keinen Schuh. Daher ging er barfuß«, denn ich spürte, dass dies alles auch etwas mit mir zu tun hatte. Also zappelte ich herum, bis Mommy fortfuhr: »Es gab einen Mann namens Brigham Young, der von Beruf Schreiner war. Als Nachfolger von Joseph Smith tat er etwas, das vor ihm nur Moses getan hatte: Er führte seine Anhänger in ein neues Land, über viele Tausend Kilometer hinweg, in Planwagen, auf Pferden und mit bloßen Handkarren.«

Mommy machte erneut eine Pause. Ich hatte glühende Ohren und konnte es kaum erwarten, mehr zu hören.

»Nie zuvor waren Siedler in Richtung der Wüstengebiete von Utah gezogen«, fuhr sie fort, »auch Meriwether Lewis und William Clark nicht. Das Land galt als unbewohnbar. Außerdem war es gefährlich, die Rocky Mountains zu überqueren. 1846, als Brigham Young aufbrach, war die Donner Party, eine Gruppe von 87 Siedlern, östlich der Sierra Nevada vom frühzeitigen Einbruch des Winters überrascht worden. Vier Monate lang steckten die Menschen in meterhohen Schneewehen fest. Die wenigen Überlebenden kamen nur durch, weil sie die Toten aßen.«

»Wie grässlich«, dachte ich, »wie verzweifelt muss ein Mensch sein, um so weit zu gehen?«

Heute wachsen die Kinder mit Harry Potter & Co. auf und gruseln sich über diese Geschichten, so wie ich mich damals gruselte. Nur wusste ich, dass es sich um wahre Ereignisse handelte. Als Mommy sagte, den Siedlern um Brigham Young sei bewusst gewesen, was auf sie zukomme, biss ich mir vor Aufregung die Fingernägel ab.

»Brigham Young traf auf den berühmtesten Mountain Man dieser Zeit, einen Mann namens Jim Brigder«, erzählte sie weiter. »Dieser lebte 45 Jahre lang unter den Indianern und kannte die Sprachen der Snake, Bannock, Crow, Flathead, Nez Percé, Ute und Pend Oreille. Das war überlebenswichtig, denn dadurch konnte er zwischen den Ureinwohnern und den Siedlern vermitteln. Er war der erste Weiße, der die Geysire von Yellowstone mit eigenen Augen sah und die versteinerten Bäume rund um Tower Junction. Davon berichtete er einem Reporter aus New York: ›Dort sitzen versteinerte Vögel in versteinerten Bäumen und singen versteinerte Lieder.‹ Dieser Jim Bridger kannte einen Weg in die Salzwüsten von Utah, den heutigen Bridger Pass. Außerdem vertrat er die Ansicht, dass man dort Korn anbauen könne – es also ein Platz zum Leben sei. Nun, ich habe deinen Daddy in der Stadt kennengelernt, die Brigham Young am Ende der Reise mit den Worten ›This is the place‹ gegründet hat: Salt Lake City. Selbst heute, wo die Parkanlagen der Stadt immer grün und frisch sind, kann man sich noch gut vorstellen, welche heroische Leistung es war, an diesem Ort eine Siedlung zu errichten. Für mich war das immer der Beweis wie der Glaube Berge versetzen kann, denn nur wenige Kilometer außerhalb der Stadt beginnen bereits die Großen Salzseen.«

Als der Treck von Urahn John T. R. Hicks acht Jahre später Salt Lake City erreichte, war von einer Stadt noch nichts zu sehen. Es war eine bescheidene Siedlung, welche die Pioniere errichtet hatten. Nun waren sie dabei, das salzige Land urbar zu machen

»Durch harte Arbeit, unbändigen Willen und großen Fleiß schafften sie es«, sagte Mommy. »Kein Wunder, dass sie später Bienenkörbe als Symbol ihres Staates auswählten.«

Während ich das heute niederschreibe, wandern meine Gedanken zurück zu meinen Urgroßeltern. Sie hatten selbst viel Pioniergeist bewiesen. Von Mommy weiß ich, dass meine Urgroßmutter väterlicherseits an der London Academy of Music Gesang studiert hatte und eine sehr schöne Stimme besaß, »eine, die man nie vergessen konnte, wenn man sie einmal hörte«, wie sie erzählte. Meine Urgroßmutter mütterlicherseits wuchs in Salt Lake City auf. Ihr Vater besaß eine Zeitung und arbeitete später in der Bergbauindustrie. Dort war er so erfolgreich, dass er sich eines der ersten Autos im Staat Utah leisten konnte. Seine Karriere setzte er als Präsident der New York Mining Stock Exchange in New York City fort. Hautnah erlebte er den »Schwarzen Donnerstag« am 24. Oktober 1929 mit, als der Dow-Jones-Index in den Keller fiel und Panik unter den Anlegern ausbrach.

»Dein Uropa sah, wie verzweifelte Anleger aus den Fenstern der Büros in der Wall Street sprangen«, erzählte Mommy. »Es war schrecklich und in den Jahren, die folgten, wurde es nicht besser.«

Der »Schwarze Donnerstag« läutete eine Wirtschaftsdepression ein, die überall auf der Welt zu spüren war.

»Als ob das nicht genug wäre, wurde Amerika von einer furchtbaren Naturkatastrophe heimgesucht«, erzählte Mommy weiter. »Der ganze Mittlere Westen – ein Gebiet, das ein Dutzend Bundesstaaten umfasst – wurde von einer Dürre getroffen, die mehrere Jahre dauerte. Die ganze Region verwandelte sich in eine *Dust Bowl*, eine riesige Staubschüssel. Abertausende Bauern mussten ihre Farmen aufgeben und fliehen. Auch die Familie von deinem Uropa besaß dort eine Farm. Irgendwie schaffte er es, sie schuldenfrei zu halten und nebenher für das Studium seiner Brüder und Schwestern aufzukommen.«

»Was für tapfere Menschen«, dachte ich. Ein Gefühl kroch in mir hoch: Ich würde niemals solch enorme Fußstapfen ausfüllen können. Bis heute bewundere ich die Leistungsfähigkeit dieser Generationen, deren Früchte wir heute ernten. Jahre später, während als ich als Halbwüchsige Bücher verschlang, stieß ich auf den Roman *Früchte des Zorns* von John Steinbeck. Damals wurde mir das Ausmaß von Uropas Leistung noch einmal bewusst. Sicherlich hing es mit diesen Ereignissen zusammen, dass Urgroßvater am Ende seiner Berufslaufbahn nach Arizona ging, um sein Leben in den Dienst der Indianer im Maricopa Reservat zu stellen.

»Zu dieser Zeit war mein Vater auf dem Weg nach England«, sagte Mommy. »Er war gerade mal 21 Jahre alt und wollte sich nach einer Stelle umsehen. Da bekam er mit, wie sehr die Engländer an indianischen Kulturen interessiert waren. Er schrieb Uropa einen Brief, worauf dieser ihm eine riesige Kiste schickte. Darin waren traditionelle Kleidung der Maricopa Indianer, geweihte Puppen, Musikinstrumente, Haarschmuck, Masken, Töpferwaren. Wie durch ein Wunder hatte alles die lange Reise heil überstanden. Uropa hatte einen Brief beigelegt, in dem er beschrieb, wie die Kleidung anzulegen war, welche Gesänge angestimmt wurden, welche Tänze die Maricopas kannten. Von da an zog dein Großvater kreuz und quer über die britische Insel, um als Indianer verkleidet den Engländern die Tradition und Kultur der Maricopas nahezubringen.«

An dieser Stelle musste Mommy lachen: »Beim ersten Auftritt war die Halle genagelt voll. Dein Großvater hatte eine tolle Stimme und als er auf die Bühne kam, ausstaffiert wie ein Indianerhäuptling, und ein Kriegsgeheul anstimmte, fielen die Frauen reihenweise in Ohnmacht. ›Ups‹, dachte er, ›ich muss wohl die Sache ein bisschen langsamer angehen.‹ Das tat er und daraufhin wurde die Show ein Riesenerfolg. Ich erinnere mich, wie er später in Amerika die Kiste immer wieder öffnete, um mir die Schätze zu zeigen und von seinen Erlebnissen zu berichten.«

Zurück aus England zog Großvater nach Washington und begann, für die Marriott Corporation zu arbeiten. Er begann als Berater für sogenannte »Hot Shops«, wie man damals Fast-Food-Restaurants nannte. Er war dafür verantwortlich, den neuesten Milchshake herzustellen und Produkte so in Displays zu platzieren, dass sie jeder haben wollte. Darin war er sehr talentiert und wer weiß, vielleicht hat er mir ein wenig von diesem Talent vererbt. Muss ich heute geschäftliche Entscheidungen treffen, denke ich häufig: Was hätte Opa gemacht? Er war ein ruhiger und besonnener Mann, ein guter Ratgeber. Oma dagegen war ein Energiebündel, arbeitete vollzeit und gehörte damit zu den Vorreiterinnen in Amerika. Trotz ihres Berufs als Chefsekretärin in einem großen Konzern zog sie fünf Kinder auf. Meine Mommy war die Älteste und übernahm schon früh die Stelle der Mutter. Mit zehn Jahren kochte sie das Mittagessen für ihre vier Geschwister unter der telefonischen Anleitung von Großmutter aus dem Chefsekretärinnenbüro. Wie sich Geschichte doch wiederholt! Als meine Schwestern Elisabeth und Katharina auf die Welt kamen, schlüpfte auch ich nahtlos in diese Rolle.

Im Laufe der Jahre stieg Großvater bei Marriott auf. Am Ende war er einer der Vizepräsidenten des Konzerns, doch dann gab er seine Aktien zurück und verließ das Unternehmen. Noch heute höre ich die Seufzer von Großmutter: »Was diese Papiere heute wert wären. Ein Vermögen! Wir hätten reich sein können!« Doch Großvater hatte nicht vergessen, wie er als Indianer durch England gezogen war, und es war ihm ein Anliegen, alles über die Kultur der Maricopa zu lernen. Deshalb zog er mit Oma zurück in ihre Heimat nach Scottsdale, Arizona, und freundete sich mit den Indianern im Reservat an – ganz so, wie es sein Vater getan hatte.

Von meinen Großeltern väterlicherseits sind mir vor allem Erzählungen über ihre Ranch in Montana in Erinnerung. Sie war riesig, vierzigtausend Acres, also über sechzehntausend Hektar. Ich weiß noch, dass meine Großeltern ständig eingeschneit waren und uns das Jahre später bei einem Besuch ebenfalls passierte. Um sie zu unterhalten, musste ich damals Arien vorsingen und tanzen. Großvater lachte mit seinen strahlend blauen Augen und sagte: »Wenn du uns noch eine Vorstellung gibst, kriegst du von mir einen Dollar.« Das war mein erstes selbst verdientes Geld! Doch mehr zählte die Anerkennung der Erwachsenen. Keiner sagte: »Kind, gib endlich Ruhe.« Alle lachten und hatten ihre Freude an dem, was ich tat, was mir einiges an Selbstbewusstsein verlieh. Auch lernte ich in diesen frühen Tagen, dass es nichts Verwerfliches war, wenn man mit seinem Talent ein wenig Geld verdient.

Bei diesem Besuch kam ich zum ersten Mal mit Kosmetik in Berührung. Großmutter Hicks – die den schönen Namen Lavada trug, was »brennender Fels« bedeutet – war verrückt nach Kosmetik – anders als Mommy, die aus Geldmangel so gut wie keine Kosmetik besaß.

Bei Oma standen auf der Anrichte im Schlafzimmer Batterien von Töpfchen, Tiegeln, Tuben und Pülverchen. Wie diese den Weg in die Einsamkeit von Montana gefunden hatten, konnte ich mir nicht erklären. Dafür wusste ich etwas anderes: Das ist mein Reich! Wenn ich nicht für die Verwandtschaft Liedchen trällerte und dazu Pirouetten drehte, verzog ich mich in Großmutters Schlafzimmer und vertiefte mich in mir völlig unbekannte Düfte. Ich öffnete hier etwas, schnupperte dort; ich puderte mich ein und probierte jede Creme aus. Natürlich tun das viele Mädchen im Alter von sechs Jahren – aber in meinem Fall war es ein wenig anders: Ich hatte das Gefühl, in meine ureigene Welt einzutauchen, die mir auf eine seltsame Art vertraut schien. Dabei verlor ich jedes Zeitgefühl und nach einer Weile wussten alle, wo sie mich zu suchen hatten, wenn ich wieder einmal abgetaucht war.

Während des Aufenthalts kam auch Großmutters eineiige Zwillingsschwester zu Besuch. Ich fand es lustig, dass sich die beiden nicht nur sehr ähnlich sahen, sondern fast identische Namen hatten: Statt Lavada hieß Großmutters Schwester Laveda. Dass »Lavada« altenglischen Ursprungs war, »Laveda« jedoch aus dem Lateinischen stammt und »unschuldig« bedeutet, entging mir. Für mich hatte man einfach aus Versehen einen Buchstaben ausgetauscht. Dabei war Großtante Laveda ganz und gar nicht unschuldig. Sie hatte einen schwerreichen Mann geheiratet, der durch Patente auf Verschlusskappen für Kosmetikflaschen Millionen verdient hatte. Laveda genoss das Leben in vollen Zügen. Als sie älter wurde, unterzog sie sich einem Facelifting. Das war zu dieser Zeit eine Ungeheuerlichkeit und sie kokettierte gern damit. Meine Großmutter war entsetzt, denn auf einmal sah ihre Schwester jünger aus als sie! Das wollte sie nicht auf sich sitzen lassen. Weil sie wusste, dass in dieser Zeit noch keine ihrer Cremes diese phänomenale Wirkung hervorrufen konnte, sie andererseits den operativen Eingriff aber ablehnte, wählte sie die Methode »Selbst ist die Frau«. Sie nahm eine Haarklammer, bog einen Haken zurecht, wählte einen Gummi im selben Farbton wie ihre Haut und steckte sich das Ganze so über die Ohren, dass die

Gesichtshaut grotesk nach oben gezogen wurde. Zur Krönung des Ganzen steckte sie sich eine aufgefächerte Rose aus Tüll ins Haar. Das tat sie, weil der Haargummi durch seine Spannkraft eine Schneise über ihren Kopf zog und ihre voluminöse Frisur in zwei Hälften teilte. Dann schminkte sie sich und betrat derart aufgetakelt das Wohnzimmer. Ihr Mann, ihre Schwester, ihre Tochter, Oma Williams, Opa Williams, alle Tanten und Großtanten und natürlich auch ich fielen aus allen Wolken. Ich erinnere mich, dass Todesstille herrschte, was ihr zu gefallen schien. So einen Auftritt hat man schließlich nicht alle Tage. Sie lächelte zufrieden, doch offenbarte ihr Geheimnis nicht, auch wenn die Blüte auf ihrem Kopf ein deutliches Zeichen dafür war, dass etwas nicht stimmte. Daddy war charmant wie immer: »Lavada«, sagte er. »Du siehst um Jahre jünger aus. Und diese hübsche Rose in deinem Haar, das ist ja wunderbar! Meinst du, sie würde mir auch stehen und mir helfen, von meinem Doppelkinn abzulenken?« Ich dagegen war nicht ganz so liebenswürdig.

»Oma, dein Gesicht ist ja schief«, hörte man mich rufen. Damit konnte ich eine Frau, die in der Wüste von Arizona geboren war, nicht erschüttern.

»Findest du, Schätzchen?«, sagte sie. »Nun ja, die Sache ist noch nicht ausgereift. Aber ich glaube, ich sehe jetzt wieder jünger aus als Laveda.« Sie warf ihrer Schwester einen kecken Blick zu und erklärte mir, wie das Wunder zustande gekommen war. Auf einmal war ich Feuer und Flamme. Ich ließ mir von ihr Haarklammern und Gummis geben und hatte im Handumdrehen zehn Prototypen gebastelt, die ich an die weibliche Verwandtschaft verkaufte.

»Wenn ihr kein Geld für ein Facelifting habt«, sprach ich die Frauen an, »macht es wie Oma!«

Ich muss lächeln, wenn ich das heute niederschreibe. Unbemerkt von allen tat sich schon damals ein Talent auf, das keiner realisierte, am wenigsten ich selbst: Ich war schon damals eine gute Verkäuferin und freute mich über die paar Dollars, die meine Tanten für die Methode »Facelifting nach Großmutters Art« springen ließen.

Kapitel 4

Schule – gibt es Schlimmeres auf Erden?

Kam in Konz ein Handwerker ins Haus, betrachteten wir ihn wie das achte Weltwunder. Daddy selbst konnte keinen Nagel in die Wand schlagen, ohne sich zu verletzen. Das machte ihm allerdings nichts aus, er hatte keinen falschen Stolz. Im Gegenteil, hatte der Handwerker seine Sache gut gemacht, lobte ihn Daddy in höchsten Tönen. Es waren kernige Menschen, die in unserer Gegend lebten, die geprägt war vom Weinbau und der Landwirtschaft. Für sie waren wir eine exotische Familie. Stets wurde bei uns gesungen und getanzt, auch wenn Fremde im Haus waren. Ich hatte schon mit drei Jahren meine ersten Ballettschuhe bekommen und übte unter Anleitung von Mommy fleißig. Als wir das kalte und zugige Haus an den Bahngleisen verließen, um uns in Oberemmel niederzulassen, kam für mich die Zeit, so richtig mit Tanzen anzufangen. Auch dieses Haus verdankten wir Helmut Philipp, der bei der Bank bürgte, weil diese einem armen Opernsänger niemals einen Kredit für einen Hauskauf gegeben hätte. Mama erzählte mir das damals mit Dankbarkeit und zugleich Scham in der Stimme.

Oberemmel ist ein schnuckeliges Dorf mit alten Häusern, verwinkelten Gassen, grünen Innenhöfen – der Traum jedes Amerikaners. Außerdem ist es eine Hochburg des Karnevals und das bedeutete für mich: Ab zu den Gardemädchen des »Emmeler Carnevals Clubs«! Hier konnte ich mich so richtig austoben. Unter der Woche trainierte ich in Trier in der Ballettschule und am Wochenende übten wir für die nächste Karnevalsaison. Für Mommy begann eine Zeit, die jede Mutter nur zu gut kennt – wie ich heute auch: die Zeit als Privattaxi. Dreimal die Woche fuhr sie mich nach Trier, was eine Dreiviertelstunde dauerte. Dort musste sie warten, bis mein Unterricht zu Ende war, dann kutschierte sie mich zurück. Zu Hause warteten schon meine beiden Schwestern und wollten ebenfalls bemuttert werden. Später nahmen sie genauso selbstverständlich wie ich Mommys Taxidienste in Anspruch. Erst seit ich das selbst tue, ist mir klar geworden, wie viel Zeit und Energie Mommy in uns Kinder investiert hat. Zum Glück tat sie es gern. Nicht, weil sie dachte, aus ihrer ältesten Tochter werde bestimmt eine Primaballerina, sondern weil sie merkte, wie glücklich mich das Tanzen machte.

Ganz anders erging es mir in der Schule. Dort blies ich von Anfang an nur Trübsal. Ich konnte nichts mit dem üblichen Frontalunterricht anfangen; stundenlang dazusitzen und zuzuhören fiel mir schwer. Außerdem merkte ich in der Schule ganz besonders, wie anders unsere Familie war. Und ich kam nun in ein Alter, wo man nicht »anders« sein will, sondern »gleich«.

Es begann damit, dass Mitschüler mich fragten, welchen Beruf mein Daddy ausübte. Vor Kurzem hätte ich noch mit Inbrunst »Er ist Opernsänger!« gerufen, nun wollte ich lieber eine andere Antwort geben: Postbeamter vielleicht, oder Kaufmann; ebendas, was die Väter meiner Mitschülerinnen waren. Die waren auch immer zu Hause, bei Daddy war das nicht der Fall. Als seine Karriere in Schwung kam, wurde er oft zu Gastspielen eingeladen. Ich war es mittlerweile gewohnt, häufiger mit ihm am Telefon zu sprechen als von Angesicht zu Angesicht. War er hier, wurden zwar gleich wieder Möbel zur Seite geschoben, damit wir tanzen konnten, singen und lachen. Das war toll, aber – und dieses Aber wurde von Woche zu Woche größer – ich begann, das Leben meiner Mitschüler zu beneiden: Bei denen ging es nicht so laut zu wie bei uns, sondern anständig und gesittet. Da war auch keine Mommy, die vor lauter Hektik zwei verschiedene Schuhe an den Füßen hatte und in den Hausschuhen zur Kirche ging. Bei den anderen stand pünktlich um zwölf Uhr das Mittagessen auf dem Tisch, bei uns wurde mal um vierzehn Uhr gegessen, dann wieder um sechzehn Uhr. Mommy sagte: »Du hast zwei Hände, dann lern kochen«, und in mir wuchs das Gefühl, dass ich eigentlich nirgendwo richtig hineinpasste. Das war seltsam, denn gleichzeitig fühlte ich mich frei und wusste mit jeder Faser meines Körpers, dass ich alles erreichen konnte. Heute kann ich nachvollziehen, dass ich dieses Gefühl meiner Erziehung verdanke, da meine Eltern zu jeder Tages- und Nachtzeit predigten: »Judith, du kannst alles erreichen – wenn du es willst!« In dieser Zeit träumte ich davon, fliegen zu können. Das machen viele Kinder, aber nur wenige tun, was ich tat: Ich übte. Ich übte monatelang täglich mehrere Stunden, mich Kraft meiner Gedanken in die Lüfte zu erheben. Obwohl es nicht klappen wollte, gab ich nicht auf. Das Wort »aufgeben« existierte nicht in meinem Wortschatz. Ich wollte, dass die Leute sagen mussten: »Jetzt schaut euch mal die Judith an. Sie hat davon geträumt, fliegen zu können, nun kann sie es.« Leider musste niemand in Oberemmel, Konz oder Trier diese Worte jemals aussprechen. Judith Williams, die Tochter des Opernsärgers, konnte mittlerweile zwar ganz anmutig als Ballerina für ein paar Millisekunden die Schwerkraft überlisten. Aber fliegen konnte sie nicht.

Inzwischen durfte ich jeden Samstag in der Trierer Ballettschule bei den Profis mitmachen. Die Trainerin war Frau Kabos. Sie war schon über sechzig Jahre alt, aber noch so fit, geschmeidig und elegant, dass sie zu meinem Vorbild wurde. Ich war das einzige Kind unter lauter Erwachsenen und sie sagte zu mir: »Judith, mach einfach alles mit.«

Diese Anweisung musste man mir nicht zweimal geben. Ballett schenkt einem jungen Mädchen Selbstbewusstsein, ein Gefühl für den eigenen Körper und vor allem: Disziplin. Meine Großeltern waren diszipliniert gewesen, weil es die Umstände verlangten. Meine Disziplin – manche sagen, meine eiserne Disziplin – bekam ich durchs Ballett. Heute denke ich, sie wurde meine Rettung. Doch damals in der Schule half mir das wenig. Stundenlang starrte ich aus dem Fenster, während durch meinen Kopf Fragen wirbelten: Warum muss ich hier sitzen? Warum darf ich nicht aufstehen und mich bewegen? Warum darf ich nicht tanzen, wenn mich das glücklich macht? Außerdem war ich mir sicher, dass ich zu einer schrecklichen Prügelliese verkommen würde, weil ich erst kürzlich den Klassenrowdy niedergestreckt hatte. Es war um eine Hänselei gegangen, das Opfer war meine Nebensitzerin Silke. Sie war zu dieser Zeit ein moppeliges Mädchen und Zielscheibe der gemeinsten Bemerkungen von Andreas, dem Lautsprecher der Klasse. Was mich völlig aus der Fassung brachte, war die Tatsache, dass er uns Mädchen immer anspuckte. Empört ging ich nach Hause und erzählte Mommy davon.

Sie sagte: »Okay, Judith. Du bist jetzt alt genug, um zu lernen, was das hier ist.« Sie simulierte einen Faustschlag, der gewiss nicht mit einer rechten Geraden der Klitschko-Brüder konkurrieren konnte. Ich fühlte mich trotzdem inspiriert. Am nächsten Tag trat Andreas an unseren Tisch, spuckte mir ins Gesicht und nannte Silke eine fette Kuh.

»Hör auf damit!«, sagte ich. »Sonst haue ich dir eine runter.«

Haha, wie komisch. Die Balletteule haut mir eine runter. Andreas war wenig beeindruckt, sondern spuckte mich erneut an. Im nächsten Augenblick hatte er meine Faust auf der Nase und ich muss sagen, ich machte das überzeugender als Mommy. Blut lief heraus und Andreas fiel auf den Rücken wie ein Käfer und heulte hemmungslos. Einer der Lehrer kam angerannt und wollte wissen, was los sei. Silke antwortete und ich erwartete, dass er mich ausschimpfen würde. Stattdessen sagte er: »Das wurde auch mal Zeit.« Mommy reagierte allerdings anders. Als ich ihr stolz erzählte: »Du, ich habe dem Andreas voll eine reingehauen«, war sie bestürzt. »Aber du hast mir doch gezeigt, wie ich es machen soll«, wehrte ich mich. Doch sie meinte: »Ja schon. Aber doch nicht so doll! Nicht, dass er blutet!«

Zwei Jahre später schwang ich nochmals die Fäuste. Wieder war Silke der Grund. Sie war nicht schlanker geworden und weil auch meine Eltern immer dicker wurden, bezog ich die Hänseleien der Mitschüler auf sie. Dieses Mal war der Angreifer ein Mädchen und sie hatte bei Weitem mehr Kampfgeist als Andreas. Büschelweise riss sie mir die Haare aus, aber ich blieb ihr nichts schuldig. Am Ende hockte ich auf ihren Schultern und schrie sie an: »Du nimmst alles zurück und entschuldigst dich bei Silke!«, während meine Klassenkameraden um uns herumstanden und applaudierten. Doch ich fühlte mich schlecht dabei und es war zum Glück das letzte Mal, dass ich meine Argumente mit Schlägen unterstreichen musste.

Kurze Zeit später wurde ich krank. In dem kalten, feuchten Haus in Konz waren meine Bronchien stets angegriffen gewesen, die Nebenhöhlen immer entzündet. Nun gesellte sich zu meiner permanenten Erkältung eine schwere Neurodermitis. Meine Haut juckte wie verrückt, ich bekam überall rote Ausschläge. Psychischer Stress ist ein nicht zu unterschätzender Auslöser dieser Hautkrankheit. Ob unser Hausarzt das auch so sah, weiß ich nicht, aber er traf eine gute Entscheidung: sechs Wochen lang sollte ich zur Kur fahren. »Klasse«, dachte ich einerseits, »dann brauche ich nicht mehr zur Schule.« Andererseits: »Was wird aus meinem Ballettunterricht? Und aus Elisabeth?« Denn kaum war der Unterricht aus, sauste ich nach Hause. Daddy war unterwegs und Mommy hatte alle Hände voll zu tun mit ihren Klavierschülern, deshalb hieß es: »Um Elisabeth musst du dich kümmern, du musst auf deine Schwester aufpassen.« Für mich war das kein Muss, ich tat es gern. Am liebsten setzte ich sie in den Kinderwagen und trällerte ihr stundenlang Bassarien von Daddy in meinem Kindersopran vor. Gingen mir die Lieder aus, kamen selbst erdachte Theaterstücke an die Reihe. Weil wir kein Spielzeug besaßen, musste ich erfinderisch sein. Zum Glück war Elisabeth ein Publikum, von dem man nur träumen konnte: Begeistert klatschte sie in ihre kleinen Hände und lachte aus vollem Hals. Dabei trug sie einen Klopapierüberzug als Mütze, was wiederum mich zum Lachen brachte. Zu dieser außergewöhnlichen Kopfbedeckung war sie beim Kirchenbasar gekommen. Ein paar ältere Damen der Gemeinde verkauften dort neben vielen anderen Dingen selbstgehäkelte Klopapierüberzüge. So etwas hatten die Leute zu dieser Zeit in der Heckablage ihrer Autos. Es muss eine deutsche Erfindung gewesen sein; Mommy kannte sie jedenfalls nicht.

»Oh, wie nett. Ein Hütchen für Elisabeth!«, juchzte sie und kaufte den Überzug. Von nun an trug ihn meine Schwester auf dem Kopf, während ich sie mit meinem Unterhaltungsprogramm bei Laune hielt. Das Hütchen hat ihr nicht geschadet, anders als ein paar Streiche, die ich ihr spielte. Zwar wurde ich zur Furie, wenn ein fremder Lausebengel einen Wurm in ihre Windel stopfte. Das hielt mich aber nicht davon ab, selbst eine tote Fliege vom Fensterrahmen zu picken, sie in eine Banane zu stecken und Elisabeth erst davon zu berichten, nachdem sie Frucht und Fleischeinlage verputzt hatte. Das kriege ich heute noch zu hören: Bei jedem Familienfest kommt mindestens einmal das Thema »Tote Fliege in meiner Banane« auf den Tisch. Allen meinen Streichen zum Trotz entwickelte ich ein großes Verantwortungsbewusstsein. Ich fühlte mich verpflichtet, für ihr Glück zu sorgen und schlüpfte hundertprozentig in die Rolle einer Mutter. Und die sollte ich jetzt aufgeben wegen einer Kur?

Mommy tröstete mich: »Dafür geht es dir danach besser«, versprach sie. »Und Borkum gefällt dir bestimmt.«

Borkum? Wo war das denn? Wir waren noch nie irgendwohin in Urlaub gefahren, geschweige denn ans Meer. Das konnte vielleicht wirklich aufregend werden! Und auch noch auf eine Insel! Ich wog ab und gewöhnte mich an den Gedanken, sechs Wochen in der Fremde ganz ohne Familie auszukommen. Kürzlich habe ich gehört, dass Borkum mittlerweile Europas erste allergikerfreundliche Insel ist, zertifiziert von der Europäischen Stiftung für Allergieforschung. Als ich im Jahr 1982 dort Nordseeluft schnupperte, war das noch nicht der Fall. Doch die Kur zeigte auch so Wirkung und als ich nach Hause zurückkehrte, ging es mir besser. Zwar machte die Schule weiterhin keinen Spaß, aber ich kämpfte mich von einer Klasse zur nächsten. Dann wurde meine damals beste Freundin Andrea krank. Im Gegensatz zu mir hatte sie alle schulischen Talente, die man sich wünschen konnte. Dazu war sie bildhübsch. Sie war oft bei mir zu Hause, ich war oft bei ihr zu Hause. Ihr Papa arbeitete als Lastwagenfahrer, ihre Mama war Putzfrau und ich liebte das wohlgeordnete Leben, das ihre Familie führte. Nun war sie krank und danach sollten sich unsere Wege trennen: Ich wechselte aufs Auguste-Viktoria-Gymnasium, eine altehrwürdige Schule, die 1879 gegründet worden war, während sie auf ein anderes Gymnasium gehen sollte. Es nahm mich total mit, dass wir uns aus den Augen verloren. Viele Jahre später hörte ich, dass Andrea in einer psychiatrischen Klinik behandelt worden war. Ihre Talente und ihr Ehrgeiz hatten sich in einer Magersucht niedergeschlagen. Ich rief sie an, als sie die Klinik verlassen durfte, doch ruhiggestellt durch Medikamente konnte sie kaum sprechen. Wieder blieben wir getrennt, bis eines Tages das Telefon läutete. Ich hatte gerade meine Gesangskarriere begonnen und jetzt war meine alte Freundin Andrea am Telefon und erzählte im Überschwang, dass sie in Kürze heiraten werde.

»Singst du auf meiner Hochzeit?«, bat sie mich. Es sollte nicht so weit kommen. Eine Woche später sprang sie aus einem Fenster des Krankenhauses, wo sie erneut behandelt worden war. Als ich davon erfuhr, war ich wochenlang am Boden zerstört und frage mich immer wieder: Wäre ihr Freitod nicht zu verhindern gewesen? Vielleicht hätte ich etwas ausrichten können?

Das Ballett und eine Begegnung, die mein späteres Leben prägen sollte, waren ein Rettungsanker. Mitten in der Innenstadt von Trier gab es eine kleine Parfümerie. Schon häufig war ich daran vorbeigegangen, ohne mich zu trauen, einzutreten. Manchmal blieb ich stehen, wenn sich die Tür öffnete und eine Kundin herauskam. Dann sog ich die Düfte ein, die plötzlich in der Luft lagen. Ich weiß nicht mehr, was mich dazu bewog, einen dieser Augenblicke zu nutzen und einfach einzutreten. Schon im nächsten Moment kam es mir vor, als habe ich das Paradies betreten. Eine kleine zarte Frau fragte nach meinen Wünschen. Das war Irma Bohn, die Inhaberin. Wünsche hatte ich keine, zumindest nicht solche, die sie erfüllen konnte. Ich hatte kein Geld, um mir etwas zu kaufen, trotzdem kam ich immer wieder. Nachdem ich meine anfängliche Scheu überwunden hatte, nutzte ich jede Gelegenheit zu einem kleinen Abstecher. Nach und nach freundete ich mich mit Irma Bohn an. Manchmal gab sie mir einen Tester mit und einmal eine hübsch eingepackte Geschenkschachtel mit Cremes, Lippenstift und Wimperntusche. Was war das für ein Fest, als ich am Wochenende meine Freundinnen, Mommy und mich selbst schminkte. Mommy war mittlerweile aufgefallen, dass ich mehr und mehr Zeit in der Parfümerie zubrachte. Sie selbst hatte kaum Kosmetik zu Hause, aber neugierig geworden, begleitete sie mich beim nächsten Besuch. So freundete auch sie sich mit Irma Bohn an. Nun gab es bei uns zu Weihnachten eine alte Familientradition: Nie feierten wir nur unter uns, sondern luden am Heiligabend einen Menschen ein, der allein war. Das war bei Irma Bohn der Fall. Sie war Witwe und hatte keine Angehörigen in Trier und so kam es, dass sie das Weihnachtsfest bei uns verbrachte. Damals trat mein Herzenswunsch ans Tageslicht, Frauen verwöhnen zu wollen – doch war das nicht mehr als eine nebulöse Idee, die von meinen Schulsorgen bald wieder in den Hintergrund gedrängt wurde.

Kapitel 5

Bei den Ursulinen

Die bleierne Zeit lautet der Titel eines Spielfilms der deutschen Regisseurin Margarethe von Trotta, der Anfang der Achtzigerjahre Furore machte. Damals hatte ich von ihm keine Ahnung, denn wir gingen nicht ins Kino, doch später konnte ich ihn sehen und bewundern. Sein Titel ist die beste Umschreibung der nächsten Jahre meiner Schulzeit. Bleiern war die Zeit, unendlich langsam tickten die Zeiger der Uhr: Noch eine Stunde und noch eine Stunde und noch eine Stunde musste ich ausharren. Ich litt darunter, dass meine Energie und Kreativität durch die strengen Regeln und dem Zwang, stundenlang stillzusitzen, gekappt wurden. Wenn ich heute an diese Jahre zurückdenke, sehe ich mich teilnahmslos zum Fenster hinausstarren und mich an den Ort träumen, der mir Trost war: das Opernhaus. Als Daddy in Trier anfing, nahm er mich wann immer möglich mit zu den Proben und Auftritten. War in München der Pudelsalon mein Kinderzimmer gewesen, wurde es nun die Künstlergarderobe. Dort saß ich zwischen den Akteuren und half ihnen beim Schminken. Allein der Geruch – ja, ich bekenne: Ich bin süchtig danach! Alles ist ein bisschen modrig, während sich die vielfältigen Düfte der Theaterschminke darüberlegen. Für mich war es das Parfüm der Freiheit: eine Freiheit, die ich einatmen konnte. Der Höhepunkt kam, wenn Daddy auf der Bühne stand und sang. Da quetschte ich mich in die erste Reihe zu den Feuerwehrleuten, die zum Brandschutz in die Oper abkommandiert worden waren. Die kannten mich bereits. Stieß ein neuer Kollege dazu und beschwerte sich, dass dieses Kind um diese Zeit ins Bett gehöre und nicht ins Opernhaus, stießen ihn die Kameraden an:

»Das ist doch die Tochter des Bassisten«, sagten sie. »Die gehört zum Inventar.« Eines konnte selbst diesen Höhepunkt noch toppen: wenn mich Frau Friederich unter ihre Fittiche nahm. Frau Friederich bekleidete das Amt der Souffleuse. Im Theater und an der Oper bezeichnet man damit Leute, die sich während der Aufführung im Souffleurkasten in der Mitte der Bühne aufhalten, vom Zuschauerraum nicht einsehbar, um von dort aus alle Rollen mitzulesen. Vergisst einer der Darsteller seinen Einsatz, gibt ihm die Souffleuse einen Hinweis und flüstert ihm die richtigen Worte zu. Frau Friederich war eine sehr zuverlässige Souffleuse, präzise wie das Werk einer Schweizer Uhr. Doch sie hatte eine kleine Schwäche und das war ich. Wann immer es ging, nahm sie mich mit an ihren Arbeitsplatz. Dort kauerte ich neben ihr, sah die ganze Bühne ein und flüsterte die Rollen ebenfalls mit. Hob ich im Eifer des Gefechts meine Stimme, legte Frau Friederich einen Finger auf ihren Mund. Traf uns die feuchte Aussprache, die vielen Sängern zu eigen ist, sagte sie: »Das gehört zum Berufsrisiko.« Obwohl ich zu dieser Zeit die vielen ungeschriebenen Regeln im Leben eines Opernsängers noch nicht verstand, wurde mir im Laufe der Zeit klar, dass Daddy häufiger auf der Bühne zu sehen war als seine Kollegen. Der Grund war: Noch immer fiel es ihm schwer, die ständig wachsende Familie zu ernähren. Aus diesem Grund nahm er Rollen an, die nicht durch seinen Vertrag abgedeckt waren. Reichte das Geld trotzdem hinten und vorne nicht, trennte er sich schweren Herzens von einer der fünfzehn bis zwanzig Zuchtkatzen, die unser Haus bevölkerten. Trotzdem blieb Bargeld immer knapp. Eines Tages versprach er mir zu Weihnachten Schlittschuhe. Kurz vor der großen Bescherung nahm er mich zur Seite.

»Schätzchen«, sagte er. »Ich weiß, ich wollte dir Schlittschuhe kaufen. Das klappt leider nicht. Sie kommen ein bisschen später.«

Natürlich erzählte er mir nicht, dass der Intendant ihm einen Bonus für die Zusatzrollen versprochen hatte, sich aber nicht mehr an seine eigenen Worte erinnern konnte. Davon sprach er erst später, als ich selbst mit den Unzulänglichkeiten des Gedächtnisses mancher Theaterleiter zu kämpfen hatte.

»Wir hatten das per Handschlag ausgemacht«, sagte Daddy. »Bei uns in Montana gilt das als Ehrenwort. Doch er meinte: ›Bonus, was für einen Bonus? Haben Sie das schwarz auf weiß? Nein? Dann tuts mir leid.‹ Daher, Schätzchen: Hier in Deutschland brauchst du ein Papier, um etwas beweisen zu können, also kümmer dich stets darum.« Von da an folgte ich seinem Rat und ließ mir alles schriftlich geben.

Als das Opernhaus Bremerhaven an Daddy herantrat, um ihm einen Vertrag mit besseren Konditionen anzubieten, stand außer Frage, dass er die Stelle annahm. Leider liegt die Stadt an der Wesermündung sechshundert Kilometer von Trier entfernt. Von nun an sahen wir ihn nur noch drei Monate im Jahr und ich musste Mommy noch mehr helfen. Ich kümmerte mich um Elisabeth und Katharina, grub den Garten um, jätete Unkraut und lernte, wie man mit einer Schnur perfekte Sälinien legt. Danach versorgte ich unsere Tiere: die unzähligen Katzen, den Pudel Susi, die englischen Bulldoggen Auntie, Man und Mäuschen, das Meerschweinchen und den neuen Hasen, von dem wir dachten, er sei ein Minischlappohr, bis er sieben Kilogramm auf die Waage brachte und sich als Deutscher Riese entpuppte. Machte im Sommer das Opernhaus Urlaub, kam Daddy nach Hause. Am liebsten ging er dann mit seinem Freund, dem Tierarzt, auf Tour. Ich konnte am Anfang nicht glauben, dass dieser Mann tatsächlich Doktor Fisch hieß – ich dachte, das sei mal wieder einer von Daddys Späßen. Aber es stimmte. Doktor Fisch half den Landwirten in der Umgebung bei der Viehzucht und Daddy hatte viel Freude daran, Doktor Fisch darin zu unterstützen. Endlich konnte er seinen heimlichen Berufswunsch Tierarzt ausleben – und wenn die Bauern ihn als Doktor Williams ansprachen, freute er sich wie ein Schneekönig. Ich fragte mich nur, weshalb Mommy ihn ausschimpfte, als er eines Tages nach Hause kam und damit prahlte, dass Bauer Pfanz allen Leuten erzähle, »der Doktor Williams hat erstklassig meine beste Kuh besamt«.

Als ich Daddy in Bremerhaven besuchen durfte, wurde ich völlig zum Opernkind. Jetzt gehörte ich tatsächlich zum Inventar, denn ich verbrachte die ganze Zeit in der Maske und auf der Bühne. Anderen Kindern wäre das vielleicht langweilig geworden, aber ich liebte es, Perücken zu bürsten und Abschminkschwämme zu putzen. Ich half, den Fundus zu pflegen – Kulissen, Requisiten, und Kostüme – und fertigte mit der Maskenbildnerin Glatzen aus Latex an, bevor ich den Inhalt der Schminkkoffer neu ordnete. Am Abend brachte mir Daddy bei, wie man sich bei Premierenfeiern verhält und bei Empfängen die Sponsoren mit Knicks begrüßt.

»Da darfst du nicht rumhüpfen«, sagte er und ich nahm mir das zu Herzen. »Nicht hüpfen«, dachte ich, während ich zwischen den Damen und Herren in Abendgarderobe stand. Dabei hätte ich das am liebsten getan, denn das Herz schlug mir bis zum Hals. Wenn aber Daddy der Ansicht war, dass ein hüpfendes Mädchen den Abend ruinierte, stand für mich außer Frage, auch nur den allerkleinsten Hopser zu tun. Stattdessen senkte ich würdevoll den Kopf, wie er es mir gezeigt hatte – »nicht zu sehr, nur mit einem kleinen Ansatz, schau mal, so macht man das« –, und machte einen Knicks. Dazu trug ich ein grünes Kleid, das Mommy aus einer alten Samtgardine geschneidert hatte. Ähnlich wie der Wintermantel wurde es im Lauf der Jahre kürzer und kürzer, trotzdem machte ich darin eine reizende Figur, denn Daddy wurde mit Komplimenten überhäuft und war stolz wie Oskar. In den Jahren, die folgten, begleitete ich ihn überall hin: nach Kiel und Weimar, nach Leipzig und Dresden, Hamburg und Berlin und schließlich ins Ausland, nach Nancy, Marseille, Cagliari, Palermo, Genua, Venedig und Rom. Stets lernte ich in den Städten nur die Opernhäuser kennen und den Zoo, sofern es ihn gab. Dort verbrachte Daddy am liebsten seine Freizeit, wenn er auf Tournee war, und Mommy wusste das zu schätzen. Schließlich gibt es genügend Opernsänger, die wie die Matrosen leben: mit einer anderen Braut in jedem Hafen. Daddy hingegen kokettierte nur, dass man mich für seine Frau hielt. Das passierte, als ich älter wurde und das Kleid aus Gardinenstoff längst abgelegt hatte. »Sie haben aber eine hübsche Frau«, sagte ein Premierengast, während ein anderer Daddy kumpelhaft mit dem Ellbogen anstieß: »Ihre Freundin ist aber noch sehr jung.« Das ließ ich nicht auf mir sitzen. »Ich bin die Tochter«, sagte ich mit Nachdruck, während Daddy sein dröhnendes Lachen erschallen ließ, das alle peinlichen Missverständnisse in Schall und Rauch auflösen konnte.

Das alles geschah aber Jahre später. Jetzt hieß es erst einmal wieder Schulbank drücken. Schon Tage davor dachte ich mit Grauen daran. Auf einmal sah man die ansonsten so fröhliche Judith mit Leichenbittermiene durchs Opernhaus huschen. Ich konnte und wollte mich nicht an den Gedanken gewöhnen, dass mir in Kürze wieder ein Jahr zwangsverordnetes Stillsitzen und völlige Anpassung drohten. Noch immer sah ich mich selbst als Totalversagerin.

»Daddy, kann ich nicht bleiben? Kann ich nicht die Schule schwänzen?«, bettelte ich.

Da stieß ich auf Granit. »Du brauchst deinen Abschluss, Schätzchen«, antwortete er. »Egal, was du später machen willst, ohne ihn kommst du nicht weit. Denk daran, dass diese kurze Zeit einen sehr großen Teil deines späteren Lebens bestimmen wird.«

Er versprach, mit Mommy über meine Situation zu sprechen. Die beiden kamen überein, dass es besser sei, wenn ich auf eine andere Schule wechselte. Das Auguste-Viktoria-Gymnasium war kein Ort, an dem ihre Tochter glücklich wurde. Viele Möglichkeiten bot Trier zu dieser Zeit nicht. Am Ende einigten sich meine Eltern darauf, dass ich aufs Bischöfliche Angela-Merici-Gymnasium gehen sollte. Dieses war 1856 gegründet worden und heute, während ich das alles zu Papier bringe, staune ich über diese Zahl. Immerhin kam im gleichen Jahr Urahn John T. R. Hicks nach Amerika und machte sich auf seinen langen und mühseligen Weg nach Utah. Schon damals wurden in Trier Mädchen an einem Gymnasium unterrichtet!

Das Angela-Merici-Gymnasium wurde vom Orden der Gesellschaft der Heiligen Ursula geführt. Die Ursulinen sind eine Frauengemeinschaft zu Ehren der Ursula von Köln, im Jahr 1535 von Angela Merici ins Leben gerufen. Ehrlich gesagt hielt sich meine Begeisterung in Grenzen bei der Aussicht, von Nonnen unterrichtet zu werden. Ich vertrat ohnehin die Ansicht, dass ich zu dumm sei, um in einer Schule erfolgreich zu sein, egal in welcher. Dafür sprach, dass ich das Jahr wiederholen musste, denn außer in Englisch war ich in allen Fächern schlecht. Ohne meinen Eltern etwas zu sagen, machte ich mich auf den Weg zum schulpsychologischen Dienst. Er befand sich in der Trierer Bahnhofstraße. In einem Prospekt hatte ich gelesen: »Hier bekommst du Beratung bei Problemen wie Schulangst, Über- und Unterforderung, mangelnden Lerntechniken, Konflikten« – alles Dinge, die auf mich zutrafen.

»Ich bin zu dumm fürs Gymnasium«, sagte ich dem Pädagogen, nachdem er mich ins Zimmer gebeten hatte. »Können Sie mit mir einen IQ-Test machen?«

Ich hatte Glück, er nahm sich einen ganzen Nachmittag lang Zeit. Wir machten eine ganze Reihe von Tests und am Ende sagte er: »Du bist alles anderes als zu dumm. Du könntest überall eine Eins haben.«

Wahrscheinlich ahnte er nicht, welche Größe der Stein hatte, der mir vom Herzen fiel. Von nun an kam ich einmal die Woche und er brachte mir Lerntechniken bei und wie man seine Hausaufgaben angeht. Damals tat ich einen Schwur: »Wenn ich selbst mal Kinder habe, schicke ich sie auf die beste Schule.« Diesen Eid habe ich nie vergessen und ihn, soweit das möglich ist, in die Tat umgesetzt.

Das leidige Stillsitzen konnte mir aber auch der Pädagoge nicht abnehmen, das war noch immer meine größte Herausforderung. Inzwischen weinte ich jeden Morgen, wenn ich zur Schule gehen musste. Das einzige Gefühl, das sich dort bei mir regte, war mein Gerechtigkeitssinn. Als unser Chemielehrer zu einer Mitschülerin sagte: »Du bist zu blöd für dieses Fach; mach das Fenster auf und spring raus!«, erhob ich mich.

»Das können Sie nicht sagen!«, schrie ich ihn an.

»Was geht dich das an?«, konterte er. »Außerdem bist du von der gleichen Sorte. Raus, und melde dich beim Rektor.«

Auf dem Rektorat gehörte ich – und das ganz ungewollt – auch schon zum Inventar. Ständig musste ich aufkreuzen, ständig wurden meine Eltern einbestellt. Diesmal brachte es das Fass zum Überlaufen und Mommy und Daddy zur der längst fälligen Entscheidung: Judith soll die Schule wechseln.

Als ich jetzt am ersten Schultag das Angela-Merici-Gymnasium betrat, blieb ich ehrfurchtsvoll im Atrium stehen. Es war nicht nur der wunderbare Klang, der mich hier immer aufs Neue beeindrucken sollte. Es war auch die perfekte Sauberkeit, die mich fast blendete. Niemals zuvor hatte ich einen reinlicheren Ort gesehen, geradezu ein Gegenentwurf zum Chaos der Künstlergarderoben oder zu unserem Zuhause. Nirgendwo lag auch nur ein Krümelchen; in den Waschräumen blitzten die Armaturen, selbst die Mülleimer schienen stets leer zu sein. Es gab viel Platz auf dem Pausenhof, die Räume waren licht und hell, die Lehrer streng, aber menschlich, und die Direktorin, Schwester Dorothea, strahlte eine Güte aus, die mir guttat. Ich war ihr das erste Mal in Begleitung meiner Eltern zum Vorgespräch begegnet. Sie hatten sich nicht mit wehenden Fahnen für diese Schule entschieden.

»Schwester Dorothea«, sagte Daddy. »Wir sind weder katholisch noch evangelisch, wir sind Mormonen aus Amerika.«

Ich erinnere mich, wie Schwester Dorothea lächelte. »Ist das so?«, fragte sie. »Und an was glauben Sie?«

»An Gott, an Jesus, an die Nächstenliebe«, zählte Daddy auf.

In den Augen der Schwester blitzte Schalk. »Dann haben wir doch einiges gemeinsam«, antwortete sie.

So war es auch. Vom ersten Tag an fühlte ich mich bei den Ursulinen angenommen. Es unterrichteten auch Lehrer, die nicht dem Orden angehörten, doch die Schwestern brachten uns Mathematik, Chemie und Physik bei. Auch auf anderem Gebiet waren sie nicht untätig. Als wir zu Besinnungstagen nach Rom fuhren, warnte uns Schwester Paula: »Wenn ihr nachher aus dem Bus steigt, werden jede Menge junger Italiener um euch herumscharwenzeln. Passt auf: Die wollen ihren Arm um euch legen und euch einen Kuss geben.«

Dagegen hätten wir gar nicht so viel einzuwenden gehabt, doch die Warnung führte dazu, dass wir jetzt ganz besonders auf der Hut waren. Kurz darauf hörte ich die aufgeregte Stimme meiner Mitschülerin Corinna: »Schwester Paula, da ist einer, der will was von mir! Was soll ich nur tun?«

Offenbar war Schwester Paula bei Mommy in die Lehre gegangen, denn sie rief: »Treten! Treten!«

Der gute Rat kam nicht wie gewünscht bei Corinna an.

»Was hilft denn da noch beten?«, wollte sie wissen. Natürlich haben wir sie danach immer wieder liebevoll auf den Arm genommen. Wenn ich an diese Zeit zurückdenke, durchströmt mich ein warmes Gefühl. Ich wurde zwar auch bei den Ursulinen nicht zu einer guten Schülerin, aber wenigstens fühlte ich mich aufgehoben und geschützt, auch als ich in die Pubertät kam.

Fragte mich damals jemand: »Judith, was willst du werden?«, war meine Antwort: »Ein Clown!« Auf den ersten Blick passte das nicht zu mir, denn ich war weder der Klassenclown noch das Mädchen, um das sich alle scharten. Seit wir aber in München zum ersten Mal den Zirkus Krone besucht hatten, war ich fasziniert von der Kraft, die in der Figur des Clowns steckte. Vor allem seine Fähigkeit, die Dinge anders zu sehen, hatte es mir angetan. Dabei wusste ich noch gar nichts von den vielen Clowns, die das Theater bevölkern, wie der Harlekin aus der italienischen Commedia dell'Arte. Noch weniger ahnte ich, dass alle indigenen Kulturen ihre eigenen Clownsfiguren besitzen, auch die indianischen Stämme Nordamerikas. Bei ihnen war Wakan, der mythische Clown, untrennbar mit dem spirituellen Kult Heyoka verbunden: Er beschreibt den Weg zur Glückseligkeit, der allein über die Freude zu finden ist. Dafür hatte ich schon einmal das wunderbare Sprichwort aus dem alten Persien gehört: »Kommt ein Clown in die Stadt, ist das mehr Wert als eine Wagenladung Medikamente.« Diese heilende Kraft des Lachens konnte ich selbst spüren; sie wurde für mich eine Waffe, die jedes bittere Gefühl besiegen kann. Auch wenn aus mir dann doch kein Clown wurde – wer meine Sendungen kennt, weiß, wie häufig ich humoristische Einlagen einbaue. Ich kann gar nicht anders, als mich manchmal auch selbst auf die Schippe zu nehmen.

Kapitel 6.

Die Meistersinger von Nürnberg

Was deutsch und echt, wüßt' keiner mehr,
lebt's nicht in deutscher Meister Ehr'.
Drum sag' ich euch:
ehrt eure deutschen Meister!
Dann bannt ihr gute Geister.

So heißt es in der Oper *Die Meistersinger von Nürnberg* von Richard
Wagner und mit anderen Worten, aber ähnlichem Sinn formulierte es
Daddy. Er hatte immer behauptet, dass ich ganz wunderbar singe, aber
ich hatte mit derselben Beharrlichkeit geantwortet: »Das sagst du nur,
weil du mich lieb hast.« Eigentlich hätte ich ihn besser kennen sollen,
denn unwahre Schmeicheleien sind seine Sache nicht. Aber in dieser
Zeit war ich zu verwirrt und dazu trugen meine schlechten Schulnoten
bei. Außerdem erinnerte ich mich, wie zurückhaltend Daddy gewesen
war, als ich im Alter von 16 Jahren vorgeschlagen hatte, eine Gesangs-
lehrerin zu nehmen.

»Lass dir Zeit«, war damals sein Ratschlag gewesen und heute weiß
ich, wie recht er hatte. Nun aber wollte er mich zu einem der größten
»deutschen Meister« schicken: Ich sollte bei Professor Kammersänger
Kurt Moll vorsingen.

Meine Güte, war ich aufgeregt. Ich bekomme heute noch feuchte
Hände, wenn ich nur daran denke. Kurt Moll war zu dieser Zeit schlicht
und einfach der beste und erfolgreichste Opernsänger Deutschlands.
Dazu eilte ihm der Ruf voraus, ein kritscher Geist zu sein – sicher keiner,
der mich loben würde, falls es nichts zu loben gab. Seine Karriere hatte
schon in jungen Jahren begonnen, mit zwanzig Jahren sang er bereits

an der Kölner Oper. 1970 feierte er bei den Salzburger Festspielen als »Sarastro« in Mozarts *Zauberflöte* den internationalen Durchbruch, kurze Zeit später eroberte er die USA. Erst vor Kurzem war er aus New York zurückgekehrt, wo er das Publikum an der Metropolitan Opera begeistert hatte, und nun blühte ihm das Schicksal, die kleine Judith Williams aus Oberemmel anhören zu müssen. Mir zitterten die Knie, als ich mich in den Zug setzte, um nach Hamburg zu fahren. Die Familie Moll lebte im Vorort Blankenese und auch wenn ich mittlerweile etwas von der Welt gesehen hatte, gingen mir fast die Augen über, als ich die eleganten Villen erblickte. Zum Glück holte mich Christina, die älteste Tochter der Familie, vom Bahnhof ab; wahrscheinlich hätte ich mich sonst nicht bis vors Haus getraut. Nun aber stand ich da, in der einen Hand meine Tasche, in der anderen die Noten sämtlicher Lieder, die ich jemals gesungen hatte. Die Tür öffnete sich und eine kleine Frau mit liebevollen Augen lächelte mich an. Das war Kurt Molls Ehefrau Uschi. Sie sah sofort, wie aufgeregt ich war und nahm mich in ihre Arme.

»Komm herein«, sagte sie. »Wie schön, dass du da bist. Hast du Hunger? Ich habe gerade gekocht, es gibt Spiegeleier mit Kartoffeln.« Der Duft aus der Küche war der Geruch nach Geborgenheit und nach der perfekten deutschen Hausfrau – also das, was ich schon damals bewunderte.

Uschi Moll führte mich in ihre Küche, setzte mich an den Tisch, bemutterte mich von vorn bis hinten und so langsam legte sich meine Nervosität, bis eine donnernde Stimme ertönte: »Aha, da ist die Sängerin. Das machen wir dann morgen.« Im nächsten Moment stand Kurt Moll vor mir und ich war überwältigt, denn alles an ihm war riesig. Er hätte auch ein amerikanischer Basketballspieler sein können, so groß war er. Meine Hand verschwand in seiner Pranke. Dann war er auch schon wieder weg und ich dachte nur: »Du meine Güte, der will dich gar nicht hören, ich werde die ganze Nacht kein Auge zumachen.« Aber Uschi Moll lachte und sagte: »Nimms ihm nicht krumm, er hat eine harte Schale, aber er ist ein weicher Kerl, glaub mir das.«

Das wollte ich gern, aber es fiel mir schwer. Tatsächlich schlief ich die ganze Nacht nicht, denn immer, wenn ich am Einnicken war, schreckte ich auf: Du darfst auf keinen Fall deinen Text vergessen, hörst du? Davon hängt deine Zukunft ab! Ich war richtig gut darin, mir selbst den größtmöglichen Druck zu machen, was in meinem späteren Leben Folgen haben sollte. Jetzt kam ich mit einer schlaflosen Nacht davon, doch fühlte ich mich entsprechend gerädert, als ich am nächsten Morgen vor dem Opernsänger stand.

»Also, was wollen Sie singen?«, knurrte er.

»*Gretchen am Spinnrade.*«

»Schubert, aha. Hmhm. Haben Sie nichts Einfacheres?«

Damit brachte er mich aus dem Konzept. Das *Gretchen am Spinnrade* ist nicht leicht zu singen, das Lied steckt voller Emotionen, aber ich hatte es geübt und geübt und geübt. Also etwas Einfacheres? Ich zerbrach mir den Kopf.

»Vielleicht *Die Forelle?* Von Schubert?«

Damit war Kurt Moll einverstanden. »Gut. Fangen Sie an.«

Das tat ich und Kurt Moll begleitete mich am Flügel. »In einem Bächlein helle, da schoss in froher Eil, die launische Forelle, vorüber, wie ein Pfeil.« Als ich das Lied beendet hatte – die Schlussworte »und ich, mit regem Blute, sah die Betrogne an« schienen ganz auf mich gemünzt zu sein –, wartete ich nervös auf sein Urteil. Aber es kam nicht.

»Das war ganz schrecklich«, dachte ich, »du singst wie eine quietschende Kreissäge, deshalb sagt er nichts, es fehlen ihm einfach die Worte!«

»Noch was?« In meinen Ohren klang der Ton des Opernsängers mehr als gelangweilt.

»Die Lotosblume.« Konnte er meine Flüsterstimme überhaupt hören?

Wieder schlug er die Tasten an und wieder kam keine Reaktion auf das Lied. Ich fühlte langsam Trotz in mir aufsteigen und als Kurt Moll ein drittes Mal fragte, was ich singen wollte, erwiderte ich: »*Gretchen am Spinnrade.*« Dieses Mal hatte er nichts einzuwenden und ich begann: »Meine Ruh ist hin, mein Herz ist schwer; ich finde sie nimmer und nimmermehr.«

Seltsam, wie gut dieser Liedtext zu meiner Situation passte. Als ich endete, klappte Kurt Moll den Flügel zu.

»Jetzt ist alles aus«, dachte ich, »er hat sich gerade mal drei Lieder angehört, mehr braucht er nicht, um mir zu sagen, dass ich die ganze Singerei vergessen soll.«

Aber ich sollte mich täuschen. Kurt Moll sah mich mit forschendem Blick an und sagte: »Sie kommen nach Köln an die Hochschule, ich nehme Sie in meine Klasse auf.« Dann erhob er sich und verließ das Zimmer. Ich war so starr und steif, dass ich nicht erfassen konnte, was da eben passiert war. Auf einmal stand Uschi neben mir und lachte: »Mein liebes Kind«, sagte sie. »Das war sehr schön, das hast du fein gemacht. Hab keine Angst vor meinem Mann, er ist nur ein großer Teddybär. Jetzt zeige ich dir meinen Garten!«

Sie nahm mich am Arm und führte mich hinaus. Dort befand sich ein perfekt angelegter Gemüse- und Blumengarten. Weiter hinten gab es einen Hühnerstall und Uschi Moll fragte: »Magst du eigentlich Hühner?«

Das musste sie mich nicht zweimal fragen. In mir stecken die Farmergene meines Großvaters. Ich fühlte mich wie im Paradies, als wir vor dem perfekt gezimmerten Hühnerhaus standen. Als Uschi mir vorschlug, eines der Hühner mitzunehmen, hätte ich weinen können vor Freude. Ich dachte, Daddy werde garantiert begeistert sein. Schließlich hatten meine Eltern die Angewohnheit, sich in den seltsamsten Situationen so zu verhalten, als seien sie die normalsten der Welt. Wenn unser altes Auto mal wieder liegen blieb, sagten sie: »Ach, dann haben wir jetzt endlich mal wieder Zeit, zu reden.« Ging das Öl aus und die Heizung blieb kalt, meinte Daddy: »Wie schön. Dann schlafen wir alle in einem Bett und halten uns warm.«

So kam es, dass ich im Zug von Hamburg zurück nach Trier saß und auf meinem Schoß eine Kiste mit einem Huhn und sieben auszubrütenden Eiern balancierte. Meine Mitreisenden starrten mich schweigend an. »Ich transportiere ein Hühnchen mit Eiern«, unterrichtete ich sie. »Und ich hoffe, dass während der Fahrt keines vorzeitig schlüpft. Sonst müssen wir alle Geburtshilfe leisten.« Ich fand das lustig, doch das Schweigen hielt an. Am Ende war ich froh, in Trier aussteigen zu können. Zu Hause in Oberemmel sorgte mein Mitbringsel für Gesprächsstoff: Die Amis haben jetzt Hühner von einem Opernsänger.

Ich habe Uschi Moll später nie gefragt, ob ihr die Idee, mir ein Huhn mitzugeben, spontan eingefallen ist oder ob sie tatsächlich gedacht hat, das arme Kind brauche etwas Ablenkung auf der langen Zugreise. Während meiner Zeit an der Musikhochschule war sie wie eine Mutter für mich, versorgte mich mit Kochrezepten und gab mir den einen oder anderen wichtigen Tipp fürs Leben. Als sich ihr Mann 2006 bei den Münchner Opernfestspielen offiziell von der Bühne verabschiedete, sang er die Rolle des Nachtwächters aus Richard Wagners *Meistersingern von Nürnberg*. Mir kam es vor, als ob sich ein Kreis schließe.

Kapitel 7

Freie Bahn für Judith – oder etwa nicht?

»Per aspera ad astra«, sagte meine Patentante Judith immer, wenn es ihr darum ging, mich aufs Leben vorzubereiten. »Durch das Raue zu den Sternen.« An diese Weisheit lehnen sich jede Menge deutscher Redewendungen an, wie: »Ohne Fleiß kein Preis«, »Vor den Erfolg haben die Götter den Schweiß gesetzt«, »Der Weg zu den Sternen ist steinig« oder, ebenso zutreffend: »Es fällt einem nichts in den Schoß.« Ich drücke es gerne auf diese Weise aus: »Das Leben ist voller Stolpersteine. Wir können darüberfallen und liegen bleiben oder wir können aus ihnen Stufen machen und einfach weitergehen. Es liegt an uns selbst.« Auch gebe ich gern zu, dass sich diese Lebensweisheit vor allem im Rückblick einfacher umsetzen lässt. Ich erinnere mich noch gut daran, dass in allen Momenten, in denen Stolpersteine auf meinem Weg lagen, mir nichts lieber gewesen wäre, als einfach nur freie Bahn zu haben.

»Freie Bahn für Judith«, dachte ich auch, als ich voller Freude nach Köln fuhr, um an der Musikhochschule die Aufnahmeprüfung abzulegen. Schließlich war ich bestens gewappnet: Kurt Moll persönlich hatte mich für gut befunden, was konnte da noch schiefgehen? Ich war gespannt auf die größte Musikhochschule Europas mit ihrem exzellenten Ruf. Egal, ob Gesang oder Musiktheater, ob Orchesterleitung oder Komposition; gleichgültig, welches Instrument man studieren wollte, ob man sich für Jazz oder alte Musik interessierte: Hier gab es nichts, was es nicht gab. Der Lehrkörper bestand und besteht auch heute noch aus den besten Experten ihres Fachs und die Liste erfolgreicher Absolventen ist beeindruckend. Natürlich wollte ich mich in diese einreihen. Endlich lag die schreckliche Schulzeit hinter mir, einer der erfolgreichsten Opernsänger der Welt hatte mir seine Weihen gegeben und ich schwelgte im Gefühl, dass jetzt mein Leben losging. Vor lauter Freude schlug mir das Herz bis zum Hals, als ich die moderne Betonaula der Hochschule an den Unteren Krahnenbäumen, einen Steinwurf vom Rhein entfernt, betrat. Schilder wiesen uns Neuankömmlinge zu den Räumen, an denen die Aufnahmeprüfungen stattfanden. Überall sah ich in nervöse Gesichter; hier und da gab es ein schüchternes Lächeln, das ich gern erwiderte. Inmitten dieser Sängerschar von aufgeregt hüpfenden Suretten, mitleidig schauenden lyrischen Sopranen und zweifelnden Mezzosopranen fand ich mich auf einmal neben einer in sich ruhenden Altistin wieder. Ich sagte: »Hallo«, und sie erwiderte trocken: »Du bist dran.« Bevor ich mich versah, stand ich vor der Prüfungskommission, um meine Gesangsprobe abzugeben. Voller Mut begann ich mit dem *Gretchen am Spinnrade* und aus dem beifälligen Nicken der Kommission konnte ich herauslesen, dass ich meine Sache gut gemacht hatte. »Jetzt gehe ich aufs Ganze«, dachte ich und sang aus Wolfgang Amadeus Mozarts Oper *Figaros Hochzeit* die schwierige Arie des Cherubino *Voi che sapete che cosa è amor.* »Ihr, die ihr die Triebe des Herzens kennt« – als 19-Jährige wusste ich, wie man Emotionen in diese Worte legt. Die Reaktion der Prüfungskommission war positiv und ich verließ mit erhobenem Haupt den Raum. Jetzt galt es nur noch, die Prüfung im Fach Harmonielehre zu absolvieren, daran würde es nicht scheitern, dachte ich mir. Denn: Wer einmal ein Instrument in der Hand gehalten hat – vielleicht sogar eines mit Tasten –, weiß, dass es insgesamt zwölf Töne gibt. Das ist nicht gerade viel. Was ich nicht bedachte: Nimmt man die Abstände zwischen zwei Tönen, die Intervalle, hinzu, dann gibt es schon ein paar Möglichkeiten mehr und wenn man zusätzliche Töne hinzufügt, wird die Sache umfangreich. Dann entstehen komplexe Akkorde, die wiederum …, kurz und gut: Um das und um vieles mehr geht es in der Harmonielehre, für viele Sänger das größte Übel ihres Studiums. Als ich vor den Prüfern stand, die mich darin befragen sollten, ging es gleich zur Sache: »Können Sie mir den Satzregelverstoß bei folgender Primparallele nennen?«, wollte einer der Prüfer wissen und deutete auf eine Notenabfolge auf einem Stück Papier.

»Notieren Sie den Quintfall einer Kadenz in Dur«, verlangte sein Kollege.

»Wie entsteht ein Dominantseptakkord?«, fragte ein Dritter. Wenigstens da blieb ich die Antwort nicht schuldig: »Indem man der fünften Stufe eine kleine Septime hinzufügt«, antwortete ich mit hochrotem Kopf. Alle anderen Fragen konnte ich nicht beantworten und damit war das Ergebnis eindeutig: durchgefallen!

Durchgefallen! Ich war durchgefallen! Ich hatte es vermasselt, ich hatte es nicht hingekriegt! Deprimiert trottete ich zur Tür. Ich wollte doch einfach nur Gesang studieren und hatte das Vorsingen glänzend hingekriegt. Wen zum Teufel kümmerte die blöde Harmonielehre? Wie sollte ich das ganze Zeugs wissen? Mir kam nicht in den Sinn, dass andere davon schon Kenntnisse hatten – mit anderen Worten: Sie hatten sich besser vorbereitet als ich. Plötzlich stand ich Kurt Moll gegenüber.

»Wie ist es gelaufen?«, fragte er.

Mein Gesichtsausdruck sagte alles.

»Oh, ich verstehe. War es die Harmonielehre?«

Ich nickte, unfähig, zu sprechen. Ein Lächeln huschte über sein Gesicht – ganz so, als erinnere er sich an seine eigenen ersten Erfahrungen mit diesem Fach. »In einem halben Jahr können Sie die Aufnahmeprüfung wiederholen, Frau Williams«, fuhr er fort. »Bis dahin nehmen Sie als Gaststudentin an meinem Unterricht teil. Gleichzeitig ...«, er machte eine Pause, damit ich die Botschaft auch wirklich verstand, »... sollten Sie sich umfassend auf die Harmonielehreprüfung vorbereiten.«

Heute bin ich der Meinung, dass ich durch mein *Scheitern* mehr gelernt habe, als wenn ich die Prüfung auf Anhieb bestanden hätte: Erst jetzt wurde mir so richtig klar, dass ich dieses Studium unbedingt wollte. Dieses unbedingte Wollen ist eine Grundvoraussetzung für den Erfolg. Wie viele Menschen tun Dinge, die sie müssen, aber nicht wollen und wundern sich, wenn es ihnen schwerfällt oder gar nicht erst klappt?

Außerdem musste ich mich nun in Geduld üben, was mir bis heute immer furchtbar schwerfällt. Mittlerweile weiß ich aber, dass Geduld ein ebenso wichtiger Erfolgsfaktor ist wie das Wollen selbst. Ich habe ein Faible für Volksweisheiten und Sprichwörter, weil, wie der Autor des *Don Quijote*, Miguel de Cervantes, so schön sagte, sie zwar nur kurze Sätze seien, sich aber auf lange Erfahrungen gründeten. Ein besonders kluges Sprichwort lautet »Alles zu seiner Zeit« und damit ist geduldiges Warten gemeint, bis diese Zeit auch reif ist. Doch damals sah ich die Dinge noch ein wenig anders. Der Druck, den ich mir auferlegte, steigerte sich ins Unermessliche – und er hatte Folgen. Eine Essstörung, die ich seit einiger Zeit mit mir herumschleppte, entwickelte sich zur Bulimie. Ich begann, unter extremen Hungerattacken zu leiden, nur um kurze Zeit später alles wieder zu erbrechen. »Wenn du Sängerin werden willst und auf der Bühne stehen möchtest, darfst du auf keinen Fall dick werden«, erhöhte ich den Druck auf mich selbst weiter. Dick werden zu können wurde zur Paranoia: Meine Eltern waren nicht gerade schlank – bei meinem Daddy sicher auch dem Beruf geschuldet – und ich hatte panische Angst davor, es ihnen gleichzutun. Dazu kam, dass ich nun in einem Punkt gescheitert war, der bereits in der Schule zu meinen größten Schwächen gezählt hatte: in der grauen Theorie. Ich bin nun mal keine Theoretikerin, sondern eine Praktikerin durch und durch. Die Vorstellung, mir die Theorie der Harmonielehre jetzt einbläuen zu müssen, war mir so verhasst wie das stumpfe Auswendiglernen des Schulstoffs während der Schulzeit. Trotzdem suchte ich mir einen Lehrer, der mir Harmonielehre einbimsen sollte. Denn eines war so sicher wie das Amen in der Kirche: Entweder ich gab meinen Traum auf und gestand mir die komplette Niederlage ein – oder ich zeigte Biss und tat, was zu tun war und das ohne Jammern und Wehklagen. In diesem halben Jahr lernte ich, dass ich es schaffen konnte, und diese Lektion gehörte zu den wichtigsten, die ich je erhalten habe. Ich fand heraus, dass ich mich durchsetzen konnte, auch wenn mir der Gegenwind kalt ins Gesicht blies.

Mein neuer Lehrer wohnte in Düren, unweit der Grenze zu Holland. Das war eine ganze Ecke von Köln entfernt, jede Fahrt dauerte über eine Stunde. Von nun an war ich permanent auf Achse. Häufig stieg in mir Zweifel auf, wenn ich am Kölner Hauptbahnhof wieder in den Zug nach Düren kletterte. Mitunter kam es mir vor, als führe ich Tag für Tag zum Zahnarzt, um mich freiwillig einer Wurzelbehandlung zu unterziehen. In solchen Momenten machten sich Was-wäre-wenn-Gedanken breit. Was wäre, wenn ich die Prüfung gleich bestanden hätte? Vergiss es, Judith, die Vergangenheit ist vergangen, die kannst du nicht mehr ändern. Na gut, aber was wäre, wenn es sich wenigstens um Musikgeschichte und nicht die vermaledeite Harmonielehrer drehen würde? Keine Klagen, Judith, es ist, wie es ist. Vergeude nicht deine Energie mit Jammern, sondern spare sie dir auf für wichtigere Dinge. Damals gewöhnte ich mir das Lamentieren ab. Und zwar vollständig und mit aller Strenge, die mir zur Verfügung stand. Ich verbat es mir einfach. »Ab heute«, sagte ich mir, »wird nicht mehr gejammert, Punktum. Auch nicht, wenn es eiskalt auf dem Bahnsteig ist und der Zug eine halbe Stunde Verspätung hat oder dich die Hausaufgaben des Lehrers eine ganze Nacht lang beschäftigen, weil Harmonielehre nun mal nicht das ist, was du im Schlaf lernst. Erst recht wird nicht gejammert, wenn du die Kommilitonen an der Hochschule siehst, die längst richtig studieren und dich locker überholt haben.« Das Nichtjammern nahm ich mir derart zu Herzen, dass es zu meiner Regel Nummer eins wurde. Es gibt nun mal keine sinnlosere Zeitvergeudung als die, über irgendwelche Situationen zu wehklagen, anstatt sich in die Arbeit zu stürzen, um etwas an ihnen ändern. *Love it or change it or leave it,* daran halte ich mich hundertprozentig. Jeder in meiner Umgebung weiß: Es gibt kaum etwas, das mich auf die Palme bringen kann – es sei denn, jemand jammert nutzlos herum und zieht seine Mitmenschen herunter. Selbstmitleid hat etwas selbstzerstörerisches, auch wenn es mitunter verlockend ist, sich in seinem vermeintlichen Elend zu suhlen. Leider bringt es nichts, es ist besser, die Energie anders einzusetzen.

Eine Besonderheit meines Status als Gaststudentin war, dass ich zwar an den Seminaren teilnehmen durfte, aber den Mund halten musste – als ob ich gar nicht da sei. Deswegen hätte man ebenfalls jammern können, aber das gewöhnte ich mir ja gerade ab. Stattdessen erlernte ich eine der wichtigsten Fähigkeiten, die ein Mensch lernen kann: das Zuhören. Ist ganz einfach? Offenbar nicht. Wir leben in einer Welt, in der die meisten Menschen reden möchten und nur ungern zuhören. Ich rede auch gern, zweifelsohne, aber es hat seine Grenzen. Die treten dann zutage, wenn es darum geht, Neues zu erfahren. Das geht nur, wenn man seinem Gegenüber uneingeschränkt sein Gehör schenkt. Aufmerksam sein, neugierig sein, das lernte ich bei Kurt Moll. Während ich Gaststudentin war, ließ er mich immer mal wieder singen. Doch vor allem sollte ich zuhören, wie die anderen sangen. Manchmal saß ich wie auf Kohlen. »Lasst mich mal«, wollte ich rufen oder schlimmer: »Ich kann das besser!« Zur gleichen Zeit erwachte ein Gefühl in mir, das der Schriftsteller Jan-Philipp Sendker »Herzenhören« nennt. Ich begann, mich nicht länger nur auf die Ohren zu verlassen, sondern mehr und mehr mit dem Herzen zu hören. Viele Jahre später sollte Pierre Bourdon in mein Leben treten, der wahrscheinlich beste Parfümeur unserer Zeit, Schöpfer so bekannter Düfte wie Davidoff »Cool Water« oder Jil Sander »Sun«. Als ich ihn fragte, was das Geheimnis seines Erfolges sei, antwortet er: »Wissen Sie, als ich damals in der Parfümerie von Roure Bertrand Dupont in Grasse meine Ausbildung machte, gab es eine goldene Regel: Ich durfte nur zuhören, aber selbst nicht sprechen. Dadurch haben sich meine Sinne viel besser entwickelt.«

Endlich kam der Tag, vor dem ich eigentlich den allergrößten Bammel haben musste: die Prüfungswiederholung. Es gab zwei Möglichkeiten: top oder flop, und bei flop wäre mein Traum bereits ausgeträumt gewesen. Wie fühlte ich mich? War ich schlaflos? Litt ich mehr den je unter Bulimie? Ich weiß es nicht mehr – was die Vermutung stärkt, dass es schlimm war, sehr schlimm sogar, und ich eine Menge verdrängt

habe. Ich weiß nur noch eines: Ich bestand die Prüfung in Harmonielehre, die mir so viele Sorgen bereitet hatte und die mir gleichzeitig den
Horizont erweiterte. Wie in einer Achterbahn – manchmal kommt mir
mein Leben vor wie ein wilder Ritt auf einer Achterbahn – folgt nach
einer turbulenten Strecke ein Abschnitt, in dem man durchatmen kann.
Endlich durfte ich singen, so viel ich wollte und das bedeutete für mich
kräftiges Durchatmen, eine wahre Sauerstoffdusche. Ich begann wieder
zu leben. Erst jetzt nahm ich meine Nachbarschaft richtig wahr. Ich
wohnte im Eigelstein, dem Kiez hinterm Kölner Hauptbahnhof. Hier
galt es, eine neue Sprache zu lernen, das Kölsch, »et kütt wie et kütt und
noch immer es alles joot jejange«. Zu der Zeit, als meine Eltern nach
München gezogen waren, hatte hier der erste türkische Laden aufgemacht und wenn ich nun das Haus verließ, befand ich mich sowohl in
einem echten Kölschen Veedel als auch im Kapalı Çarşı, dem Großen
Basar von Istanbul. Für ein behütetes Mädchen aus Oberemmel war
das eine aufregende Umgebung.

Die Beziehung zu meinem Freund Thomas hatte schon ein paar harte Proben hinter sich. Das halbe Jahr, in dem ich mich intensiv auf meine letzte Chance an der Musikhochschule vorbereitet hatte, war für ihn
nicht einfach gewesen. Nun entschied er sich, als Zimmermann auf die
Walz zu gehen. Damals wusste ich nicht, dass junge Handwerker diese
uralte Tradition aus dem Mittelalter wieder zum Leben erweckt hatten.

»Nicht nur das Bauhauptgewerbe geht wieder auf die Walz«, klärte
mich Thomas auf, »also Maurer, Steinmetze, Zimmerleute, Schreiner
und Dachdecker, sondern auch Schneider, Bäcker, Metzger und Gold-
schmiede.«

Thomas war Mitglied in einem Schacht, wie sich die Nachkommen
der alten Zimmermannszünfte nennen. Die Regeln, denen er sich auf
der Walz unterwerfen musste, waren hart: Mit fünf Mark in der Tasche
zog er los, mit fünf Mark in der Tasche musste er zurückkehren. Drei
Jahre und einen Tag sollte er unterwegs sein und in dieser Zeit war ihm
verboten, seinen Heimatort und einen Bannkreis von fünfzig Kilometer

darum zu betreten. Er durfte nur mitnehmen, was in seinen Charlottenburger passte, das traditionelle Tragetuch der Zimmerleute auf der Walz.

»Warum machst du das?«, fragte ich, um zu wissen, was ihn daran reizte, denn diesen Hunger auf das Leben kannte ich nur zu gut.

Thomas war kein Mann der vielen Worte. Doch nun wurde er gesprächig: Er wollte von zu Hause weg, erklärte er mir, mal andere Menschen kennenlernen, andere Länder, andere Sitten. Was man als Zimmermann auf der Walz alles tun konnte, begeisterte ihn: alte Handwerkskünste erlernen wie Intarsien legen, vielleicht irgendwo im Iran, oder den traditionellen Holzschiffbau Indiens kennenlernen, unten in der Gangesmündung. Er schwärmte davon, dass ihm die Welt offenstehe, weil viele Handwerker auf der Walz einmal rund um die Erde zogen.

Auf der anderen Seite war ich mir bewusst, dass unsere Liebe vor einer großen Herausforderung stand. Am Tag, als er auf die Walz ging, brach mir fast das Herz. Ich wusste, dass unsere unbeschwerte Jugendzeit heute endete. Thomas wollte mehr vom Leben, er wollte wachsen und das sorgte nur dafür, dass ich ihn noch mehr liebte. Noch heute denke ich gern an ihn und seine Familie zurück. Er war ein genialer Handwerker, jedes Mitglied seiner Familie hatte das im Blut: Ob Fliesen legen, tapezieren, mit Holz arbeiten – alles, was bei uns zu Hause zwangsläufig zu einer Katastrophe führte, war für die Familie von Thomas nicht mehr als ein Klacks. Seine Mutter hatte mir beigebracht, wie man einen Garten anlegt, Spargel pflanzt, Kirschen einmacht – klar, denn sie sah in mir schon die künftige Schwiegertochter. Doch jetzt kam alles anders. Thomas ging auf die Walz und ich verspürte wieder die Kälte des Wortes »Einsamkeit«.

Zum ersten Mal in meinem Leben fühlte ich mich im Stich gelassen. Zumal es auch alles andere als leicht war, Freunde unter den Studenten zu finden. Gerade unter uns Frauen herrschte schon bald ein Konkurrenzkampf, der mich manchmal fassungslos machte. Auch heute fällt mir auf, wie sehr wir Frauen unsere Zeit und Energie mit sinnlosen Stutenkämpfen vergeuden, anstatt uns zu verbünden und zu netzwerken, um gemeinsam an einer besseren Zukunft zu arbeiten. Wenn meine Geschlechtsgenossinnen das jemals überwinden können, endet auch jede Diskussion über die leidige Frauenquote. Doch noch sind Frauen, die sich selbst als Gefährten sehen, seltener als der Fund einer Goldmine. Begegnet mir so ein rares Exemplar, habe ich stets die größte Hochachtung – und meistens entsteht daraus auch eine wunderbare Freundschaft.

Kapitel 8

Ich singe, singe, singe – und manchmal übergebe ich mich

Professionelles Singen ist Hochleistungssport. Das fängt beim Training an – das Motto heißt üben, üben, üben – und die Antwort wird, wie die Fußballer so schön sagen, immer auf dem Platz gegeben, sprich auf der Bühne: Jeder Auftritt zeigt, wie intensiv man davor gearbeitet und wie sehr man sein Leben in der Dienst der Stimme gestellt hat. Das professionelle Leistungssingen unterscheidet sich vom Singen *just for fun:* Nimmt man einen Konzertflügel, liegt ganz links der tiefste Ton, meistens eine Subkontra A2, während rechts der höchste Ton zu finden ist, in der Regel das fünfgestrichene c5. Dazwischen liegen mehr als sieben volle Oktaven. Anders gesagt umfasst ein Flügel alle Frequenzen, die in der westlichen Musik genutzt werden. Die können wir auch gut hören, denn unsere Hörgrenzen liegen noch unter und über den Tönen, die der Flügel zu bieten hat, etwa zwischen 16 Hertz bei den tiefen Tönen und 16.000 Hertz bei den hohen. Hunde hören übrigens nochmals eine Oktave höher als Menschen, Fledermäuse und Delphine sogar bis zu vier Oktaven; Wale und Elefanten hören dagegen bis zu zwei Oktaven unter unserer Hörgrenze. Der Stimmumfang einer menschlichen Stimme umfasst nicht so viele Töne wie der Konzertflügel bieten kann: Wir singen im Bereich von circa siebzig Hertz bis 1.400 Hertz, das sind vom tiefsten Bass bis zum höchsten Sopran rund viereinhalb Oktaven. Der höchste Ton der Arie der *Königin der Nacht* aus Mozarts *Zauberflöte* ist ein dreigestrichenes f, dieser Ton liegt bei 1.400 Hertz. In diesem Bereich bewegen sich klassisch ausgebildete Profisänger, während eine nicht ausgebildete Stimme selten über den Umfang von mehr als einer Oktave hinauskommt. Das ist derselbe Unterschied wie zwischen einem Hobbysportler und einem Profi, der bei den Olympischen Spielen antritt. Und wie Spitzensportler trainieren auch Sänger. Da gilt es als Erstes, das Luftvolumen zu vergrößern. Dann gibt es unzählige Übungen, um den Resonanzraum Mund, Rachen und Nase zu öffnen. Hier werden die Töne erzeugt, um anschließend nach außen getragen zu werden, in den Zuschauerraum. Dabei treten Opernsänger ohne Verstärker und Mikrofon vors Publikum, trotzdem muss ihre Stimme in die allerletzte Reihe dringen und das über ein vollbesetztes Symphonieorchester hinweg. In der Verfilmung von Günter Grass' Roman *Die Blechtrommel* sieht man den kleinen Oskar Matzerath, wie er mit seiner Stimme Gläser zerbersten lässt. Dafür ist die menschliche Stimme eigentlich nicht geeignet – doch kenne ich Sänger und Sängerinnen, deren Volumen so gewaltig ist, dass man das Gefühl hat, einem Sturm ins Auge zu blicken. Volumen ist aber nur eine Sache. Noch schwieriger ist es, der Stimme die richtigen emotionalen Nuancen zu verleihen, sie auf Anhieb den perfekten Ton treffen zu lassen – man nennt das den *perfect pitch* – und sie lange auf dieser Frequenz halten zu können, ohne dass sie zu flattern beginnt. Deshalb sagt man auch, dass ein Sänger nie ausstudiert hat, selbst nicht, wenn er bereits zu den Besten der Welt gehört.

Diesem Training widmete ich mich mit enormer Begeisterung. Da ich Thomas nur noch selten sah und mich auch mehr und mehr von meinem Elternhaus abnabelte, konnte ich mich ganz darauf konzentrieren. Bald stellten sich erste Erfolge ein. Ich erhielt ein Stipendium vom Richard-Wagner-Verband, das mit dem Besuch der Bayreuther Festspiele verbunden war. Für eine junge Sängerin ist das wie Weihnachten und Geburtstag zugleich, auch wenn es auf dem Grünen Hügel im Richard-Wagner-Festspielhaus wiederum nicht darum ging, selbst zu singen, sondern gut zuzuhören: Dort lauschte ich der Arie *O Wonne voller Tücke! O truggeweihtes Glücke!* aus *Tristan und Isolde* in einer Vollendung, wie ich sie nie zuvor gehört hatte und studierte den wunderbaren Sopran der Freia im *Rheingold*. Dabei war Wagner keinesfalls mein Metier. Dieses nicht endend wollende Sterben im *Ring der*

Nibelungen, das die Zuhörer auf den härtesten Sitzplätzen, die man sich vorstellen kann, bis zu 16 Stunden lang fordert – dem konnte ich nicht allzu viel abgewinnen. Damals entdeckte ich meine Liebe zur komischen Oper und zur Operette, wo es lustig und heiter zuging. Der Clown, der ich mit 15 Jahren hatte werden wollen, ließ herzlich grüßen.

Nach dem Besuch in Bayreuth wirkte ich immer häufiger in Theater- und Opernproduktionen der Hochschule mit. Wir spielten den *Sommernachtstraum* von William Shakespeare und führten die Oper *Hänsel und Gretel* des spätromantischen Komponisten Engelbert Humperdinck auf, in der ich den Sopran des Sandmännchens sang. Einer unserer Professoren, Kammersänger Reinhard Leisenheimer, vertrat die Ansicht, dass wir Studenten raus aus dem Elfenbeinturm mussten, um »auf der Bühne zu üben« anstatt im Proberaum. Mit ihm reisten wir über die Dörfer, traten in Festhallen, Bürgersälen und Altersheimen auf, mit einem warmen Essen als Künstlerlohn. Manche meiner Kommilitonen beschwerten sich über diese schlechte Entlohnung und das ihrer Meinung nach zu niedrige Niveau in der Provinz. Schon damals hatte ich nichts für Leute übrig, die mit hoch erhobener Nase durch die Gegend laufen und glauben, etwas Besseres zu sein. Ich hielt es für eine gute Idee, meine Kunst dort zu erproben, wo ein handfestes Publikum ehrlich seine Meinung kundtat. Schließlich machen es die Profis ebenso. Eines meiner liebsten Opernhäuser dieser Welt ist das Goodspeed Opera House im kleinen Ort East Haddam im amerikanischen Bundesstaat Connecticut – vielleicht auch deshalb, weil dort nie eine Oper gespielt wurde, dafür jede Menge Operetten und Musicals! Das kam so: Am 29. Dezember 1814 erblickte in East Haddam ein Mann namens William Henry Goodspeed das Licht der Welt. Er war ein direkter Nachkomme von Roger Goodspeed, der ebenfalls zu den Pilgervätern zählt, er muss also meinen Urahn Samuel Fuller gekannt haben. William Henry Goodspeed verkörperte, was einen echten Amerikaner ausmacht: Er war ein guter Geschäftsmann, besaß ein eigenes Bankhaus und erarbeitete sich als Reeder auf dem Connecticut River einen ausgezeichneten Ruf. Seine heimliche Liebe gehörte jedoch der Kunst. Weil diese in East Haddam arg vernachlässigt war, errichtete er kurzerhand ein Opernhaus am Ufer des Flusses, hübsch verschnörkelt im neobarocken Stil. 1877 öffnete es die Pforten, gespielt wurde die Musikkomödie Charles' II. »Goodspeed's Folly« tauften die Leute von East Haddam das Opernhaus, »Goodspeeds Verrücktheit«, weil es unmöglich war, darin auch tatsächlich eine Oper aufzuführen. Dafür war es von Anfang an zu klein, in den Orchestergraben passten gerade mal acht Musiker. Oper ging nicht, doch Musical ging. »Goodspeed's Folly« zählt heute zu den wichtigsten Geburtshelfern des Broadway. Bevor im Herzen von New York ein neues Musical aufgeführt wird, zieht die Kompanie nach East Haddam und probiert die Sache vor dem Landvolk aus. Geht es gut, traut man sich zurück in die Stadt, ins Haifischbecken der Kritiker und Klatschkolumnisten. Diese Strategie funktioniert so gut, dass Goodspeed das einzige Theater in den Vereinigten Staaten ist, welches gleich zwei Special Tony Awards gewonnen hat, den Oscar der Musicalbranche. Über zwanzig Broadway-Musicals wurden in der Provinz getestet, darunter Erfolgsproduktionen wie *Man of La Mancha* mit fünf Tonys oder *Annie* mit gleich sieben. Immer, wenn bei uns zu Hause etwas schiefging, sang ich mit Mommy das Lied *The Sun Will Come Out Tomorrow* aus *Annie,* doch für all diese Dinge interessierten sich meine Kommilitonen nicht. Ihnen stank es gewaltig, im Sauerland und im Hunsrück in Dörfern und Kleinstädten aufzutreten. Mir dagegen gefiel der Kontakt zu den Leuten und ich denke, dass ich heute noch davon profitiere. Mehr und mehr kristallisierte sich bei mir eine Eigenschaft heraus, die bisher im Verborgenen geblüht hatte: mein Sinn für Humor. Wer heute meine Sendungen sieht, weiß, dass viel gescherzt und gelacht wird. Manchmal erreichen mich säckeweise Fanpost, in denen der Tenor derselbe ist: Wir lieben Ihre Auftritte, weil sie uns fröhlich stimmen. Kaum zu glauben, dass diese Heiterkeit, die mir heute so zu eigen ist, ausgerechnet zu einer Zeit zum Vorschein kam, in der ich unter Essstörungen litt. Damals fing ich an, Situationskomik mit

Vergnügen auf die Spitze zu treiben. Einer der Ersten, der mir Gelegenheit dazu gab, war mein Klavierlehrer Lothar Gleng. Allein sein Anblick war ein Bild für die Götter: Eine Löwenmähne orangefarbenen Haares umwallte sein Gesicht, während er mit vergeistigtem Blick durch die Gänge der Hochschule schwebte. Am Flügel war er Weltklasse und er setzte voraus, dass seine Schüler die gleichen Leistungen erbrachten. Ich interessierte mich aber viel mehr für Gesang und Schauspiel, das regelmäßige Üben am Klavier war nicht meine Sache. Als mich Lothar Gleng über die Semesterferien wieder einmal mit einem Packen Lieder eingedeckt hatte, die ich alle bis zum nächsten Mal können sollte, legte ich das Zeugs in die Ecke und begann stattdessen einen Ferienjob in der Pizzeria »Am Wasserfall« in Saarburg. Meine Semesterferien waren mit allem ausgefüllt, nur nicht mit Klavierspiel. Dann kam der Tag der Wahrheit und ich bibberte: »Oh Gott, was mach' ich bloß, das ist das Ende«, dachte ich, als Gleng in den Übungssaal schwebte in Erwartung meiner Zauberkünste am Klavier.

»Na, dann wollen wir mal Ihre schönen Stücke hören«, begann Gleng.

Ich holte tief Luft – jetzt ging es um alles oder nichts. Mit schüchterner Stimme sagte ich: »Herr Professor, in den Semesterferien ist mit mir etwas Eigenartiges geschehen.«

Gleng war kein Professor, aber ich dachte, es könne ja nicht schaden. »Es hat mich innerlich ein Verlangen bedrängt«, fuhr ich fort, »und dann ist es geschehen – es hat mich die Muße geküsst.« Gleichzeitig dachte ich: »Was redest du da für einen ausgemachten Unsinn? Die Muße geküsst – bist du bekloppt?«

Dabei hatte mich in letzter Zeit überhaupt niemand geküsst. Nicht einmal Thomas, dem ich noch immer die Treue hielt, obwohl ich nicht einmal wusste, wo er sich aufhielt. Gleng schaute mich mit einem Blick an, der schwer einzuschätzen war – irgendwas zwischen Neugier und einer gewissen Furcht vor neurotischen Klavierschülerinnen.

»So, hat sie das?«

»Ja«, beeilte ich mich zu sagen. »Ein unglaublich intensives Gefühl, als meine Fingerkuppen über die glatte Oberfläche der Tasten glitten ... Die Kunst der Improvisation ...«

Hör auf, Judith, du bringst dich in Teufels Küche. Aber es war zu spät. Gleng forderte mich auf, endlich anzufangen.

»Nur nicht so schüchtern«, sagte er.

Damit traf er meinen wunden Punkt. Trotz dieser Scharade war ich sehr schüchtern und gerade das sahen meine Eltern gar nicht gern. Ich setzte mich ans Instrument, erzeugte schräge Akkorde und wilde Tastenläufe, kurz: einen unheimlichen, sinnentleerten Lärm, den ich mit einem einsamen Ton abrupt beendete. Ich sprang auf, hüpfte wie eine Balletttänzerin um den Flügel herum und baute sogar ein paar Pirouetten ein. Heute weiß ich gar nicht mehr, wie es genau passierte, aber eine der Drehungen war wohl zu geschmeidig und ich stolperte und landete unterm Flügel, also dort, wo ich viel Zeit meiner Kindheit verbracht hatte. Trotzdem war ich noch aufgeweckt genug, meinen Fall mit ein paar gesummten Melodien zu begleiten.

Ich hatte gar nicht bemerkt, dass Gleng sich längst erhoben hatte. Auf einmal tauchte sein Gesicht am Rand des Flügels auf und ich erschrak. »Jetzt setzt es ein Donnerwetter«, dachte ich, aber das Gegenteil war der Fall.

»Liebes Fräulein Williams«, sagte er. »Fühlen Sie sich stark genug, wieder aufzustehen? Ich hole Professor Dr. Ganter, das muss er gesehen haben!«

»Jetzt kannst du gleich von der nächsten Brücke springen«, fuhr es mir durch den Kopf. Dann aber drängte sich ein anderer Gedanke auf: »Bleib im *flow*, genieße es, du hast ein Publikum und entgegen aller Erwartungen gefällt diesem deine Vorstellung.«

Als Gleng mit Professor Ganter im Schlepptau hereinkam, war ich wieder so weit hergestellt, mich erneut ans Klavier setzen können. Denk an den Clown! Lass deine irre Seite heraus! Die hast du lange genug unterdrückt. Und wenn nicht jetzt, wann dann?

Wie ich es bei anderen Improvisationskünstlern gesehen hatte, setzte ich nun meine Fäuste ein und die Ellbogen, erhob mich und klopfte auf den Flügel, drehte erneut eine tänzerische Runde um das Instrument und griff als Höhepunkt in seinen Körper, um die Saiten direkt zu zupfen. Ich hatte so etwas noch nie getan, aber es machte Spaß und durch den Spaß wirkte es echt. Ohne etwas davon zu ahnen, entdeckte ich an diesem Tag eine der Grundregeln von Bühnenpräsenz: Die Freude am eigenen Tun transportiert die Botschaft. Das zeigte Wirkung: Ganter und Gleng waren begeistert! Als ich geendet hatte, sprangen sie auf und riefen: »Bravo, herrlich, wie erfrischend! Wunderbar, diese Freiheit des Gemüts, so locker und unbeschwert ... Wo haben Sie das bloß her?«

»Das kommt von der Hundeschokolade im Pudelsalon«, dachte ich, behielt den Gedanken aber lieber für mich.

Von da an ließ man mich improvisieren, so viel ich wollte, und ich wurde immer besser darin. Seltsam, dass wieder einmal eine Notlage Grund dafür gewesen war, eine meiner Begabungen zur Entfaltung zu bringen. Heute bin ich froh über dieses Improvisationstalent, denn in einer Livesendung können Hunderte Dinge schiefgehen. Wer zu sehr am Konzept klebt, ist dann rettungslos verloren.

Als ich meinen Humor entdeckte, bekam ich die Essstörung besser in Griff. Ein Clown in der Stadt kann tatsächlich eine Wagenladung Medikamente ersetzen. Mittlerweile erkennt auch die Wissenschaft die Heilwirkung von Humor. Bin ich heute mal krank, lege ich die lustigste Sendung hin – und verkaufe nicht nur mehr als sonst, sondern lache mich gleichzeitig gesund. In den Tagen meines Studiums war ich aber erst dabei, das zu entdecken. Ich vertraute der ganzen Sache nicht richtig und verfiel der Idee, dass ich einen Therapeuten bräuchte. Ohne es zu merken, schaffte ich mir ein neues Problem an den Hals: Wie findet man einen Therapeuten, wenn man keinen kennt? Natürlich, man kann Leute fragen. Aber mal ehrlich, wer macht das schon? »Entschuldigung, Herr Professor, ich weiß, wir unterhalten uns normalerweise über den Kontrapunkt und die phonatorische Grundlagen des Singens, aber kennen Sie vielleicht einen Psychologen? Sie müssen wissen, ich erbreche alles, was ich esse ...«

Heute ist die Lage für Betroffene durch Beratungsangebote und Informationen im Internet zum Glück einfacher. Damals schlug ich die *Gelben Seiten* auf und tippte wahllos mit dem Finger auf die Anzeige eines Therapeuten. Das war der erste Versuch von vielen und alle gingen schief. Selbst mein Hausarzt hatte nur eine banale Antwort parat: »Hören Sie einfach auf damit.«»Einfach? Wenn es so einfach wäre, bräuchte ich Sie nicht um Rat zu bitten, Herr Doktor.« So etwas würde ich heute erwidern, damals ging es nicht, dazu hatte ich weder das Selbstbewusstsein noch die Energie. Eine Folge von Bulimie sind Mangelerscheinungen. Dem Körper fehlen lebensnotwendige Salze wie Natrium, Kalium und Magnesium. Obendrein kommt es zu Verschiebungen des pH-Wertes im Blut. Das hat die Folge, dass man sich sehr erschöpft fühlt. Oft treten Entzündungen in der Speiseröhre auf, nicht nur für Sänger eine Tragödie. So ging die Therapeuten-Tour weiter, stets ohne Ergebnis. Natürlich durchleuchteten alle mein Leben. Natürlich fanden sie heraus, dass Daddy eine dominante Rolle in meinem Leben spielte, und natürlich sagten mir alle, dass ich zu früh zu viel Verantwortung hatte übernehmen müssen. Das mochte ja stimmen, aber brachte es mich weiter? Eines Nachmittags saß ich völlig deprimiert bei einem Psychologen, der mir etwas von Verlustängsten erzählte. Auf einmal hörte ich eine innere Stimme. Es war meine eigene, sie sprach laut und deutlich und war nicht länger zu überhören: »Judith«, sagte sie, »niemand kann dir helfen, nur du dir selbst. Du hast dich in diese Lage gebracht, du musst auch selbst wieder hinausfinden.«

Danach war vieles anders. Es war, als ob sich eine Tür geöffnet hätte, die ich bisher nicht bemerkt hatte. Der Satz »Du hast dich in diese Lage gebracht, du musst auch selbst wieder hinausfinden« wurde zur Initialzündung. Nicht, dass er von heute auf morgen alles verändert hätte, so funktionieren die Dinge nicht. Man braucht meistens genauso lange, sich aus dem Schlamassel herauszuarbeiten, wie man brauchte, um hineinzukommen. Doch die Worte zeigten mir einen Weg auf, den ich den Weg der Selbstverantwortung nenne: Auf einmal spürte ich, dass meine eigene Kraft mir helfen konnte; eine Kraft, die tief in mir steckt: mein Humor.

Den konnte ich gut gebrauchen, denn heute, in der Rückschau, merke ich, was für ein anstrengendes Leben ich damals führte. Mein Studium hätte meine Eltern finanziell zu sehr belastet; ich wollte ihnen keinesfalls auf der Tasche liegen. Sie hatten mir vorgemacht, wie es allein zu bewältigen war: durch harte Arbeit. Während Daddy sein Studium und seine wachsende Familie mit Hi-Fi-Verkäufen und Pudelpflege finanziert hatte, wählte ich Nebentätigkeiten, die zu mir passten. Lange Zeit bediente ich in einem Café in Trier. Den Job hatte ich schon vor dem Abitur begonnen, unter keinen besonders glücklichen Umständen. Ich erinnere mich mit Schaudern an den Probetag. Der Typ, der zu jener Zeit hinterm Tresen stand, meinte es nicht gut mit mir. Obwohl er wusste, dass ich eine Anfängerin war, lud er das Tablett mit sechs Weizenbiergläsern und zwei Weingläsern voll.

»Tisch acht, Tisch zehn und Tisch elf«, herrschte er mich an. Ich hatte nicht genug Mut, die schwankende Last zu reduzieren. Sekunden später zerschellten die Gläser am Boden. Der Typ hinterm Tresen grinste: »Da geht er hin, dein Verdienst. Das wird dir die Chefin abziehen.«

Wie schrieb der Schriftsteller Stephen King so treffend in seinen Lebenserinnerungen? »Wenn mich einer verarscht, soll er sich schämen. Wenn er mich zweimal verarscht, muss ich mich schämen.« Damit mir das kein zweites Mal passierte, gab ich mir nun an alle Mühe. Irgendwann wechselte ich in die Pizzeria in Saarburg. Jeden Freitagnachmittag, gleich nach dem letzten Seminar, lief ich zum Bahnhof, fuhr mit dem Zug drei Stunden nach Saarburg, ging schnurstracks in die Pizzeria und bediente bis zwei Uhr Nachts. Samstags und sonntags war ich ebenfalls dort. Am Montagmorgen stieg ich um sechs Uhr morgens in den Zug nach Köln und erschien rechtzeitig zur ersten Vorlesung.

Unter der Woche arbeitete ich als Platzanweiserin in der Philharmonie. Das war ein Job, mit dem ich mehrere Fliegen mit einer Klappe schlagen konnte. Zum einen verdiente ich Geld, zum anderen konnte ich die Konzerte hören, deren Besuch ich mir niemals hätte leisten können. Und es gab einen dritten Vorteil: Ich lernte Leute kennen, denen ich normalerweise nicht begegnet wäre. Zum Beispiel José Carreras, dem ich nach einem Auftritt Blumen überreichte. Damals hätte ich nicht einmal im Traum daran gedacht, dass ich eines Tages in der Lage sein sollte, seine Leukämie-Stiftung zu unterstützen. Eines Tages lernte ich den Intendanten des Stadttheaters Hagen kennen. Das war ein Ort, den ich kannte, weil er als das Tor zum Sauerland bezeichnet wird und im Sauerland waren wir häufig mit unseren Aufführungen. Dort setzte man zu jener Zeit auf den Schwerpunkt Musiktheater – genau die Fachrichtung, die zwei meiner Talente vereinigte: Gesang und Schauspiel. Im Jahr 1993 brachte man die *Strandpiraten* von Ethel Smyth auf die Bühne, eine Oper, die weltweit nicht sehr häufig gespielt wird. Ethel Smyth war eine der ersten Frauen in England, die als Komponistin, Dirigentin und Schriftstellerin Erfolg hatte; eine Mitkämpferin der Suffragettenbewegung. Mit dieser Oper schaffte es das Stadttheater Hagen ins Feuilleton, für eine Bühne dieser Größe eine außerordentliche Leistung. Dazu fand im selben Jahr das Ballett einen festen Platz im Spielplan. Das alles ließ mir sprichwörtlich das Wasser im Mund zusammenlaufen.

Man hatte mich einige Male auf verschiedenen Provinzbühnen gesehen, für talentiert empfunden und auf einmal war von einem Elevenvertrag die Rede, falls ich nach Hagen käme. Ein Elevenvertrag ist ein zeitlich begrenztes Engagement für den hoffnungsvollen Nachwuchs. Tausend Mark sollte ich bekommen, eine Summe, für die ich in Trier viele Pizzen servieren musste. Als ich an jenem Abend nach Hause zurückkehrte, setzte ich mich an den Küchentisch und legte ein Stück Papier vor mich. »Ausgaben«, schrieb ich darüber und listete auf: Miete: 550 Mark, Monatskarte für die Fahrt nach Hagen: schätzungsweise

300 Mark, Lebenshaltungskosten: 40 Mark pro Woche macht 160 Mark im Monat. Darunter zog ich einen Strich, zählte zusammen und kam auf 1.010 Mark. Abzüglich der Tausend Mark aus dem Elevenvertrag würden mir pro Monat zehn Mark übrigbleiben – das Doppelte dessen, was Thomas in der Tasche hatte, als er auf die Walz ging, schoss es mir durch den Kopf. Dann verdrängte ich den Gedanken. An Thomas zu denken, war zu schmerzhaft. Wieder konzentrierte ich mich auf die Gewinn- und Verlustrechnung. Zehn Mark Überschuss. Viel war das nicht. Da durfte nichts schiefgehen. Wenn ich das Angebot annahm, war klar, dass ich die Stelle in der Pizzeria und meinen Job in der Philharmonie aufgeben musste. An diesem Abend saß ich lange vor dem Papier und grübelte. Mit Nachgrübeln kommt man aber nicht weit. Kurt Moll sagte mal zu mir: »Wenn sich eine Gelegenheit bietet, muss man sie am Schopf packen!« Am nächsten Morgen rief ich in Hagen an und sagte zu. Anschließend ging ich zum Bahnhof und kaufte die Monatskarte. Meine Schätzung war richtig gewesen: Sie kostete dreihundert Mark. Inständig hoffte ich, dass beim nächsten Fahrplanwechsel der übliche Preisanstieg ausblieb.

Von nun an war ich noch länger auf den Beinen: Morgens ging ich zur Hochschule, trainierte, büffelte, bereitete mich auf Prüfungen vor. Am Nachmittag bestieg ich den Zug nach Hagen. Eine knappe Stunde später betrat ich das Stadttheater. Dort stand meistens eine Probe an, anschließend ging es in die Maske. Dann folgte die Aufführung, die in der Regel gegen halb elf Uhr abends beendet war. Hastig schminkte ich mich ab und rannte zum Bahnhof. Wenn alles gut ging, erwischte ich noch den Regionalzug nach Köln, der kurz vor Mitternacht am Hauptbahnhof eintraf. Eine halbe Stunde später lag ich im Bett. Dieses satte Programm zog ich ein Jahr durch, mit nur wenigen freien Abenden. Auch die wusste ich auszufüllen. Nun, wo ich regelmäßig auf einer Profibühne stand, kannten Leute plötzlich meinen Namen. Eines Tages klingelte frühmorgens das Telefon – ich wollte gerade aus dem Haus – und eine Frau war dran.

»Ich bin eine Sängerkollegin von Hera Lind« sagte sie.

Hera Lind? Der Name sagte mir nichts. Das ist der Nachteil, wenn man rund um die Uhr unterwegs ist.

»Ich bin Konzertsängerin«, fuhr sie fort. Jetzt fiel es mir ein. Hera Lind – »Ein Mann für jede Tonart« – das war ein erfolgreiches Buch. Aber was hatte das mit mir zu tun? Mein Liebesleben eignete sich nun wirklich nicht für einen Bestseller. Doch die Freundin von Hera Lind hatte anderes im Sinn.

»Hera soll Mozarts *Große Messe in c-Moll* singen und musste absagen. Wir brauchen einen schnellen Ersatz für den zweiten Sopran.«

»Ui, ui«, dachte ich. In diesem Stück ist der zweite Sopran mehr ein erster Sopran. Das macht man nicht einfach so hopphopp. Aber schon damals verspürte ich den Hang zu aufregenden Situationen. Oder war ich einfach nur jugendlich leichtsinnig? Jedenfalls sagte ich zu. Und so kam es, dass ich die Aushilfskraft von Hera Lind wurde. Mein zweiter Einsatz war bei Paul Schockemöhle. Der mehrfache Europameister im Springreiten feierte seinen Geburtstag und es gab eine gute Gage. Mein Anteil ließ mich jedenfalls vor Freude juchzen. »Wenn du die Sache nicht vermasselst«, dachte ich, »bieten sich womöglich weitere Gelegenheiten. Dann bleibt am Ende des Monats doch mehr übrig als nur zehn Mark.« Trotzdem war es nicht der schnöde Mammon, dessentwegen ich immer häufiger für Hera Lind einsprang. Das Geld war nur der erfreuliche Nebeneffekt, meine Hauptmotivation lag im Konzert. Ich liebte es, vor Publikum zu singen, und ich liebte es, an meinen Auftritten zu feilen. Wer als Künstler die Frage »Do you do it for the money, honey?« mit Ja beantwortet, wird es nicht weit bringen, davon bin ich überzeugt.

Bei den ersten Auftritten war ich noch sehr schüchtern. Das lag an den Begleitumständen. Meistens waren es prominente Menschen oder reiche Industrielle, die zum Privatkonzert luden. Für mich, die ich aus armen Verhältnissen kam, waren die prunkvollen Villen wie Orte aus einer anderen Welt. Die Herren im Smoking, die Damen in Abendkleidern, die mehr als ein Monatsgehalt von mir kosteten. Die formalen Begrüßungen, der gepflegte Umgangston: »Kannst du das überhaupt, Judith?«, fragte ich mich. Dann dachte ich daran, was mir Daddy in Bremerhaven beigebracht hatte. Auch wenn ich den Knicks aus meinem Repertoire verbannt hatte – er schien mir nicht länger angebracht –, erwiesen sich seine Lektionen als hilfreich und die Soirées entpuppten sich als wunderbare Übung, »meine Frau« in der Gesellschaft zu stehen. Außerdem gaben sie mir die Gelegenheit, mein Repertoire ständig zu erweitern. Langsam wuchs in mir die Überzeugung, dass ich eine Zukunft als Profisängerin hatte.

Stand ich wieder in Hagen auf der Bühne, wo ein anspruchsvolles Programm von mir verlangt wurde, verstärkte sich die Zuversicht. Hier hatte ich den direkten Vergleich mit anderen Profis und ich musste ihn nicht scheuen. Noch war ich nur Elevin, doch es kam der Tag, an dem sich das änderte.

So rief mich der Intendant in sein Büro.

»Ich möchte Ihnen einen Festvertrag anbieten«, sagte er. Ich weiß noch, wie ich mich in diesem Augenblick fühlte. Die Seite in mir, die an die künstlerische Entwicklung dachte, wollte einen Luftsprung machen. Meine andere Seite, auf Sicherheit bedacht, bremste: Moment mal. Mit einem Festvertrag kannst du dein Studium vergessen. Das kriegst du nie unter einen Hut!

Sie hat eine Menge Power, meine Sicherheitsseite, und das ist auch gut so. Trotzdem dachte ich wieder: »Den Mutigen gehört die Welt. Irgendwie schaffst du das: Studium, Festanstellung am Theater, singen auf privaten Bühnen.« Schon damals bahnte sich an, was heute zu meinem Alltag gehört. Merke ich, dass der Tag nur 24 Stunden hat, ich aber mehr benötige, knapse ich Zeit für den Schlaf ab. Damals begann ich, mein Schlafpensum zu reduzieren, sodass ich heute selten auf mehr als vier Stunden komme. Natürlich weiß ich, dass manche Experten die Meinung vertreten, sechs Stunden Schlaf sollten es schon sein und sieben seien optimal. Auf der anderen Seite befinde ich mich in guter

Gesellschaft: Barack Obama schläft vier Stunden pro Nacht, der Dalai-Lama noch weniger. Viele erfolgreiche Menschen, die ich in meinem Leben traf, spielen auf derselben Klaviatur. Ein Zitat des namibischen Arztes, Homöopathen und Buchautors Eberhard von Koenen, der als bester Kenner afrikanischer Heilpflanzen noch im hohen Alter von neunzig Jahren ausgedehnte Wüstenexpeditionen unternahm, bringt die Sache auf den Punkt: »Wenn du etwas unbedingt erreichen willst«, sagte er in einem Interview, »wirst du niemals müde.«

Und ich wollte unbedingt etwas erreichen. Ich befand mich jetzt im Taumelrausch des Theaters. Allein der Geruch, wenn ich das Haus betrat – er weckte Kindheitserinnerungen, wie ich mit Daddy in Trier und den vielen anderen Opernhäusern gewesen war. Unser Intendant Peter Pietzsch nahm gerade die *West Side Story* ins Programm auf und ich sollte die Maria spielen. Das war so etwas wie ein Ritterschlag, schließlich ist die *West Side Story* einer der berühmtesten Broadway-klassiker, eine moderne Version von *Romeo und Julia*. In der Musik von Leonard Bernstein finden sich klassische Elemente der Oper, aber auch Jazz und moderne Lieder – kurz und gut: alles was mein Herz höher schlagen ließ. Doch nun bekam ich mit, welche Intrigen hinter den Kulissen eines Theaterbetriebs liefen. Noch war ich völlig unbedarft – anders als die erste Sopranistin des Ensembles, die sich davor fürchtete, dass ich ihr den Rang abliefe. Als ich davon Wind bekam, war ich unfähig, etwas dagegen zu tun. Mir fehlte die dicke Haut, mit der man sich vor so etwas schützen kann. Ich rief Daddy an und klagte ihm mein Leid. Er kannte alle Machtspiele, die hinter den Kulissen ablaufen.

»Ignoriere es«, riet er mir. »Schenke dieser Sache keine Beachtung. Konzentriere dich auf dich, auf deine Freude am Singen.«

Es war ein guter Rat, dem ich auch heute noch Folge leiste. Es ist so etwas wie ein kosmisches Gesetz: Schenken wir einer Sache unsere ganze Aufmerksamkeit, vermehrt sie sich. Deshalb muss man die Energie positiven Dingen zufließen lassen. Tut man das Gegenteil und jammert, verstärken sich negative Gefühle. Heute habe ich das Prinzip mit Erfolg in meine Mitarbeiterführung übernommen. Dabei stärke ich die Stärken meiner Mitarbeiter und hacke nicht auf ihren Schwächen herum. Mit dem Rat von Daddy stellte sich der Erfolg wie von selbst ein. Die *West Side Story* wurde zu einem Triumph und meine Rolle als Maria machte mich populär. Als Nächstes spielte ich die Bronislawa im *Bettelstudent*, der weltberühmten Operette des Wiener Komponisten Carl Joseph Millöcker. Die Geschichte spielt zu der Zeit, als der unbeliebte sächsische Kurfürst August der Starke Polen regiert. In Krakau herrscht sein Gouverneur Oberst Ollendorf und der liegt auf der Beliebtheitsskala noch unter seinem Fürsten. Ollendorf zettelt eine Intrige an, in die er den als Bettelstudenten untergetauchten rechtmäßigen Herzog von Polen einspannt. Die Handlung und die tolle Musik machten den *Bettelstudent* zu einer der beliebtesten Operetten der Geschichte; allein zwischen 1896 und 1920 wurde sie weltweit fünftausendmal aufgeführt. Die Zuschauer konnten gar nicht genug davon bekommen und auch jetzt, als wir die Operette in Hagen auf die Bühne brachten, füllte sie den Saal Abend um Abend.

Immer häufiger spielte ich nun mit dem Gedanken, das Studium abzubrechen. Was konnte ich dort noch lernen, was ich mir nicht auf der Bühne – Learning by Doing – selbst beibrachte? Außerdem hatte ich eine Gehaltserhöhung bekommen und verdiente umgerechnet siebenhundert Euro im Monat. Mehr als alles Geld wogen die Möglichkeiten, die sich mir auf einmal boten: Ich könnte Meisterkurse bei Brigitte Fassbaender absolvieren, was meine Stimme in eine andere Liga brächte. Brigitte gehörte zu den besten deutschen Opern- und Liedsängerinnen. Sie hat alle großen Rollen gesungen, bei über 250 Plattenaufnahmen mitgewirkt und die Auszeichnungen, mit denen sie geehrt wurde, sind Legion: Der Wolfgang-Amadeus-Mozart-Preis ist ebenfalls darunter wie das »Große Verdienstkreuz mit Stern« oder die Ernennung zum Ritter der Ehrenlegion. Wichtiger als das war für eine aufstrebende Sängerin wie mich ihr besonderes, sehr seltenes Talent: Brigitte war sich nicht zu gut dafür, jungen Nachwuchskünstlern unter die Arme zu greifen.

Nur Wenige tun das und noch Wenigere können das auch: Doch ein Meisterkurs bei ihr war wie eine Sauerstoffdusche. Das erste Mal traf ich sie in Wolfsburg bei den »Niedersächsischen Musiktagen«. Zu jener Zeit war sie Operndirektorin am Staatstheater Braunschweig, ein stressiger Job, und doch wirkte sie ganz gelassen. Diese Gelassenheit übertrug sich auf uns Sängerinnen und Sänger.

»Ihr dürft eure Stimmen nicht drücken«, sagte sie. »Lasst es strömen.«

Einfacher gesagt als getan, denn gleichzeitig darf man keine Angst haben, den Ton nicht zu treffen. Genau aus dieser Furcht heraus entsteht das Drücken, welches die Stimme klanglich verändert. Brigitte hatte nicht nur hilfreiche Tipps parat, sondern auch die richtigen Übungen zur Umsetzung. Das machte sie auf eine wunderbar sensible Art und Weise, die ich heute noch als einzigartig empfinde. Bei mir stellte sich der Erfolg schnell ein. So wunderte ich mich nicht, dass ich schon bald darauf das Angebot bekam, als Solosängerin mit dem Sinfonieorchester Baden-Baden aufzutreten.

Ich war noch immer Studentin, aber meine Karriere nahm jetzt an Fahrt auf. Das Baden-Badener Sinfonieorchester – gegründet am 1. Februar 1946 unter dem Namen Philharmonisches Orchester des Südwestfunks – zählte zu den besten Orchestern, die es in Deutschland gab. War die Rolle der Maria in der *West Side Story* mein Ritterschlag gewesen, würde dieser Auftritt meine Weihe für die ganz große Karriere sein. Ein Traum ging in Erfüllung und ich war bereit, noch härter als zuvor zu arbeiten. Wie gesagt: Wenn man etwas unbedingt erreichen will, wird man auch nicht müde.

Dafür kann man einsam werden und das passierte mir auch. Es gab nicht viele Menschen, die meinem Tempo folgen wollten. Es war ihnen zu anstrengend, und mein ohnehin dünner Bekanntenkreis dünnte sich weiter aus. Ich stand da nicht allein – vielen Schauspielern, Sängern und Spitzensportlern ergeht es so. In Christopher Ciccones Buch *Life With My Sister Madonna* beschreibt die Sängerin eindrucksvoll die einsamsten Momente ihres Leben: Wenn sie nach einem ihrer Megakonzerte, eben noch von Abertausenden bejubelt, ihr Hotelzimmer betritt und auf einmal völlig isoliert von allen ist. Für manchen Künstler ist das ein bitterer Augenblick. Selbst als Anfängerin in meinem Beruf und alles andere als prominent konnte ich das nachempfinden. Wenn ich spät in der Nacht aus Hagen zurückkehrte, wartete niemand auf mich. Thomas war mittlerweile in Afrika unterwegs und ich musste mir eingestehen, dass unsere Uhr abgelaufen war. Unsere Trennung war nur eine Frage der Zeit. Ging das Stadttheater auf Tournee, verbrachte ich meine freie Zeit allein im Hotelzimmer. Natürlich rückte unterwegs das Ensemble zusammen – Kollegen und Kolleginnen werden zu einer Art Pseudo-familie –, doch ein Ersatz für echte Freunde ist das nie.

So kam es, dass ich Silvester 1985 kurz vor Mitternacht auf der Auto-bahn A1 Richtung Köln unterwegs war. Tagsüber rollen hier 150.000 Fahrzeuge über die Straße, jetzt hatte ich sie fast für mich allein. Gerade noch hatte ich eine Doppelvorstellung gegeben und war von einem Pub-likum in Feierlaune bejubelt worden. Davor hatte ich intensiv geprobt, weil ich im neuen Jahr die Rolle der Anne Frank im gleichnamigen Stück übernehmen sollte. Nun war noch das alte Jahr, überall stiegen Partys, feierten Menschen, knallten Korken. Nur ich war auf der Auto-bahn unterwegs und auf einmal überwältigte mich Einsamkeit.

»Sieht so das Leben aus, das du führen willst?«, fragte ich mich.

Ich setzte den Blinker und fuhr auf die Raststelle Remscheid. Dort rief ich einen Kommilitonen an, der mir von einer Party erzählt hatte, die er im Studentenwohnheim steigen ließ.

»Hee!«, schrie er ins Telefon, »wo steckst du?« Aus dem Hinter-grund drang das laute Gelächter seiner Gäste.

»An der Raststelle Remscheid«, antwortete ich.

»Was willst du denn dort? Komm vorbei! Hier steigt die Megafete!«

Es war kurz vor ein Uhr, als ich vor dem Studentenwohnheim hielt. Die Stimmung war bestens, nur bei mir wollte sich keine Feierlaune einstellen. »Was ist los mit dir, Judith?«, dachte ich. »Weißt du nicht mal mehr, wie man feiert? Du bist total allein, du hast niemanden. Reiß dich zusammen!«

Aber das gab es nichts zum Zusammenreißen. Ich fühlte mich einfach nur fehl am Platz. Eine Weile schaute ich dem Treiben der Studenten teilnahmslos zu, dann ging ich nach Hause. Der Abend trug eine Botschaft mit sich, wie ich sie deutlicher nicht hätte bekommen können. Aber ich war blind und konnte sie nicht sehen.

Kapitel 9

Der Absturz

Es war kurz nach einem Konzert mit dem Sinfonieorchester Baden-Baden. Ich war zu Hause und lag schlaflos im Bett. Morgen musste ich sehr früh nach Hagen, denn dort befanden sich die Proben für *Anne Frank* in einer hektischen Endphase. Doch ich lag im Bett und konnte mich vor Schmerzen kaum rühren.

»Was für ein schlimmer Hexenschuss«, dachte ich. »Ausgerechnet jetzt legt der mich lahm.«

Ich konnte nur hoffen, dass es sich nicht um einen Bandscheibenvorfall handelte. Es klappte nicht, Wasser zu lassen und ich hatte gehört, dass dieses Symptom bei der Verschiebung von Wirbelkörpern im Lendenbereich auftreten könne.

»Nur das nicht«, stöhnte ich. »Ich muss auf die Bühne! Ich habe ein Engagement!«

Doch an Proben war nicht zu denken. Höllische Schmerzen durchzuckten mich, ich lag steif wie ein Brett im Bett. »Nicht bewegen« war der einzige Gedanke, zu dem ich fähig war. Dennoch schaffte ich es, mich irgendwann aufzurichten; eine Anstrengung, die jede andere zuvor in den Schatten stellte. »Wie kann das sein«, fragte ich mich, »gestern war alles bestens in Ordnung und plötzlich bist du völlig von der Rolle.« Im Nachhinein weiß ich, dass das nicht stimmte. Schon seit zwei Wochen hatte ich immer wieder Schmerzen verspürt, aber sie einfach missachtet. Nun ging das nicht mehr. Jeder, der schon einen Hexenschuss erlitten hat, weiß, wie man auf einmal vor kleinsten Bewegungen Angst hat. Wie in Zeitlupe erhob ich mich, wie in Zeitlupe bewegte ich mich ins andere Zimmer, wie in Zeitlupe nahm ich den Hörer des Telefons ab und wie in Zeitlupe wählte ich die Nummer meiner Eltern.

»Was ist los?«, fragte Daddy, der zum Glück zu Hause war. Dabei hatte ich noch gar nichts anderes als meinen Namen gesagt. Das hatte gereicht, um ihm klarzumachen, dass etwas nicht in Ordnung war. Auf einmal konnte ich die Tränen nicht mehr zurückhalten.

»Ich hab solche Schmerzen ... Ich weiß gar nicht was los ist ...« Es war mir unmöglich, mehr zu sagen. Ein schwarzer Schatten kroch in mir hoch, der mir den Hals zuschnürte. »Hexenschuss? Das ist kein Hexenschuss«, flüsterte eine böse innere Stimme.

Daddy war alarmiert. »Judith«, sagte er eindringlich. »Du rufst dir sofort ein Taxi und fährst ins Krankenhaus.«

Noch einmal meldete sich Widerstand. »Was soll ich dort?«, protestierte ich. Ich dachte an meine Therapeuten-Odyssee. »Da kann mir doch keiner helfen.«

»Ist es ein verschobener Wirbel, können sie ihn wieder einrenken«, erwiderte Daddy. »Ist es ein Bandscheibenvorfall, muss man vielleicht operieren. Und falls es was anderes ist ...« Er führte den Satz nicht zu Ende. Trotzdem fragte ich mit leiser Stimme: »Was könnte es denn anderes sein?«

»Das weiß ich nicht, Judith, mein Schatz«, antwortete Daddy. »Aber wir müssen es herausfinden.«

Es kostete mich enorme Überwindung, die Nummer der Taxizentrale zu wählen. Da war zum einen der Schmerz, der wie in Wellen anbrandete. Zum anderen wurde meine Furcht größer und größer. Das ist kein Hexenschuss, niemals im Leben. Wie gern wäre ich vor der Wahrheit davongelaufen. Auch zusammenreißen ging nicht mehr, obwohl ich in diesem Fach ansonsten ja eine ausgewiesene Meisterin war. Meine Finger bewegten sich wie in Zeitlupe, drückten die richtigen Tasten am Telefon, zehn Minuten später stand ein Taxi vor der Tür. Ich weiß noch, dass es mir beinahe unmöglich war, einzusteigen. Der Fahrer war ein freundlicher Türke, der wahrscheinlich schon Einiges in seinem Leben gesehen hatte. Irgendwie bugsierte er mich ins Wageninnere, während mir Tränen über die Wangen liefen und ich das furchtbar peinlich fand. Dann fuhr er mich zum Krankenhaus.

»Hexenschuss, vielleicht was mit den Bandscheiben, ich weiß es nicht«, stöhnte ich, als man wissen wollte, was mir fehlte. Das führte mich zunächst in die chirurgische Abteilung, wo mich ein Arzt mit chiropraktischen Kenntnissen untersuchte.

»Ich würde gern Ihr Blut untersuchen lassen«, sagte er. Ich nickte bloß apathisch mit dem Kopf. Danach wurde ich stationär aufgenommen, eine Schwester nahm mir Blut ab und obwohl der Schmerz nicht nachließ, versank ich in einem bleiernen Schlaf. Irgendwann stand ein anderer Arzt vor mir: »Sie haben sehr viele weiße Blutzellen im Blut«, sagte er. »Das könnte ein Hinweis auf eine Nierenbeckenentzündung sein. Wir werden ein paar Untersuchungen machen müssen. Haben Sie Probleme beim Wasserlassen?«

»Seit einiger Zeit ja«, gab ich beschämt zu.

Wenig später stand fest: Ich hatte eine beidseitige Nierenbeckenentzündung, wahrscheinlich hervorgerufen durch eine bakterielle Infektion. Ich wurde an den Tropf gehängt, um mit Flüssigkeit versorgt zu werden, außerdem bekam ich Antibiotika. Nach vier Tagen ging es mir schlechter denn je. Von dem Arzt, der mir die Sache mit den weißen Blutzellen verkündet hatte, war nichts mehr zu sehen. Dafür tauchte eine Frau auf, die sich als Gynäkologin vorstellte. Sie untersuchte meinen Unterleib mit Ultraschall. Anschließend sprach sie ihr Urteil und es klang vernichtend: »Sie haben da ein kindskopfgroßes Geschwür«, sagte sie. »Ich kann nicht mal Ihre Blase sehen, geschweige denn die Eierstöcke.«

Auf so einen Moment ist niemand vorbereitet. Alles begann sich um mich zu drehen, als ich versuchte, den Sinn ihrer Worte zu erfassen. »Was bedeutet das?«, fragte ich schließlich.

»Wir müssen Sie operieren. Da muss alles heraus.«

Ich konnte vor Schreck nicht mehr klar denken, aber das Wort »alles« schaffte es, sich in mein Bewusstsein zu bohren wie eine heiße Nadel.

»Was soll das heißen, alles?«

»Bei der Größe dieses Tumors gibt es sicher schon Verästelungen in die Gebärmutter. Vermutlich müssen wir eine Total-OP vornehmen.«

Auf einmal wusste ich, was es mit diesem schwarzen Schatten auf sich hatte, der vor Tagen in mir hochgekrochen war. Nein, Judith, es ist kein Hexenschuss, es ist viel, viel schlimmer. Es ist das, vor dem sich jede Frau fürchtet. Du wirst niemals Kinder haben, verstehst du? Niemals!

»Sie müssen nur noch eine Einverständniserklärung unterschreiben, dann können wir loslegen«, fuhr die Ärztin fort. »Das macht jemand anderes, dafür bin ich nicht zuständig.«

An die nächsten Stunden kann ich mich kaum erinnern. Habe ich Daddy angerufen oder kam er von selbst in die Klinik? Jedenfalls war er auf einmal da und dafür bin ich ihm bis heute noch unendlich dankbar. Vor jeder Operation gibt es ein ärztliches Vorgespräch, aber wie hätte ich das allein führen können? Die Schmerzen, die Angst, meine körperliche Verfassung – das alles verhinderte, dass ich einen klaren Gedanken fassen konnte. Ich weiß heute nur, dass es Situationen im Leben jedes Menschen gibt, in denen man auf Hilfe eines anderen angewiesen ist, der mitfühlt und die Sache als die seine betrachtet. Es war fünf Uhr morgens, als der Anästhesiearzt die Tür öffnete. Er sah selbst aus, als habe er schon lange keinen Schlaf mehr gefunden. Ich verstand kein Wort von dem, was er sagte, aber Daddy hörte aufmerksam zu, während er meine zitternde Hand in seiner Teddybärenpranke hielt.

»Wieso wollen Sie eine Total-OP durchführen?«, fragte Daddy. »Bitte erklären Sie mir das.«

Er tat das einzig Richtige, das man in so einer Situation tun kann: Er stellte Fragen und ließ sich nicht mit einfachen Antworten abspeisen.

Der Arzt kam der Aufforderung nach. »Korrekterweise müsste ich sagen: es handelt sich um eine Hysterektomie«, begann er. »Dabei entfernen wir die Gebärmutter, und zwar vollständig. Das wird nötig sein, wenn die Verästelungen schon so stark in die Gebärmutterwand hineingewachsen sind, wie wir es vermuten.«

Wahrscheinlich war das Wort »vermuten« der Grund, weshalb Daddy so vehement reagierte. Heute weiß ich, dass sich in Deutschland Jahr für Jahr über zwanzigtausend Frauen die Gebärmutter und oft auch die Eierstöcke entfernen lassen müssen – und an diesem »müssen« scheiden sich noch immer die Geister. In vielen Fällen liegt eine Krebserkrankung der Gebärmutter oder des Gebärmutterhalses vor oder es gibt Tumore an einem oder beiden Eierstöcken. Manchmal sind extreme Blutungen nach einer Geburt dafür verantwortlich oder Entzündungen und Eitergeschwüre im Bereich der inneren Organe. Nicht immer ist klar, ob tatsächlich so rigoros operiert werden muss. Selbst gutartige Tumore wie Myomknoten werden immer wieder operiert, wie auch in meinem Fall, und die Folgen sind gravierend, da sich die betroffenen Frauen unter anderem einer extremen Hormonumstellung unterziehen müssen: Dabei geraten sie praktisch von heute auf morgen in die Wechseljahre. »Chirurgisch bedingte Menopause« sagen die Mediziner dazu. Natürlich wusste Daddy von alldem nichts. Aber dass ich nach einer Total-OP keine Kinder mehr bekommen könnte, war ihm durchaus klar. Bisher hatte das Thema Kinder bei uns nicht im Vordergrund gestanden. Meine Eltern waren damit zufrieden gewesen, dass meine Beziehung mit Thomas im Laufe der Jahre alle Aufs und Abs überstanden hatte. Als sie in den letzten Monaten langsam auseinanderging, hatte ich immer wieder mit Mommy telefoniert und nach ihrem Rat gefragt. Davon, dass Thomas und ich irgendwann heirateten, Kinder bekämen und meine Eltern zu glücklichen Großeltern machten, war bei diesen Gesprächen nicht mehr die Rede gewesen.

»Gibt es keine andere Möglichkeit?«, hakte Daddy weiter nach. »Irgendeine Therapie oder so?«

»In diesem Fall kann ich nichts empfehlen«, antwortete der Arzt. »Der Tumor ist viel zu groß und sehr verästelt. Wenn Sie jetzt bitte das hier unterschreiben würden.«

Er deutete auf das Formular, das seit Beginn des Gesprächs wie ein Menetekel auf dem Tisch lag und das nach der Unterschrift mein Schicksal besiegeln würde. Wir Menschen sind es nicht gewohnt, »Es-führt-kein-Weg-zurück-Entscheidungen« zu treffen. Gern lassen wir eine Hintertür offen. Das war hier unmöglich. Nach einer Total-OP gab es kein zurück. Das muss Daddy im Sinn gehabt haben, als er sagte: »Auf keinen Fall werden wir das unterschreiben. Sie müssen alles tun, um die Gebärmutter zu retten.«

Ärzte mögen es in der Regel nicht, wenn man zu ihnen sagt: »Sie müssen alles tun ...« Vielleicht war es wieder die magische Kraft von Daddys Stimme, die den Arzt versöhnlich stimmte. Vielleicht hatte er aber auch selbst Zweifel, ob eine totale Operation nötig war. Jedenfalls sagte er: »Nun gut. Versuchen wir es. Ich kann nichts versprechen. Sehr wahrscheinlich wird Ihre Tochter danach trotzdem unfruchtbar sein.«

Von alldem bekam ich nur die Hälfte mit, und selbst diese Hälfte war wie in einen Bausch Watte verpackt. Ich glaube, dass ich mich nicht an dem Gespräch beteiligt habe. Daddy erhob seine Stimme und legte eine Hand auf die des Arztes, der mittlerweile recht ungeduldig war.

»Sie kennen mich nicht und Sie kennen meine Tochter nicht«, sagte Daddy. »Aber ich kenne mein Kind und ich weiß, dass das hier nicht in ihrem Leben vorkommen sollte. Sie ist die wunderbarste Tochter, die Sie sich vorstellen können, und wenn Sie in meinem Alter sind, werden Sie verstehen, warum dieser Satz für einen Vater alles bedeutet. Eines Tage wird sie eine großartige Mutter sein und Sie werden uns helfen, Sie gesund zu machen. Ist das okay für Sie, mein Freund?«

Es war einer der Momente, in dem Daddy eine Atmosphäre schaffte, in der niemand wagt, ihm zu widersprechen. Natürlich trug seine Stimme dazu bei, aber mehr noch die überwältigende Liebe zu seinem Kind und der daraus resultierende Willen, alles für mich zu tun. Was ich weiß, ist, dass danach alles sehr schnell ging. Ich bekam eine Narkose, ich schlief ein, ich wachte auf und vor mir stand Mommy und dahinter ... Thomas.

Das war ein Schock. Ich dachte, Thomas sei in Afrika, stattdessen trat er neben mein Bett und nahm meine Hand, die Augen voller Tränen. Das war zu viel. Wenn man aus einer Narkose aufwacht, weiß man ohnehin nicht, ob einen die reale Welt umgibt oder ob es sich nur um

einen Traum, ein Hirngespinst, eine Halluzination handelt. Thomas'
Mund bewegte sich, er sprach zu mir, aber ich konnte ihn nicht verstehen.
Erst allmählich drangen Wortfetzen an mein Ohr. »... gehört ... gleich
gekommen ... so leid ... noch mal von Anfang ...« Ich schaffte es nicht,
die Worte in einen Zusammenhang zu bringen, dabei war der Sinn klar.
Mein Unglück hatte Thomas dazu gebracht, seine Reise zu unterbrechen.
Jetzt hoffte er, die Uhr zurückdrehen zu können. Aber es gab nichts
zum Zurückdrehen. Ich versuchte zu sprechen. Meine Lippen fühlten
sich taub an, mein Mund war ausgetrocknet, mein Hals brannte.

»Bitte«, krächzte ich, »bitte geh.«

Jetzt konnte er die Tränen nicht mehr zurückhalten.

»Aber ich bin gerade erst ...«

»Bitte«, wiederholte ich, »mir ist das alles zu viel. Bitte. Geh.« Er gab
nicht auf, das machte es nur noch schwieriger. »Willst du wirklich?«

Endlich gelang es mir, meine Hand aus seiner Umklammerung zu
befreien. »Willst du wirklich?«, fragte er nochmals und die Frage drehte
sich durch meinen müden Kopf: Will ich das wirklich, will ich das wirklich, will ich das wirklich?

»Ja«, antwortete ich. Meine Stimme klang fremd in meinem Ohr,
aber es war ein deutliches Ja; eines, das meinen Willen klar zum Ausdruck brachte. Ja, ich wollte, dass Thomas ging und irgendwann sah er
es auch ein und verließ den Raum. Zum damaligen Zeitpunkt war mir
nicht klar, weshalb ich so viel Wert darauf legte. Natürlich, ich war gerade aus der Narkose erwacht. Ich hatte eine schwere Operation hinter
mir. Die Tage davor waren fürchterlich gewesen und ich steckte voller
Angst, was als Nächstes auf mich zukäme. Ist in dieser Situation Bei-
stand nicht eine schöne Sache? Doch ich spürte instinktiv, dass die
lange räumliche Trennung, die wir hinter uns hatten, eine emotionale
Trennung nach sich gezogen hatte. Thomas war nicht mehr der richtige
Partner für das, was mir bevorstand. Vermutlich fühlte er Ähnliches,
doch hatte ihn sein Verantwortungsbewusstsein an mein Krankenbett
geführt. Das war ihm hoch anzurechnen. Gleichzeitig brachte es mit sich,

dass sich unsere Trennung in dem Moment vollzog, als ich am tiefsten Punkt in meinem bisherigen Leben angekommen war.

Kaum war ich einigermaßen wach, kam der Arzt zu mir. »Die Operation lief zufriedenstellend«, sagte er und erläuterte, was er damit meinte. Ich hatte meine Gebärmutter nicht verloren, aber ich sollte von nun an Hormone nehmen.

»Die Sache ist die«, sagte der Arzt. »dass, wenn Sie die Hormone nehmen, die Chance besteht, dass Sie später Kinder kriegen können. Allerdings wird Ihre Singstimme darunter leiden.«

Nach dem ersten Schock gleich der zweite Schock. Meine Singstimme zu verlieren bedeutete, meinen Lebenssinn zu verlieren. Trotzdem dachte ich nicht einmal eine Millisekunde daran, anders zu antworten als: »Dann nehme ich die Hormone.«

Damals wusste ich noch nicht, was ich heute weiß: Dass Frauen nach einer OP häufig eine ganze Palette von Hormonen durchprobieren müssen, bis die gewünschte Wirkung erreicht wird. Dass sie dadurch unter rasenden Kopfschmerzen leiden, unter extremen Schwindelanfällen, Übelkeit und Hitzewallungen. Eine Operation ist ein Schock für den Körper und es kann Jahre dauern, bis er sich davon erholt. Vielleicht war es gut, dass ich davon nichts ahnte. Ich klammerte mich wie ein Schiffbrüchiger an ein Rettungsfloß an den Gedanken: »Ich werde die Stimme nicht verlieren! Bei mir wird es anders sein. Ich werde wieder auf der Bühne stehen!«

In jenen Tagen bewahrte mich diese Selbstlüge vor dem Untergang, obwohl an singen ohnehin nicht zu denken war. Die Narkose hatte Stimmbänder, Kehlkopf und Rachenraum in Mitleidenschaft gezogen und nichts an meiner Stimme erinnerte daran, dass sie einmal einer ausgebildeten Sopranistin gehört hatte. Quietschendes Scharnier war der Vergleich, der passte.

Ein paar Tage später durfte ich nach Hause. Was für ein seltsames Gefühl, als ich aus dem Taxi stieg und die Treppen zu meiner Wohnung in Angriff nahm. Nicht nur, weil sie mich außer Atem brachten, sondern weil mir bewusst wurde, wie sehr wir doch auf Messers Schneide leben. Gerade noch sehen wir die Sonnenseite unseres Daseins, da kann es nur Augenblicke später schwarz um uns werden. Vielleicht entstand damals meine Überzeugung, dass nichts wichtiger ist, als in der Gegenwart zu leben. Die Vergangenheit ist vergangen, sie lässt sich nicht ändern, und die Zukunft ist offen wie ein unbeschriebenes Buch. Nur die Gegenwart ist vorhanden, sie erfordert unsere ganze Kraft und Geschicklichkeit. Als ich die Tür zu meiner Wohnung öffnete und eintrat, sah alles so aus, als hätte ich sie wenige Minuten zuvor erst verlassen. Das Bett war ungemacht, das Geschirr stand in der Spüle, das Telefon lag an der Stelle, wo ich es nach dem Anruf bei der Taxizentrale einfach hatte liegen lassen. Trotzdem war mir schmerzlich bewusst wie nie zuvor in meinem Leben, dass das nur der äußere Schein war. Die Wirklichkeit war eine andere: Die Tage meiner Abwesenheit hatten eine Lücke in mein Leben gerissen, die nicht aus ein paar verpassten Seminaren und Theaterproben bestand. Nicht einmal daraus, dass die Trennung von Thomas nun offiziell war. Es war nicht dieselbe Judith, die zurückkehrte. In diesem Augenblick dachte ich, dass es nur einen Weg gebe, in mein altes Leben zurückzufinden: Ich würde noch härter trainieren müssen, um zu erreichen, was mir als Ziel des Lebens vor Augen stand: als erfolgreiche Sängerin und Schauspielerin die Bühnen der Welt zu erobern. Schon am nächsten Tag kehrte ich ans Theater zurück. Ich wollte nichts davon glauben, was der Arzt gesagt hatte. Ich wollte singen. Ich wollte spielen. Vor allem aber wollte ich vergessen.

Kapitel 10

Die Lotosblume

Zweieinhalb Minuten sollten über mein weiteres Leben entscheiden. So lange dauerte mein Vortrag des stimmungsvollen Liedes *Die Lotosblume* von Robert Schumann aus dem Opus 25, *Myrthen*. Der Text stammt von Heinrich Heine und noch heute stellen sich bei mir die Nackenhärchen auf, wenn ich ihn höre:

Die Lotosblume ängstigt
Sich vor der Sonne Pracht,
Und mit gesenktem Haupte
Erwartet sie träumend die Nacht.

Der Mond, der ist ihr Buhle,
Er weckt sie mit seinem Licht,
Und ihm entschleiert sie freundlich
Ihr frommes Blumengesicht,

Sie blüht und glüht und leuchtet,
Und starret stumm in die Höh;
Sie duftet und weinet und zittert
Vor Liebe und Liebesweh.

Die alten Ägypter sahen in der Lotosblume ein Symbol der Wiedergeburt. Im Hinduismus soll sie einen neuen Lebensweg aufzeigen. Wusste Heine davon, als er sein Gedicht schrieb? Ahnte ich das, als ich dieses Lied aussuchte, um im Meisterkurs von Liselotte Hammes meinen endgültigen Durchbruch als Sängerin vorzubereiten? Ein paar Wochen waren seit der Operation ins Land gegangen und in dieser Zeit hatte ich viel trainiert und alles gegeben. Dabei bemerkte ich wohl, dass meine Stimme angeschlagen war und ich Mühe hatte, Töne sicher zu treffen und zu halten. Doch bisher hatte der Arzt nicht recht behalten und ich führte meine Stimmschwäche auch nicht auf die Hormone zurück, die ich Tag für Tag schlucken musste, sondern auf die Narkose, meine andauernde Erschöpfung, die stressigen Umstände. »Ihr dürft eure Stimmen nicht drücken«, hatte Brigitte Fassbaender gesagt. »Lasst sie strömen.« Jetzt musste ich ganz gewaltig drücken, um nur annähernd in gesangliche Regionen zu gelangen, die man von mir gewohnt war. Vielleicht lässt sich das mit einem Fußballstürmer vergleichen, der lang kein Tor mehr geschossen hat und in der verzweifelten Anstrengung, endlich wieder zu treffen, erst recht danebenschießt. Oder ein Leichtathlet, der hinter seinen Fähigkeiten zurückbleibt und das ausgerechnet vor der wichtigsten Meisterschaft des Jahres. Singen ist nun mal Hochleistungssport und ich wusste, dass unter den dreihundert Zuhörern eine Menge Leute saßen, die meine Karriere beeinflussen konnten. Wieder hieß es top oder flop und es war klar, dass ich für top nicht in Bestform war. Trotzdem fuhr ich guten Mutes nach Bonn. Schließlich war ich keine Anfängerin mehr und auch beim Singen lassen sich momentane Schwächen durch Erfahrung wettmachen. Ich war voller Hoffnung, an diesem Wochenende an meine Leistungen vor der Operation anknüpfen zu können. Zumal ich Liselotte Hammes schätzte. Sie hatte eine Professur an der Musikhochschule Köln inne und war wie Brigitte Fassbaender eine sensibel arbeitende Lehrerin. Das war gut zu wissen. Liselotte Hammes würde mich auf ihre strenge Art zu gesanglichen Höchstleistungen führen.

Die Fahrt nach Bonn dauerte nur eine halbe Stunde, trotzdem kam sie mir ewig vor. Selten war ich nervöser gewesen. Als ich das Beethoven-Haus in der Bonngasse erreichte, einen Katzensprung von der Kennedybrücke über den Rhein entfernt, schien das Geburtshaus des berühmten Komponisten vor Energie zu beben. Das schmale Gebäude, im Jahr

1700 auf einem Kellergewölbe errichtet, beherbergt ein wunderschönes Museum mit einer Ausstellung über das Leben der Familie Beethoven. Seit 1989 gibt es nebenan einen Kammermusiksaal, errichtet in der klassischen Tradition des halbovalen Amphitheaters, mit hervorragender Akustik. Eigentlich fasst der Saal zweihundert Gäste, doch an diesem Tag sorgten zusätzliche Stuhlreihen für eine besonders intensive Atmosphäre. Es war nicht einfach, ein ungestörtes Plätzchen zum Einsingen zu finden. Wieder merkte ich, wie wenig Volumen meine Stimme hatte.

»Das wird schon werden, nachher, wenn's drauf ankommt«, sprach ich mir selbst Mut zu.

Zwei andere Sängerinnen waren vor mir dran. Mit lockeren Atemübungen sorgte ich dafür, dass die Zeit des Wartens nicht endlos wurde. Endlich hörte ich meinen Namen. Liselotte Hammes wusste, dass ich vorhatte, die *Lotosblume* zu singen und hatte mich in der Wahl bestärkt: »Ein sehr geschlossenes Lied«, hatte sie gesagt. »Gut für die Mittellage. Gut für Sie.«

Ich hatte das Lied bereits vor der OP ausgesucht. Damals konnte Liselotte Hammes nichts Passenderes sagen, doch damals war damals und heute war heute: Von meiner unerschütterlichen Ruhe war nichts übrig geblieben. Auch durfte ich nicht länger an die Entstehungsgeschichte des Liedes denken: Die *Myrthen* hatte Robert Schumann für seine Braut Clara komponiert. Es war sein Hochzeitsgeschenk, er überreichte ihr den Liederkreis zur Trauung am 12. September 1840. Im Überschwang romantischer Gefühle hatte ich bei der Auswahl des Liedes gehofft, dass Thomas im Publikum sitzen werde. Nun war alles anders gekommen, und ... In diesem Moment wurde mein Name ein zweites Mal aufgerufen. Nun musste es sich weisen: Die nächsten zweieinhalb Minuten würden über mein weiteres Leben entscheiden.

Das traf auch ein, nur anders als gewünscht. Ich stellte mich in Positur, achtete auf die richtige Körperspannung, welche die Stütze der Stimme ermöglicht, schöpfte Atem – tief, aber nicht zu tief, damit der Luftstrom beim Singen fließen kann –, wechselte einen Blick mit dem Klavierbegleiter und begann:

Die Lotosblume ängstigt
Sich vor der Sonne Pracht,
Und mit gesenktem Haupte
Erwartet sie träumend –

In diesem Augenblick brach meine Stimme, als habe sie ein Messer durchschnitten. Auch was bis dahin zu hören gewesen war, hatte nichts mit dem zu tun gehabt, wie ich sonst sang. Meine Stimme war brüchig, rau wie Schmirgelpapier, ohne Glanz. Ich sah, wie Liselotte Hammes einen ungläubigen Blick auf mich richtete. Wenn es möglich gewesen wäre, vor Scham im Boden zu versinken, ich hätte es getan. Für einen Moment schossen mir Erinnerungen wie feurige Blitze durch den Kopf: Wie ich meiner Schwester im Kinderwagen Arien vorsang und sie begeistert war. Wie ich mit Daddy als vierjähriges Kind in Trier das erste Mal auf der Bühne stand und den Applaus des Publikums genoss. Wie ich Kurt Moll das *Gretchen am Spinnrade* vortrug und später bei der Prüfungskommission mit demselben Lied die Tür zur Musikhochschule aufstieß. Wie ich für die Rolle der Maria in der *West Side Story* Standing Ovations erhielt und mit dem Baden-Badener Sinfonieorchester ...

»Vielleicht wollen Sie nochmals beginnen?«, drang die Stimme von Liselotte Hammes in meinen Gedankensturm. Dreihundert Augenpaare waren forschend auf mich gerichtet. Alles Menschen, die viel von Musik verstanden und eine Karriere beeinflussen konnten. Reiß dich zusammen, Judith!

Wieder gab es nichts zum Zusammenreißen. Wer da den Mund öffnete und singen wollte, war nicht Judith Williams. Das war nicht ich, das musste jemand Fremdes sein, ein anderer Mensch! Der Schreck saß tief bei diesem Gedanken. »Du bist nicht mehr du, Judith! Was immer geschehen ist, es hat deine Persönlichkeit verändert! Nein, mehr als verändert, es hat deine Persönlichkeit gestohlen. Deine Stimme ist deine Persönlichkeit und jetzt ist sie weg.« Ich versuchte es nochmals und nochmals, ich drückte und stieß und tat alles, was man mit einer Stimme nicht tun darf, selbst dann nicht, wenn sie gesund ist. Natürlich wurde es nicht besser, sondern schlimmer. Irgendwann sprach Liselotte Hammes den Satz aus, der in dieser Situation der einzig richtige war, mich aber ins dunkelste Dunkel stürzte: »Am besten, Sie gehen jetzt nach Hause, Judith, und ruhen sich aus.«

Die Gesichter im Publikum folgten mir, als ich meine Sachen zusammenklaubte und dabei vergeblich darum flehte, unsichtbar zu werden. Dann rief eine Stimme die nächste Sängerin auf die Bühne. *The show must go on*, aber ohne mich. Tränen liefen mir über die Wangen, als ich den Weg zum Ausgang einschlug. Wie betäubt bog ich in die Bonngasse ein, in die Sternstraße, auf den Marktplatz. Überall waren Menschen unterwegs, gingen ihren Geschäften nach, kauften ein, genossen den Tag. Niemand nahm Notiz von mir, warum auch? Zwar hatten die Tränen mein Make-up ruiniert, doch ansonsten war mir nicht anzusehen, dass soeben mein Lebenstraum geplatzt war.

Natürlich ahnte ich nichts davon, dass die Lotosblume trotzdem ihre Schuldigkeit getan hatte. Heute weiß ich, dass meine Wiedergeburt in diesem dunklen Moment begann, als ich die Konzertbühne im Beethoven-Haus verließ und ein neuer Lebensweg sich auftat.

Kapitel 11

Du hast zwei Beine, zwei Arme und einen Kopf

Von diesem Wunder war die nächsten Wochen nichts zu spüren, ganz im Gegenteil. Ich verkroch mich in mein Schneckenhaus und gab mich ganz dem Unglück hin. Ich war gescheitert, am Ende, mein großer Traum wie eine Seifenblase geplatzt. Lohnte es sich überhaupt, morgens aufzustehen? Ein Frühstück zuzubereiten, einen Kaffee zu trinken, mittags zu kochen? Meine Rollen am Theater Hagen übernahm jemand anders, an der Musikhochschule drehte sich die Welt auch ohne meine Anwesenheit weiter. Für mich gab es nichts zu tun, außer bereits vormittags den Fernseher anzuschalten, um auf die Mattscheibe zu starren, ohne etwas zu sehen. Wenn ich heute daran denke, kommen mir diese Wochen vor wie ein schwarzes Loch – diese unheimlichen Gebilde im Weltraum, in deren Nähe die Schwerkraft so stark ist, dass aus ihrem Inneren nichts dringen kann, nicht einmal Licht. Von mir war auch nichts mehr zu vernehmen, bis auf ein paar wenige Telefonate mit meinen Eltern, in denen ich mich verstellte, um sie nicht spüren zu lassen, wie es mir wirklich ging. Ich hatte meine Eltern zuvor nie angelogen, aber nun konnte ich nicht anders. Natürlich wusste meine Mutter, wie es um mich bestellt war, doch sie war klug genug, behutsam vorzugehen: »Darling, hättest du nicht Lust, uns übers Wochenende zu besuchen? Du hast immer so viel zu tun und könntest dich bei uns einfach mal ausruhen.« Dabei wusste sie ganz genau, dass ich gerade gar nichts zu tun hatte und auch niemanden zu Gesicht bekam. Die Vorstellung, das langweilige Fernsehprogramm gegen den schützenden Kokon meines Elternhauses einzutauschen, hatte zugegebenermaßen etwas sehr Verführerisches. Also packte ich ein paar Sachen zusammen und ging zum Bahnhof. Als ich in Trier ankam, war Mommy zum ersten Mal in meinem Leben pünktlich. Das war so ungewöhnlich, dass ich erschrak, als sie auf dem Bahnsteig auf mich zueilte.

»Huhu! Dolly your mom is here to pick you up Welcome! Welcome Home!«

Ihr pink-schwarz gestreiftes Gewand flatterte im Wind und ich konnte gar nicht anders, ich musste lachen beim Anblick dieses wallenden, überaus runden Zebras.

»Was ist denn das für ein Outfit?«, fragte ich. Ohne meine Modeberatung war Mommy komplett aufgeschmissen – diesen Job machte ich, seit ich fünf Jahre alt war. Jetzt gab er mir das gute Gefühl, dass es einen Grund gebe, nach Hause zu kommen. Dort machte Daddy gerade eine seiner berühmten Diäten: Dieses Mal waren es eineinhalb Kilo Quark, ein halbes Kilo Müsli, ein Liter Milch und zwei Dosen Ananas, die er verspeiste. Während er seinen pappigen Brei verschlang, setzte ich mich zu ihm.

»My beautiful girl, how are you?«

Gespräche, die so beginnen, werden bei uns lang und intensiv. Die Frage traf gleich ins Schwarze. Schon auf der Fahrt hierher hatte ich ständig die Tränen unterdrückt, jetzt gab es kein Halten mehr. Alle meine verlorenen Träume schwammen in diesem Tränenstrom mit.

»Es ist alles vorbei, ich weiß überhaupt nicht mehr, wer ich bin.«

»Oh Darling. Du hast doch so viele andere Talente.«

»Nein, habe ich nicht!« Ich schrie ihn an. Sein Verständnis und seine positive Art machten mich auf einmal rasend.

»Es ist alles aus. Ich kann nichts. Ich komme nicht aus einer Bankerfamilie, wo man sich normal über die Welt da draußen unterhält und immer einem geregelten Tagesablauf folgt. Und ich will das auch nicht! Ich will keine spröde Theaterwissenschaftlerin werden, die hinter ihrer Nickelbrille die Sänger bewundert. Außerdem könnte ich nicht mal das.«

Ich verhedderte mich in Widersprüche und Daddy brachte es auf den Punkt. »So ein Quatsch«, entgegnete er. »Du übertreibst maßlos. Ich bin dein Vater und ich weiß, dass du wieder singen wirst. Hab Geduld.«

Ich wurde noch heftiger. »Geduld, Geduld? Hör mir doch damit auf! Du bist ein Traumtänzer! Nichts kommt wieder, heute nicht und morgen nicht und übermorgen erst recht nicht! Du und Mommy, ihr habt doch keine Ahnung, wie die Welt da draußen wirklich ist! Weißt du was? Ich habe es satt, dass alles immer nur mit dem naiven Williams-Schleier zu sehen. Das Leben haut dir eine runter und das musst du einfach schlucken. So siehts aus!«

Ich schluchzte in mich hinein und Daddy schwieg lange. Ungewöhnlich lange für einen Mann seiner Art. Auf einmal beugte er sich vor und nahm meine Hand.

»Vielleicht wissen deine Mutter und ich mehr von der Realität, als du ahnst«, sagte er. »Wir kamen in dieses Land mit nicht mehr als hundert Dollar und einer Katze. Jeder rät dir von so etwas ab, aber es funktionierte. Gerade weil wir Traumtänzer sind. Du hast die Wahl, Judith: Du kannst dein Leben in Nüchternheit leben und die sogenannte Realität alles beherrschen lassen. Oder du gestaltest dir dein Leben so, wie du es dir wünschst. Glaub mir, der liebe Gott hat jedem Menschen mehr als ein Talent gegeben. Doch du musst es selbst herausfinden. Deine Augen sahen bisher nur eine kleine Welt, aber es gibt mehr. Sei offen für alles, erkenne dein Potenzial. Dann wirst du sehen, was ich jetzt schon sehen kann. Du hast zwei Beine, zwei Arme und einen Kopf, das ist mehr, als viele andere haben. Steh auf, tu was, such dir einen Job, häng nicht einfach nur herum, das ist undankbar. Dir ist viel gegeben worden! Wir haben alles für dich getan und wir würden wieder alles für dich tun, aber nun bist erst einmal du dran!«

Ich habe meinen Daddy nie zuvor und nie danach so reden hören. Es war, als habe ihm jemand die Worte in den Mund gelegt. Jetzt erhob er sich und sagte: »Es wird alles gut werden, Darling. Du wirst sehen: Alles wird gut!«

Es ist schwer, in so einer Situation daran zu glauben. Aber der Satz »Du hast zwei Beine, zwei Arme und einen Kopf« arbeitete sich langsam in mein Bewusstsein, ganz so wie sich ein Samenkorn in die Erde schafft, um irgendwann auszutreiben. Das Wunder des Lebens eben. Bei mir begann es an einem Donnerstagmorgen um halb elf. Wieder hockte ich vor der Glotze und schaute eine dieser überflüssigen Talkrunden, in denen Menschen mit allen ihren Hinlänglichkeiten vorgeführt werden, damit andere über sie lachen können. Eine Frau berichtete, wie sie aus Eifersucht ihrer Tochter der Freund ausgespannt hatte und es zum Eklat gekommen war. Das Publikum grölte vor Lachen, die Moderatorin bohrte weiter, um noch mehr peinliche Details ans Tageslicht zu bringen.

»Judith!«, hörte ich auf einmal meine eigene Stimme. »Merkst du nicht, wie du mit diesem Schund dein Leben vergeudest? Das *muss* jetzt aufhören!«

Dieses Muss war laut und deutlich und jetzt auch angebracht, denn ich richtete das Wort an mich selbst. Der Volksmund sagt: »Jeder ist seines eigenen Glückes Schmied«, das trifft auch auf Krisensituationen zu. Am Ende muss man selbst entscheiden, ob man bereit ist, einen neuen Weg einzuschlagen. Ist man das, heißt das Geheimnis: Bewegung. Man muss wieder in Bewegung kommen, damit der erste kleine Schritt gelingen kann. Das wiederum schafft man, wenn man sich aus der Balance bringt. Der bekannte Quantenphysiker Hans-Peter Dürr beschrieb dieses Phänomen mithilfe eines Pendels Setzt man dieses in Bewegung, kommt es irgendwann zum Punkt, an dem nicht vorherzusagen ist, was das Pendel als Nächstes tut. Daraus schloss er, dass Menschen umso kreativer sind, je mehr sie aus dem Gleichgewicht gebracht sind. Das finde ich interessant: Während ich am Anfang meiner mehrwöchigen Schneckenhauszeit dachte, ich müsse mein Gleichgewicht zurückgewinnen, begann der Start ins neue Leben, indem ich mich aus der Balance brachte. Ich stolperte über das nächste Hindernis und das im buchstäblichen Sinn: Ich erhob mich, stolperte einen ungelenken Schritt vorwärts zum Fernseher und zum Knopf, der die Rettung bedeutete.

Es war der Ausschaltknopf. Ich drückte ihn.

Auf einmal wurde es wunderbar still.

Ich spürte, wie ich tief Luft schöpfte.

Der erste Schritt war getan. Wie sollte sich der nächste gestalten? »Bewegung«, dachte ich, »Judith, bleib in Bewegung.«

Heute sagen Managementtrainer, »dass man raus aus der Komfortzone soll«, doch damals hatte ich von solchen Dingen keine Ahnung. Es war mein Bauchgefühl, das mir einbläute: »Wenn dich jetzt noch einer retten kann, dann nur du selbst. Und das schaffst du, wenn du in Bewegung kommst.«

An diesem Tag packte ich meine Sporttasche und ging ins Fitnessstudio. Dort hatte ich mich schon lange nicht mehr blicken lassen, weil ich keine Zeit dafür gehabt hatte und seit der Operation keine Lust und keine Kraft mehr. Ich hatte nur diese fixe Idee, dass ich mich bewegen sollte, und wo könnte ich das besser tun als an diesem Ort? Mein Studio war keine klassische Muckibude mit Muskelmännern, die vor dem Spiegel den Bizeps zum Anschwellen bringen. Es war auch keine reine Wellnessoase, sondern bot die gesunde Mischung aus Kraftsport und Fitnesskursen. Gleich am Eingang gab es eine Bar, die mir nie aufgefallen war, weil ich zu den Leuten gehörte, die kamen, ihr Programm absolvierten und dann gleich wieder gingen. Mich am Tresen niederzulassen, um einen Energiedrink zu schlürfen, wäre mir nie in den Sinn gekommen. An diesem Tag aber verließ ich ausgetrampelte Pfade und setzte mich auf einen der Hocker. Franco, der Inhaber des Studios, war dabei, Vorräte aufzufüllen.

»Hi«, sprach ich ihn an, »wie geht's?«

Er sah erstaunt zu mir herüber. »Na, du hast dich ja ganz schön rar gemacht. Alles klar?«

»Nein, nichts ist klar«, dachte ich. Aber ich sagte etwas anderes. Einen Satz, der mir schwerfiel und den ich auf dem Weg hierher Hunderte

Male vor mich hingemurmelt hatte. Er war mir im dem Moment in den Sinn gekommen, als ich das Haus mit der Sporttasche in der Hand verlassen hatte: »Du gehst nicht nur trainieren, Judith. Du wirst Franco auch um einen Job bitten.«

Diese Worte hatten etwas Ungeheuerliches in sich. Etwas, das um Widerspruch bettelte: Wie bitte? Du zählst zu den talentiertesten Sängerinnen Deutschlands und wirst um einen Job im Fitnessstudio betteln?

Heute kann ich nur sagen: Positive Veränderungen im Leben haben auch etwas mit Demut zu tun. Mein Gang nach Canossa fiel mir nicht leicht. Aber Eitelkeiten sind die größten Stolpersteine und an diesem Tag dachte ich an Daddys Worte. Zwei Beine, zwei Arme, ein Kopf: Damit kann man was tun. Damit kann man im Sportstudio hinterm Tresen stehen und Eiweißshakes verkaufen.

»Sag mal, Franco«, begann ich umständlich. »Kannst du nicht jemanden brauchen, der dir mal ein wenig hilft?«

Franco sah mich verständnislos an. »Na ja, manchmal schon. Warum fragst du?«

»Ich könnte das tun«, fuhr ich hastig fort. »Ich könnte immer wieder ein paar Stunden ...«

»Du?«

In diesem »Du?« steckte alles, wovor ich mich gefürchtet hatte. Kaum jemand im Studio wusste, dass ich Schauspielerin und Sängerin war. Franco schon. In seinem »Du?« steckte ein gutes Dutzend Fragen, die alle in einer mündeten: »Stimmt etwas nicht?«

»Ja«, antwortete ich. »Es stimmt eine Menge nicht.« Dann setzte ich ihn ins Bild. Was hatte ich zu verlieren? Außerdem wollte ich meine neue Stelle – sofern ich sie bekommen sollte – nicht mit Unwahrheiten beginnen. Franco war skeptisch.

»Ich würde dich das ja machen lassen«, sagte er. »Aber kannst du das? Ich meine, du und unser *Kassensystem*?

Ich wusste, was er damit meinte und ich hatte tatsächlich keine Ahnung, ob ich das konnte. Ich hatte auch noch nie etwas verkauft.

Doch, warte Judith, damals bei Großmutter Lavada: Facelifting für Anfängerinnen. Soll ich Franco damit kommen? Vielleicht überzeugen ihn die Shampoos im Pudelsalon, die du an den Mann gebracht hast? Am Ende blieb ich bei meiner Strategie, die da hieß: Sei offen und ehrlich. »Ich weiß nicht, ob ich es kann. Aber ich verspreche dir eines: Wenn du mir den Job gibst, werde ich mich genauso anstrengen wie beim Singen. Ich werde mein Bestes geben. Das garantiere ich.«

Franco hatte Sportsgeist. Ohne ein gewisses Risiko wird man in keiner Sportart einen Sieg erringen. Er hielt mir seine Hand hin. »Okay. Probieren wir's.«

War das Ausschalten des Fernsehers der erste Schritt gewesen, hatte ich mit meiner Bitte um den Job den zweiten gewagt. An diesem Abend kehrte ich nach Hause zurück und dachte: »Okay, wenigstens bin ich beschäftigt und untergebracht.« Darüber musste ich schmunzeln. Bisher hatte ein erfolgreicher Tag geendet, wenn sich das Publikum von den Plätzen erhoben hatte, um mir Beifall zu klatschen. So beginnen Märchen: »Es war einmal.« Ich war dankbar für meine neue Chance.

Kapitel 12

»Du bist ein Verkaufstalent. Ach was, ein Genie!«

Ich hatte Franco nicht zu viel versprochen: Ich strengte mich an! Gleichzeitig merkte ich, wie mir das Verkaufen keine Mühe machte. Ich musste nur sein, wie es meiner Natur entsprach: Fröhlich und immer zu einem freundlichen Wort bereit.

»Hi, wie geht's? Was macht dein Bein?«, begrüßte ich ein Studiomitglied, das sich vor einiger Zeit beim Motorradfahren verletzt hatte. »Und? Macht die Kondition schon Fortschritte?«, sprach ich eine junge Frau an, die sich Tage zuvor zum Aerobic-Kurs angemeldet hatte. Jedes Mal schob ich hinterher: »Falls du einen Drink möchtest, mach ich ihn dir gern schon fertig, dann musst du nachher nicht warten.«

So wie ein Schachspieler ganze Partien auswendig kann, wusste ich nach einer Weile genau, wer was am liebsten trank: Boris wollte seinen Bananen-Eiweißshake mit einer Prise Zimt. Esther liebte Erdbeer-Mango-Flips. Oliver mochte eiskaltes Wasser mit Kohlensäure und einer halben Zitronenscheibe. Petra und Ute tranken Orangensaft. Heiner bestand auf einer speziellen Aminosäure in seinem Getränk. Bevor sie es aussprechen konnten, hatte ich die Drinks bereitgestellt. Franco sah sich das alles an. Nach einer Woche sagte er: »Die Claudia kann am Wochenende nicht. Willst du ihre Schicht übernehmen?« Neben mir arbeiteten noch weitere Frauen hinterm Tresen. »Klar«, gab ich zur Antwort. »Warum nicht?«

»Warum nicht?« brachte es auf den Punkt. Schnell war das Sportstudio mein Lebensmittelpunkt geworden. An der Hochschule hatte ich mich nicht mehr blicken lassen; rief mal jemand von dort an, rief ich nicht zurück. Ich wollte nicht bemitleidet werden und Sätze anhören müssen wie: »Du Arme kannst nicht mehr singen? Das tut mir ja so leid!« Ebenso schnell zeigte sich, dass meine Theaterfamilie, auf die ich so viel gegeben hatte, doch nur eine Pseudofamilie gewesen war. Aus den Augen, aus dem Sinn, hieß das Motto und bald war es, als sei ich nie dort gewesen. Ich hörte auch keine Musik mehr. Musik war mein Leben gewesen, doch jetzt reagierte ich darauf wie ein Allergiker auf ein Allergen. Da konnte ich von Glück sprechen, dass die Hintergrundmusik im Sportstudio nicht zu diesen Allergenen zählte. Die rührte mich nicht zu Tränen, ganz im Gegenteil: »Du bist immer so fröhlich!« Diesen Satz hörte ich pro Tag ein paar Dutzend Mal.

»Das gibt es nicht!«, dachte ich. »Keiner sieht, wie es mir wirklich geht. Hast du eine Maske auf, Judith? Oder geht es dir tatsächlich besser?«

Heute weiß ich, dass diese Zeit auch eine Zeit des Durchatmens war. Die Arbeit begann mir Spaß zu machen. Anders als meine Kolleginnen hörte man von mir nie die Worte: »Ich reiß meine Schicht runter, danach mach' ich, was ich wirklich tun will.« Ganz im Gegenteil übernahm ich nach einer Zeit nicht nur Claudias Wochenendschichten, die keine Lust darauf hatte, sondern auch Schichten von Kolleginnen, die lieber selbst trainierten als hinter der Bar anderen dabei zuzuschauen. Nach zwei Monaten schmiss ich den Laden, ohne es zu merken, bis mich Kerstin darauf ansprach. Sie war die Freundin von Franco.

»Franco hat gestern die Abrechnung fertig gemacht«, sagte sie. »Du hast den Getränkeumsatz glatt verdoppelt.«

Ich fiel aus allen Wolken. Klar merkte ich, dass sich die Bar bevölkert hatte, während sie früher meistens verwaist gewesen war. Aber es war mir nicht in den Sinn gekommen, dass damit ein Umsatzzuwachs verbunden sein könnte. Kerstin sah mich an und lachte: »Du bist ein Verkaufstalent. Ach was, ein Genie! Ich muss schon sagen, das würde ich auch gern können.«

Ich war gerade dabei, Gläser zu spülen. Jetzt ließ ich den Lappen in die Spüle fallen. »Du bist gerade gelobt worden, Judith, und dass auf einem Gebiet, auf dem du am allerwenigsten Lob erwartet hättest«, schoss es mir durch den Kopf.

»Ist das wahr?«, fragte ich ungläubig.

Ich konnte es nicht glauben. Vielleicht wollte ich es auch nicht glauben. Ich wollte daran glauben, dass ich die beste Schauspieler-Sängerin Deutschlands werden würde. Ich wollte daran glauben, dass meine Stimme irgendwann zurückkehrte. Ich wollte daran glauben, dass dann noch immer Zeit wäre, um die Bühnen der Welt zu erobern. Dass niemand mehr Milchshakes verkaufte als ich – daran glaubte ich noch nicht.

»Das meine ich ganz im Ernst. Du solltest dich mal sehen! Eigentlich müsstest du im Fernsehen auftreten.«

Wahrscheinlich starrte ich Kerstin an, wie man einen Geist aus der Flasche anstarrte – den Dschinn, der seinen Befreier mit den Worten begrüßt: »Nun hast du drei Wünsche frei. Sprich, und sie sollen dir erfüllt sein.«

»Was meinst du denn mit Fernsehen?«, fragte ich vorsichtig.

»Na, QVC, diesen Verkaufssender. Den kennst du doch sicher?«

Nein, den kannte ich nicht. Zwar hatte ich in den Wochen meines Schneckenhausdaseins einen exzessiven Fernsehkonsum an den Tag gelegt, doch was anderes zu gucken als Talkshows war mir nicht in den Sinn gekommen.

»Was wird denn da verkauft?«, fragte ich.

»Am besten, du siehst dir das mal an«, antwortete Kerstin. »Und wenn's dir gefällt, kenne ich jemanden, der dort arbeitet.«

Den Rest des Tages verbrachte ich wie immer: Drinks mixen, Geschirr spülen, Wünsche erfüllen. Ein freundliches Wort hier, ein herzliches Hallo dort, ein nettes Gespräch. Für mich war das keine Arbeit, sondern Vergnügen. Trotzdem beschäftigte mich ein Satz, der mir seit einiger Zeit durch den Kopf ging: Judith, du kannst nicht für den Rest deines Lebens im Fitnessstudio hinterm Tresen stehen. Du musst weitergehen – nimm jede Gelegenheit wahr, egal, wie sie sich ergibt. Trotzdem ging ich recht blauäugig zur Sache. Ich füllte einfach eine Bewerbung aus und schickte sie nach Düsseldorf. Dort hatte sich der Sender 1996 angesiedelt. Zuvor fand ich noch heraus, dass ein gewisser Joseph Segel im amerikanischen Bundesstaat Pennsylvania das Teleshopping-Unternehmen gegründet hatte und ein Duschradio das erste Produkt war, welches verkauft worden war. Und dass die Buchstaben QVC für *Quality, Value and Convenience* standen, also für Qualität, Wert und Bequemlichkeit. Aber das war's auch schon. Um mehr kümmerte ich mich nicht.

Das lag auch daran, weil es wieder einen Mann in meinem Leben gab. Jürgen war Student, trainierte im Studio und saß stundenlang bei mir am Tresen. Er himmelte mich an. Nach allem, was mir widerfahren war, konnte ich ein paar Streicheleinheiten gut vertragen. Es war schön, dass er offenbar immer Zeit für mich hatte. Zuerst kam ich, dann lange nichts mehr, dann sein Studium. Das schmeichelte mir. Man hätte zwar feststellen können, dass Jürgen auf dem besten Weg war, ein ewiger Student zu werden, doch ich hatte die rosarote Brille auf und war zu labil, um die Wahrheit hinter seiner angenehmen Art zu sehen.

»Komm, wir fahren in Urlaub«, sagte er eines Tages, während ich für ein paar Kunden die Drinks zubereitete.

»Das kann ich nicht«, lachte ich. »Ich habe zu tun.«

»Du kannst nicht immer nur arbeiten. Lass uns nach Punta Cana fliegen. Dolcefarniente, das süße Nichtstun!«

Punta Cana liegt in der Dominikanischen Republik. Die Aussicht, zwei Wochen am Strand zu faulenzen, behagte mir nicht. Ich weiß, für manche Menschen ist das gleichbedeutend mit dem Paradies. Ich wusste aber, dass ich mich furchtbar langweilen würde. Wer mit seinem Liebsten in Urlaub fährt und ahnt, dass er die ganze Zeit auf die Uhr schauen wird, ist auf dem falschen Dampfer. Ich beharrte darauf: Dominikanische Republik? Nein danke! Doch Jürgen ließ nicht locker. Schon da hätte ich erkennen müssen, wie sehr wir uns voneinander unterschieden. Für ihn war dieser Urlaub eine ausgemachte Sache, egal, wie ich dazu stand. Und ich war Wachs in seiner Hand, noch immer geschwächt an Körper und Seele. Am Ende sagte ich Ja, wo ich beim klaren Nein hätte bleiben müssen. So flogen wir ein paar Tage später nach Punta Cana in der Provinz La Altagracia im Osten der Dominikanischen Republik. Alles war, wie man es sich vorstellt: Blauer Himmel, strahlende Sonne, das Wasser hatte 28 Grad. Wir lagen unter Palmen im Sand. Das also war Dolcefarniente, von dem Jürgen so geschwärmt hatte? Es ödete mich an! Nach zwei Tagen hatten wir einen fürchterlichen Krach.

»Kannst du dich nicht mal entspannen?«, blaffte Jürgen mich an. »Hier gibt es alles! Was willst du denn noch?«

Das war die Frage: Was wollte ich noch? Die Antwort war tief in meinem Inneren versteckt und hatte sich bislang nicht an die Oberfläche getraut. Auf einmal kannte ich sie: Ich wollte einen Mann, der mich verstand. Ich wollte eine Familie mit vielen Kindern. Ich wollte eine Aufgabe, die mich ganz und gar forderte. Ja, ich wollte auch meine Stimme wieder ... und ganz sicher wollte ich nicht in der prallen Sonne vor mich hinrösten. Den Tag mit einem Drink am Pool beginnen, mit einem Drink am Pool fortführen, mit einem Drink am Pool beenden – das war nicht mein Leben, das war nicht meine Welt.

Knackebraun wie nie und ziemlich unglücklich kehrte ich nach Deutschland zurück. Mir war klar, dass Jürgen und ich keine Zukunft hatten. Nun aber trat seine unheimlichste Eigenschaft zutage: Er akzeptierte mein Nein nicht. Und ich war zu schwach, um dagegen anzukämpfen. Mein Leben stand zu dieser Zeit tatsächlich auf Messers Schneide. Ich balancierte auf einem schmalen Grat und hätte jederzeit abstürzen können. Zum Glück trat ein, was ich schon fast vergessen hatte. Ich bekam einen Anruf von QVC. »Wir würden Sie gern zu einem Casting einladen. Wann hätten Sie denn Zeit? Vielleicht am Donnerstag?« Oh, gern! Bei mir geht es auch am Dienstag, am Mittwoch, überhaupt jeden Tag! Ich ergriff den Strohhalm mit beiden Händen. »Falls sie dich nehmen, musst du täglich nach Düsseldorf«, dachte ich. »Da kannst du Jürgen prima aus dem Wege gehen.«

Der Gedanke war mir bitterer Ernst. Jürgens Verhalten erinnerte an einen Stalker. Dieser Ausdruck für das beharrliche Verfolgen eines Menschen war Ende der Neunzigerjahre noch nicht so geläufig wie heute. Zum Glück ahnte ich nicht, wie schlimm die Folgen für ein Opfer sein können.

Kapitel 13

Expertin für Bratpfannen?

Vor ein paar Jahren kam ein Buch auf den Markt, das ich mit Begeisterung gelesen habe: »Überflieger. Warum manche Menschen erfolgreich sind und andere nicht.« Den Autor Malcolm Gladwell kannte ich aus Amerika, weil er dort häufig im Fernsehen oder in Radiosendungen wie *This American Life* auftrat. Gladwell bezog sich auf die Studie *The Making of an Expert* des Psychologen Anders Ericson, der herausgefunden hatte, dass man sich mindestens zehntausend Stunden mit etwas beschäftigen muss, bevor man darin Spitzenleistungen erbringen kann. Zehntausend Stunden sind eine Menge Holz. Nimmt man einen durchschnittlichen Arbeitstag von acht Stunden als Basis, ergeben sich 1.250 Tage oder dreieinhalb Jahre. Kein Wunder, haben doch viele erfolgreiche Musiker schon im Kindesalter ihr Instrument erlernt. Oder die besten Sportler der Welt ihre Kindheit im Sportinternat verbracht. Das Dranbleiben an einer Sache genügt aber nicht. Ericson fand heraus, dass die Intensität, mit der man sich seinen Übungsstunden widmet, die entscheidende Rolle spiele. Wer zehntausend Stunden auf dem Golfplatz verbringt, ohne intensiv zu trainieren, wird am Ende sein Handicap kaum verbessern.

Von diesen Dingen hatte ich noch keine Ahnung, als ich mich eine Woche nach dem Anruf von QVC in den Zug setzte, um nach Düsseldorf zu fahren. Ich hatte mich nicht vorbereitet, was schon seltsam war. Niemals wäre ich auf die Idee gekommen, am Theater ein neues Stück aufzuführen, ohne hart davor zu proben. Entweder nahm ich die Sache nicht ernst genug oder ich war demselben Irrtum erlegen, dem heute viele Kritiker des Teleshoppings unterliegen: Ist einfach, denken sie, kann doch jeder. Tja, falsch gedacht. Ohne zehntausend intensive Stunden Praxis geht da nichts.

Ich war beeindruckt, als ich vor der QVC-Firmenzentrale stand. Schließlich kannte ich vor allem Theatergebäude, die aus dem letzten Jahrhundert stammten und in der Regel stark sanierungsbedürftig waren. Das hier spielte in einer anderen Liga: Alles sah modern und superschick aus. Im Haus gab es einen Aufzug aus Glas. So etwas hatte ich vorher erst einmal in einer Bank gesehen. Ich hatte das Gefühl, dass mich mein bisheriges Leben nicht auf diese Welt vorbereitet hatte. Als ich eingetreten war, stellte ich fest, dass ich natürlich nicht die Einzige war, die man zum Vorstellungsgespräch eingeladen hatte. Eine Menge Leute saßen herum und einige von ihnen kannte ich sogar aus dem Fernsehen: Moderatoren verschiedenster Sendungen sahen im neuen Medium Teleshopping plötzlich eine Chance. Spätestens jetzt wurde mir klar, dass kein Spaziergang auf mich wartete. »Warum hast du dich nicht vorbereitet?«, schimpfte ich mich leise. Dafür war es nun zu spät. Alles ging ganz schnell. Eine Frau aus der Personalabteilung, die für unsere Bewerbergruppe zuständig war, verteilte konkrete Anweisungen: »Sie müssen drei Sachen verkaufen«, sagte sie. »Ein Schmuckstück. Eine Videokamera. Ein Glas Wasser. Von nun an haben Sie zehn Minuten Zeit, um sich darauf vorzubereiten.«

Ich hatte noch nie eine Kamera in der Hand gehalten und keine Ahnung, wie sie funktionierte. »Mach aus der Not eine Tugend«, überlegte ich mir. »Beschreibe ihre Vorteile. Was man mit ihr machen kann.«

Instinktiv wählte ich das richtige Mittel. David Ogilvy, der Gründer einer der größten Werbeagenturen der Welt, sagte: »Für mich ist Werbung weder Unterhaltung noch eine Form der Kunst, sondern ein Medium der Information.« Diese Information brauchen wir auch, um aus dem gewaltigen Ozean von Produkten das richtige auszuwählen. Egal, ob es sich um Nahrungsmittel handelt, Kleidung oder ein neues Auto, die Auswahl fällt uns immer schwer. Schließlich stehen im Kühlregal Aberhunderte Nahrungsmittel bereit. Kleider gibt es in unzähligen Marken, elektronische Artikel in so vielen Varianten, dass der Kopf schwurbelt, zumal sie sich kaum mehr voneinander unterscheiden lassen.

Wie können wir wissen, ob das Produkt zu unseren Wünschen passt? Werbung muss diese Informationen bieten, indem sie den Nutzen des Produktes beschreibt. Im Falle einer Kamera ist das gar nicht so einfach. Eine Kamera filmt, doch das tut jede. Der wahre Nutzen, den man davon hat, ist emotionaler Art: Das Festhalten der schönen Momente im Leben, um sie später wieder genießen zu können. Bei manchen Kameras fällt das leichter, weil sie einfach zu bedienen sind. In diesem Fall ist es Aufgabe der Werbung, den Vorteil herauszustreichen. Bei anderen Kameras könnte es der günstige Preis sein. Oder die umfassende Ausstattung. Jedes Mal spricht die Werbung von einem Zusatznutzen. Jede Kamera kann filmen – aber kaufentscheidend ist der Zusatznutzen.

Im Prinzip machte ich alles richtig. Nur hatte ich noch keine zehntausend Stunden geübt. Was ich konnte – was ich sogar richtig gut konnte –, war, auf einer Bühne ein Stück so zu spielen, dass selbst der Zuschauer in der letzten Reihe verstand, um was es ging. Theater ist ein Spiel mit großer Geste und viel Mimik. Richtet man eine Kamera auf den Schauspieler, wirkt alles zu intensiv, fast schon grotesk – so, wie man das aus alten Stummfilmen kennt. »Weniger ist mehr« gehört zu den ersten Lektionen des Theaterschauspielers, der zum Fernsehen wechselt. Davon wusste ich nichts. Mit viel schauspielerischem Elan pries ich die Kamera an, dann das Schmuckstück, dann das Glas Wasser. Ich war mir sicher, meine Sache gut gemacht zu haben. Umso größer war meine Ernüchterung, als eine Woche später der Absagebrief von QVC im Briefkasten lag: »Wir müssen Ihnen leider mitteilen, dass wir uns anderweitig entschieden haben ...«

Es war ein reiner Formbrief ohne Aufführung der Gründe. Jetzt erst wurde mir klar, wie sehr ich mir eine Veränderung wünschte. Mein Ehrgeiz war geweckt, aber was nützte das? Ich griff zum Telefon und rief Daddy an. Vielleicht wollte ich nur ein paar Worte des Trostes, aber das war nun mal nicht seine Art.

»Du musst sie anrufen, Schätzchen«, sagte er, »und sie darum bitten, dir eine zweite Chance zu geben.«

Judiths Urgroßeltern Hicks stellten ihr Leben in den Dienst der Maricopa-Indianer. Hier Judiths Urgroßmutter auf dem Reservat (1934).

John Ridge Hicks, Judiths Großvater, führte diese Arbeit fort und hielt, in traditionelle Gewänder gekleidet, Vorträge über die Kultur der Maricopa-Indianer (1935).

Judith, 2 Jahre alt, mit ihrer »Adoptivfamilie«,
um die sich Judiths Mutter kümmerte.

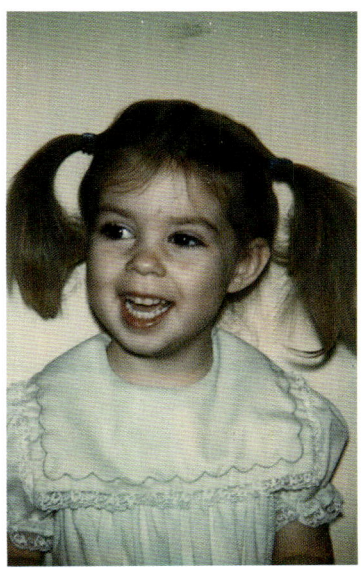

Judith stolz in einem neuen Kleid
von Opa Williams.

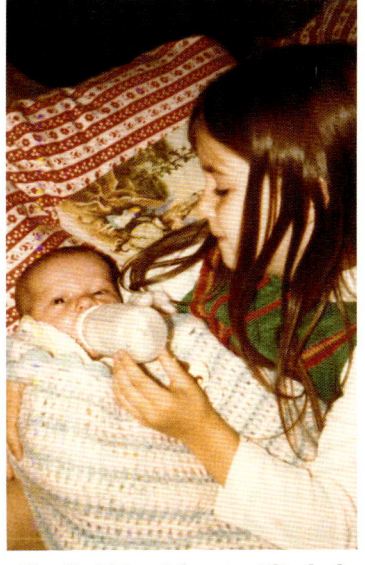

Um die kleine Schwester Elisabeth
kümmert sich Judith, 6 Jahre alt,
hingebungsvoll.

Judith auf dem Weg zur Oper,
im selbst genähten Kleid aus einer Samtgardine.

Weihnachten mit den Williams-Schwestern:
Elisabeth (12), Judith (18), Katharina (10).

Oma Hicks und Judith,
mal wieder verkleidet.

Judith mit Opa Hicks und Opernstar Kurt Böhme.

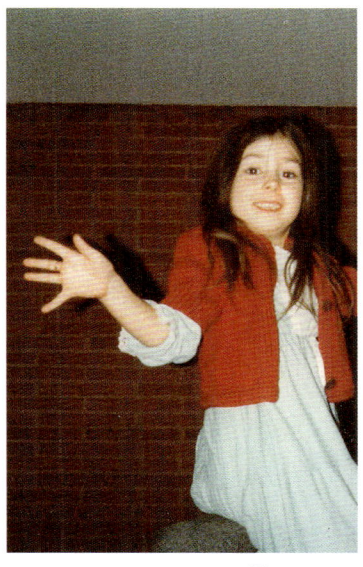

Erste Gage: ein Dollar!
Judith, 7 Jahre, bei einer
Vorstellung für Opa Williams.

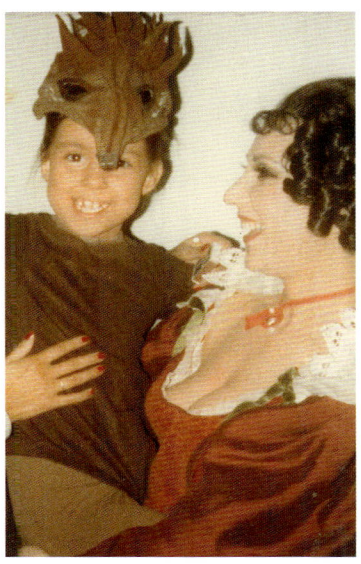

Erster öffentlicher Auftritt: Judith,
7 Jahre alt, als »Igelchen« in
Die lustigen Weiber von Windsor.

Judith, 7 Jahre, inszeniert mit
ihrer Schwester, 11 Monate,
eine Tanzaufführung.

Mit 8 Jahren in
Der Waffenschmied.

Judith als Primaballerina.

Karnevalsauftritt mit ihrem Vater.

*Judith singt aus vollem Herzen in
ihrer ersten richtigen Abendrobe,
diesmal nicht selbst genäht.*

*Judith und ihr Vater treten gemeinsam im Rahmen eines
»Stecher-Williams & Friends-Benefizkonzertes« auf.*

Traumhochzeit: Judith Williams und Alexander-Klaus Stecher.

Das glückliche Hochzeitspaar.

Die Williams-Schwestern auf Judiths Hochzeit.

Judith und Alexander mit ihren Trauzeugen
Heiner und Victoria Lauterbach.

*Judith Williams mit Dr. ssa Silvia Vertuani und Professor
Stefano Manfredini vom Ambrosia Lab an der Universität Ferrara.*

Dreharbeiten für einen Werbespot in Italien.

Judith mit HSE24-Programmdirektor Ansgar Kessemeier.

Judith Williams zu Gast bei Starparfümeur Pierre Bourdon und seinem Schüler Julien Rasquinet.

Rosenernte für die Judith-Williams-Düfte in Grasse.

*Judith Williams wird im Rahmen ihres ersten Benefizkonzertes
»Stecher-Williams & Friends« von Vorstand Dr. Kay Vorwerk
die Ernennungsurkunde zur »offiziellen deutschen
SOS-Kinderdorfbotschafterin« überreicht.*

Gastgeber Alexander-Klaus Stecher und Judith Williams überreichen im Rahmen des
»10. Stechers Stammtisch« anlässlich ihrer SAT.1-TV-Preisverleihung »Die Goldene
Deutschland« Spendenschecks an Weltstar José Carreras und seine Leukämie-Stiftung.

Verleihung »Die Goldene Deutschland« mit Preisträgern (v. l. n. r.):
Rosamunde Pilcher, Barbara Wussow, Boris Becker, Gaby Papenburg, Heiner
Lauterbach, Carina Teutenberg, Prof. Peter Weck, Sunnyi Melles, José Carreras,
Jonas Kaufmann und Mit-Gastgeberin Judith Stecher-Williams.

Das Ehepaar Stecher-Williams mit seinen Preisträgern José Carreras und Jonas Kaufmann bei der TV-Preisverleihung »Die Goldene Deutschland« im Rahmen des »10. Stechers Stammtisch« am 12. Mai 2013 auf der MS Deutschland.

In diesem Satz steckt Weisheit. Die Botschaft lautete: Warte nicht, bis jemand dich rettet, sondern rette dich selbst. Und: Wenn du nicht fragst, ist die Antwort immer »Nein«. Und auch noch: Spring über deinen Schatten und sei demütig. Alles in allem ganz schön harter Tobak. Ich erinnere mich, wie sehr ich meinen Mut zusammennehmen musste, um bei QVC anzurufen. Meine Hände zitterten, als ich zum Telefon griff, um mich mit der Personalabteilung verbinden zu lassen. Nach einigem Hin und Her hatte ich die Dame am Hörer, die mir eine Woche zuvor die Aufgabe gestellt hatte.

»Ich bin Judith Williams«, begann ich. »Vielleicht erinnern Sie sich an mich. Ich habe Ihren Test nicht bestanden, aber ich glaube, ich weiß jetzt besser, auf was es ankommt. Bitte laden Sie mich noch einmal ein. Ich kann Ihnen versprechen, dass ich mein Bestes geben werde! Und was immer ich bei Ihnen lernen kann – ich werde es hundertprozentig lernen!«

Eine Weile herrschte verblüfftes Schweigen in der Leitung. Später erfuhr ich, dass noch nie jemand vor mir – und möglicherweise auch nicht nach mir – jemals so einen Anruf getätigt hatte. Nach einer Weile antwortete sie: »Das kann ich nicht entscheiden. Aber ich gebe Ihre Anfrage weiter.«

An diesem Abend traf ich mich mit Jürgen. In den letzten Tagen hatte ich ihn mit allerhand Ausreden hingehalten, doch nun gab ich seinem stetigen Drängen nach. Ich erzählte ihm, dass ich bei QVC einen Test absolviert hatte. Seine Reaktion war wie eine eiskalte Dusche. »Das ist das Allerblödeste, was ich je gehört habe!«, maulte er. »Weißt du, was die dort treiben? Die verkaufen Bratpfannen!«

Heute ist mir klar, dass Jürgen mir nur einen Vorgeschmack auf das gab, was kommen sollte. Als ob es schändlich sei, eine Bratpfanne zu verkaufen – wer sich ein Steak braten will und keine zur Hand hat, sieht die Sache schnell anders. Doch nun prasselte auf mich ein, was ich später noch oft hören musste: »Du schmeißt dein Leben weg! Das ist der größte Quatsch, den man machen kann.«

Jürgen redete großzügig über Dinge, von denen er nichts verstand. Als ich vorsichtig nachfragte, ob er sich jemals eine Sendung angesehen hatte, war die Antwort: »Ich? Teleshopping? Niemals!«

»Woher weißt du das alles?«

»Was spielt das für eine Rolle? Ich weiß es halt.«

Nichts ist hartnäckiger als ein Vorurteil. Für Jürgen war ausgemachte Sache, dass Teleshopping den Vorhof zur Hölle darstellte. Er wusste es nicht besser, hatte aber auch keine Lust, sich schlauzumachen. Schade eigentlich, kommt aber immer wieder vor. Selbst heute kann es mir passieren, dass ich im Interview mit Wirtschaftsjournalisten großer Tageszeitungen merke: Hoppla, die haben ja überhaupt keine Ahnung. Die haben weder recherchiert noch ihre Hausaufgaben gemacht. Die haben bloß Vorurteile und möchten sie jetzt bestätigt kriegen. Ehrlich gesagt bin ich froh, dass ich eine ganz andere Einstellung zum Leben habe: »Was immer ich bei Ihnen lernen kann – ich möchte es hundertprozentig lernen!« – dieser Satz ist ein weiterer Schlüssel zu meinem Erfolg. Deshalb bereitete ich mich dieses Mal akribisch vor, ganz so, wie ich es vor einer Theaterpremiere auch getan hätte. Ich sah mir alle Sendungen von QVC an und analysierte, was die Moderatoren meiner Ansicht nach gut machten und was ich besser machen könnte. Dann kam der praktische Teil: Ich holte mir eine Bratpfanne aus der Küche und verkaufte sie – verbunden mit einem stillen Gruß an Jürgen – vor einem fiktiven Publikum. Dann schnappte ich meinen Fotoapparat. Danach ein Sommerkleid. Meine Armbanduhr kam an die Reihe und meine Lieblingshalskette. Der Flakon mit dem Parfüm, das ich im Bad stehen hatte, mein Toaster, mein Haarföhn. Von Ericsons zehntausend Stunden arbeitete ich die ersten ab und das verschaffte mir ein Gefühl der Sicherheit. Ich kleidete mich, wie die Moderatorinnen gekleidet waren, und schminkte mich genauso dezent. Jürgen erzählte ich nichts von der Sache. Das Letzte, was ich brauchen konnte, war die nächste Ich-mach-jetzt-alles-schlecht-und-zieh-dich-runter-Attacke. Energieräuber nennt man diese Menschen, die an allem etwas auszusetzen haben und das lautstark tun. Man muss sie aus seinem Leben verbannen. Ich nahm mir vor, Jürgen nach dem Vorstellungsgespräch den Schlüssel zu meiner Wohnung abzunehmen.

Zwar wusste ich nun, was in Düsseldorf auf mich zukommen würde, trotzdem war ich nicht minder aufgeregt. Dieses Mal wurde ich nach der Verkaufsprobe nicht sofort nach Hause geschickt, aber völlig überzeugt hatte ich auch nicht. Ich wandte mich an die anwesende Personalchefin: »Vielleicht sehen Sie trotzdem mein Potenzial«, sagte ich. »Ich weiß, dass ich eine gute Schülerin sein kann. Ich bin von Ihrem Unternehmen begeistert und bitte Sie, mir eine Chance zu geben. Machen Sie mit mir einen Vertrag, der für Sie sicher ist.«

Das ist vielleicht eine sehr amerikanische Art und Weise, derart direkt ein Ziel anzugehen. Doch ich wollte diesen Vertrag. Als ich tatsächlich kurze Zeit später in ihrem Büro saß, fragte sie mich: »Was haben Sie sich finanziell vorgestellt?«

Darauf war ich nicht vorbereitet. Bevor der Tumor meine Laufbahn beendet hatte, hatte ich im Theater 1.400 Mark im Monat verdient. Damit war ich knapp über die Runden gekommen und hatte deshalb gedacht, das sei ein anständiger Verdienst. Mir war nie in den Sinn gekommen, für wie wenig Geld Schauspieler und viele anderer Künstler Tag für Tag Spitzenleistungen erbringen.

»Ich bin fleißig und mein Geld wert«, antwortete ich. »Aber ich weiß nicht, was man bei Ihnen verdient.«

Sicher war meine Antwort eine Steilvorlage, mein künftiges Gehalt gleich mal nach unten zu korrigieren. Trotzdem kippte mich ihr nächster Satz fast vom Stuhl. »Wären Sie mit 85.000 Mark einverstanden?«

Ich überschlug die Summe im Kopf. Das war fünf mal mehr als ich im Theater bekam und das als Anfängerin! Ich konnte es kaum fassen, doch zum Glück blieb ich cool.

»Das klingt okay«, sagte ich lässig, obwohl ich innerlich bebte. So viel Geld – es stand außer Frage, dass ich dafür sehr hart arbeiten würde! Und sollte es dazu gehören, eines Tages die Expertin für Bratpfannen zu sein, würde mich das auch nicht weiter stören.

Kapitel 14

5, 4, 3, 2, 1 – Kamera läuft!

Soziologen nennen die Zeitspanne zwischen dem 27. und 59. Lebensjahr »Lebensmitte.«

»Die liegt jetzt vor dir«, dachte ich, als ich den Arbeitsvertrag bei QVC unterzeichnete. »Halt, fast vor dir: Du bist erst 26!«

Ein Jahr hin oder her, das spielte keine entscheidende Rolle. Innerhalb kurzer Zeit hatte sich mein Leben auf den Kopf gestellt. Hätte mir ein paar Monate zuvor jemand gesagt: »In Kürze stehst du vor einer Fernsehkamera und verkaufst Küchengeräte«, hätte ich laut gelacht. Schließlich bereitete ich mich damals auf meine Hauptrolle in der *West Side Story* vor und musste mich mit einem Regisseur herumstreiten, der ohne dramaturgischen Grund verlangte, dass ich mir nackt auf der Bühne eine Heroinspritze setzen sollte. Warum ging mir diese Erinnerung durch den Kopf, als ich an meinem ersten Arbeitstag das QVC-Gebäude betrat? Vielleicht, weil das Leben uns immer wieder mit Herausforderungen überrascht, auf die wir nicht vorbereitet sind. Die Iren haben dafür ein schönes Sprichwort: »Der Mensch plant. Gott lacht.«

Den kommenden Monat lernte ich durch Zusehen und Zuhören. Die Wochen erinnerten mich an die Zeit als Gaststudentin bei Kurt Moll, wo ich ebenfalls durch aufmerksames Dabeisein lernen durfte. Von morgens um acht Uhr bis abends um acht Uhr verfolgte ich aufmerksam jede Sendung, lernte Abläufe kennen und prägte mir Regieanweisungen ein. Ich beobachtete die Gesten und Mimik der Moderatoren und fand heraus, wie man Informationen aus den Gästen herausholt. Alles passierte live – ging etwas schief, war es zu sehen. Damit das nicht allzu häufig passierte, musste man sich gut vorbereiten. Genau da liegt der Hase im Pfeffer: Anders als viele Moderatoren anderer Fernsehsender schultert der Verkaufsmoderator mehrere Sendungen pro Tag. Ich sollte später den Rekord brechen mit bis zu acht Ein-Stunden-Sendungen täglich. Doch bis dahin lag ein weiter Weg vor mir. Bisher hatte ich gerade mal einen Bruchteil der berühmten zehntausend Stunden geübt, die man braucht, um gut zu werden. Nun fügten sich täglich mehr und mehr Übungsstunden hinzu und gaben mir Sicherheit. Die war allerdings wie weggeblasen, als es nach vier Wochen hieß: Genug mit dem Trockenschwimmen, Judith. Jetzt kommt der Sprung ins kalte Wasser.

Meine erste Sendung sollte eine Küchenshow sein. Auch das noch! Wenn Mommy kochte, musste man danach meist die Küche renovieren. Daddy war ein verkappter Hobbykoch, dessen Fantasiemenüs immer zu entsetzten Fragen geführt hatten: »Was ist das auf meinem Teller?« Ich selbst konnte zwar kochen, war aber bisher ganz gut mit nur einer Pfanne und einem Topf zurechtgekommen. Mit anderen Worten: Um eine perfekte Küchenshow hinzulegen, musste ich erst mal büffeln. Was sind die Vorteile eines Vakuumiergerätes? Wie viele Kochtöpfe braucht man für welche Gerichte? Welchen Vorteil bietet ein Hobel mit V-Klinge gegenüber seinem gewöhnlichen Kollegen? Das alles war nötig, weil die Regel Nummer eins des erfolgreichen Verkaufens lautet: Der Verkäufer muss alles über das Produkt wissen und auf jede Frage eine Antwort haben. Ich war bereit, dafür viel Zeit zu investieren und ich musste mich nicht dazu zwingen. Vom ersten Tag an merkte ich, wie sehr mir die Sache Spaß machte.

Am Tag vor der Sendung rief ich Mommy an. »Ich bin so nervös!«, berichtete ich. »Seit Tagen mache ich kein Auge mehr zu.«

»Ist es denn sehr anders als auf einer Theaterbühne zu stehen?«, fragte Mommy.

»Dort habe ich das Publikum gesehen. Mehr noch, ich habe es gespürt. Jetzt gibts nur die Kamera.«

»Dann stell dir die Menschen bildlich vor. Stell dir vor, wie sie auf dem Sofa sitzen. Im Fernsehsessel. Stell dir vor, wie du sie direkt ansprichst.«

Das war ein guter Rat, den ich mir zu Herzen nahm, als ich am nächsten Tag das Studio betrat. Die Kameraleute und Techniker wussten, dass ich mein Debüt gab und munterten mich auf.

»Okay, wir fangen mit Kamera drei an«, rief der Regisseur der Sendung. »Gib mir dein schönstes Lächeln!«

Schon zählte der Aufnahmeleiter die Sekunden herunter. Die Nervosität schüttelte mich durch und ich dachte: »Das ist ja noch schlimmer als die Harmonielehreprüfung.«

»Noch zehn Sekunden!«

Mein Gast neben mir war mindestens genauso aufgeregt wie ich. Er hatte einen Knoblauchschneider mit dabei, weil geschnittener Knoblauch weitaus besser schmeckt und nicht so intensiv riecht. Ich blickte zu ihm hinüber und er sagte: »Wissen Sie was? Mein Erfolg liegt jetzt in Ihren Händen, Frau Teleshopping! Bitte strengen Sie sich an.«

Na prima, das klingt doch ermutigend.

»5, 4, 3, 2, 1, wir sind auf Sendung.« An der Kamera leuchtete ein rotes Licht auf, das Signal für meinen Einsatz.

»Willkommen in der Küche mit QVC! Heute erwartet Sie eine ganz besondere Sendung, denn wir haben die cleversten Lösungen für alle Probleme, die in unseren Küchen auftauchen können. Zuerst möchte ich Sie auf ein neunteiliges Kochgeschirr aufmerksam machen, alles bestens geprüft ...«

Während ich sprach, dachte ich: »So schlecht läuft das gar nicht. Zumindest hast du dich nirgends verhaspelt.« Neben mir wartete der Gast gespannt darauf, seinen Knoblauchschneider präsentieren zu dürfen.

»So, und jetzt gibt es eine Küchenhilfe, auf die wir alle gewartet haben«, fuhr ich fort. Auf einmal sah ich auf dem sogenannten Preview – dem Fernsehbild extra für uns Moderatoren –, wie meine Hände zitterten.

»So kann ich unmöglich den Knoblauchschneider halten«, schoss es mir durch den Kopf. »Wie peinlich! Alle werden sehen, wie aufgeregt ich bin!«

»Judith!«, flüsterte in diesem Augenblick der Produzent durch den kleinen Stöpsel in meinem Ohr. Er hatte schon Legionen nervöser Moderatoren gesehen und einen guten Trick parat. »Leg einfach deine Hände auf das Pult vor dir. Siehst du? Schon hast du Stabilität. Alles ist gut, mach weiter so.«

Es war ganz wunderbar, mich auf ein so eingespieltes Team verlassen zu können. An diesem Tag startete eine Rakete, die bis heute Höhen erreicht hat, die ich mir damals nicht einmal erträumen konnte.

Kamen mir die Worte leicht aus dem Mund? Wie groß war der Unterschied von »So, und jetzt gibt es eine Küchenhilfe, auf die wir alle gewartet haben« zu »Ich weiß, dass dus nicht bist. Ich weiß, dass es nicht so ist. Meine Hände sind kalt, und deine auch«, den ersten Worten der Maria in der *West Side Story*? Riesig, werden die Nörgler sagen. Für mich aber gab es in diesem Moment keinen Unterschied. Beide Rollen waren mir auf den Leib geschnitten. Daddy hatte recht behalten – Gott gibt uns immer mehr als ein Talent. Doch weil in Deutschland Schubladendenken ziemlich weit verbreitet ist – entweder man kann das eine oder das andere; beides zusammen geht nicht –, nahm ich die Sache mit amerikanischem Selbstverständnis: Natürlich kann man im Studio eines Verkaufssenders *und* auf den Brettern, die die Welt bedeuten, überzeugen. Die nächsten sechzig Minuten arbeitete ich so konzentriert, wie ich es am Theater getan hätte. Als die Sendung zu Ende ging, konnte ich eine weitere Parallelität zwischen meinem alten und dem neuen Arbeitsplatz feststellen. Auf der Bühne kriegt man die Reaktion des Publikums sofort und ohne Filter. Hat es gefallen, wird geklatscht. Wenn nicht, auch mal gebuht und gepfiffen. Nicht anders war es hier. Silvia El Sheikh, die Produzentin der Show, eilte auf mich zu.

»Das war großartig!«, rief sie.

»Woher wollen Sie das wissen?«, fragte ich unsicher.

»Erstens habe ichs gesehen. Und zweitens – Sie haben einen Rekord gebrochen. Wir haben einen Superumsatz gemacht!«

Es sollte mein erster Rekord in einer langen Reihe von Rekorden sein. Doch ehrlich gesagt war ich einfach nur froh, meine erste Sendung ohne Pannen und Versprecher über die Bühne gebracht zu haben. Wie so häufig kam ich aber nicht auf die Idee, der Sache eine kleine Feier folgen zu lassen. So etwas fällt mir auch heute noch schwer. Stattdessen dachte ich schon an morgen und dass ich hier und dort ein paar Stellschrauben justieren wollte. Ich verspürte große Lust, jeden Tag besser zu werden. Und das ist ein Gefühl, das bis heute anhält.

Kapitel 15

Was ich von der Urform des Weizens lernte

Hatte ich mir in meinem Leben schon einmal ernsthaft Gedanken über Dinkelkissen gemacht? Nein, hatte ich nicht. Jetzt hielt ich eines in der Hand und sollte eine halbe Stunde darüber reden. Vor laufender Kamera, live und ohne Aussetzer. Der Satz »Tut mir leid, liebe Zuschauer, aber mehr weiß ich darüber wirklich nicht« sollte dabei nicht vorkommen.

Wenn man erfolgreich sein will, muss man herausfinden, was einen antreibt. Das kann Geld sein oder ein Gefühl der Sicherheit oder die Lust, etwas besser zu machen als andere, also eine bestimmte Leistung zu erbringen oder einen Rekord aufzustellen. Es kann das Streben nach Anerkennung und dem Respekt anderer sein. Für mich persönlich ist es eine ganze Vielzahl von Dingen: Dankbarkeit für die Menschen, die mir zuschauen, Freude am Erfolg, Verantwortung für Mitarbeiter, vor allem auch Neugierde. Zwar habe ich nichts dagegen, wenn ich für meine Leistungen gut bezahlt werde, und freue mich darüber, hin und wieder einen neuen Verkaufsrekord aufzustellen. Auch dass ich dadurch eine gewisse Sicherheit für meine Familie erwerbe, ist eine schöne Sache. Und wenn ich hier und da ein Autogramm geben darf, mache ich das ebenfalls gern. Doch was mich wirklich dazu motiviert, morgens aus dem Bett zu steigen – und das häufig um vier Uhr früh –, ist meine Neugierde auf neue Erfahrungen. Ich will wissen. Ich will so viel wissen, dass ich zumindest eines weiß: Meine Wissbegier wird mich immer weitertragen.

Wissen beginnt mit Fragen. Schon im Theater löcherte ich meine Regisseure nach dem Warum und Wieso einer szenischen Anweisung.

Wehe, sie hatten keine gute Antwort. »Ich will, dass du dir nackt auf der Bühne eine Heroinspritze setzt, weil ich es so will«, ist zwar die typische Antwort eines Regisseurs, aber nicht gut genug. Dinge müssen einen Sinn ergeben, das ist in der Kunst nicht anders. Sonst handelt es sich um L'art pour l'art, die Kunst um der Kunst willen, einer aus Frankreich stammenden Kunsttheorie des 19. Jahrhundert. Damit kann das große Publikum nichts anfangen. Und mich interessierte schon auf der Theaterbühne, wie man das Publikum verzaubert. Also musste ich Fragen stellen. Und auf bessere Antworten hoffen als »Weil ich es so will.«

Mein Eifer und meine Wissbegier setzten sich im neuen Beruf nahtlos fort. Ich stellte Hunderte von Fragen und gab mich nie mit Halbweisheiten zufrieden. Doch dann stieß ich an eine Grenze: ein Dinkelkissen. Dreißig Minuten Sendung. Weit und breit war keiner, der sich wirklich auskannte. Was sollte ich tun?

»Mach es so, wie du dir Rollen am Theater erarbeitet hast«, dachte ich. Als ich mich zum Beispiel für die *Anne Frank* vorbereitete, las ich alles, was über das Mädchen jemals geschrieben worden war. Ich besuchte das Museum in Amsterdam und holte mir Berichte von Zeitzeugen. Ich versuchte, mich in sie hineinzuversetzen, mit Haut und Haaren. Im Prinzip gibt es nur zwei Arten, wie ein Schauspieler seine Rolle interpretieren kann: Entweder er »spielt«. Oder er »ist«. Die zweite Möglichkeit nennt man »Method Acting«, ein Ausdruck, den der berühmte Schauspiellehrer Lee Strasberg geprägt hat. Im Grunde genommen handelt es sich um eine Methode, wie man Emotionen mithilfe eigener Erinnerungen hervorrufen kann. Schauspielgiganten wie Marlon Brando, Dustin Hoffman, Robert De Niro oder Al Pacino zählen zu den Vertretern des »Method Acting«. Als Robert De Niro im Kinofilm *Wie ein wilder Stier* in die Rolle des Boxers Jake LaMotta schlüpfte und im Laufe des Films dreißig Kilo Gewicht zulegen musste, arbeitete er eben nicht mit der Mitteln der Maskierung, sondern fraß sich als »Method Actor« die Pfunde regelrecht an. Weil das Prinzip »Nicht spielen«, sondern »Sein« heißt. Für seine Leistung erhielt er zu

Recht einen Oscar – und nebenbei noch einen Eintrag ins Guinessbuch der Rekorde.

Ähnlich ist meine Herangehensweise. Wenn ich vor die Kamera trete und von einem Produkt begeistert bin, dann spiele ich das nicht, sondern ich bin es. Mein Publikum merkt, dass für mich alles authentisch und echt ist. Wäre das nicht der Fall, würde ich heute nicht stehen, wo ich stehe. Im Gegensatz zu dem, was Kritiker und Nörgler glauben, lässt sich das Publikum nicht für dumm verkaufen. Wer seine Zuschauer nicht ernst nimmt, kann einpacken. Und sollte das auch schleunigst tun.

Das alles lernte ich durch das Dinkelkissen. Dreißig Minuten Sendung waren eine Herausforderung. Ich hatte noch viel zu wenig Ahnung, das war die traurige Wahrheit. Also legte ich los. Als erste Amtshandlung nahm ich das Kissen mit nach Hause, um es zu testen. Dinkel ist die Urform des Weizens und wird heute in vielen Bäckereien gern wieder verwendet. Weil Dinkel robust, winterhart und krankheitsresistent ist, aber vor allem, weil er leichter verdaulich ist als andere Getreidearten. Doch wollte ich das Kissen ja nicht essen, sondern darauf schlafen. Liegen heute Millionen solcher Kissen in deutschen Schlafzimmern, war das damals eine ziemlich neue Sache. »Hm, recht laut«, dachte ich, als ich zum ersten Mal meinen Kopf darauf bettete. Ich spürte, wie sich der Spelz im Kissen meiner Kopfform anpasste. Nach einer Weile hörte das Rieselgeräusch auf. Jetzt konnte ich fühlen, wie mein Nacken sanft gestützt wurde. Wie bei vielen Menschen ist auch meine Muskulatur in diesem Bereich ziemlich verspannt. Auf einmal fühlte sich alles schön durchblutet an, weil Dinkel Körperwärme aufnimmt und wieder abgibt. Nach einer halben Stunde konnte man mich laut seufzen hören. Nicht aus Sorge, wie ich die Sendung über die Bühne bringen sollte, sondern aufgrund der Zufriedenheit darüber, dass ich dieses Produkt ins Herz geschlossen hatte. Nun wusste ich auch, über was ich sprechen würde. Als ich am nächsten Tag vor der Kamera stand, reichten mir die dreißig Minuten fast nicht. Ich musste nicht spielen, um für das Produkt Worte zu finden. Ich musste nur sein und mich an meine Emotionen erinnern, die der Selbsttest hervorgerufen hatte. Von nun an arbeitete ich stets nach dieser Methode. Ich näherte mich einem Produkt an, wie ich mich einer Rolle auf der Bühne annähern würde: Durch ein tiefes Eintauchen, damit meine Emotionen vor der Kamera echt waren.

Kapitel 16

Es geht rund

Als Joseph Segel am 13. Juni 1986 in West Chester, Pennsylvania, den ersten Verkaufssender der Welt namens QVC gründete, ahnte er möglicherweise nicht, mit welchen Siebenmeilenstiefeln das Teleshopping Marktanteile gewinnen sollte. Wie viele Gründerväter des Handels begann er bescheiden, aber mit hohem Anspruch: Für seine Kunden wollte er hervorragende Qualität zu günstigen Preisen. Außerdem glaubte er an den uramerikanischen Traum: Dass grenzenlose Möglichkeiten jedem Menschen offenstehen, wenn man den Mut dazu hat, sein Bestes zu geben. Wer weiß, ob er dabei an Sam Walton gedacht hat, der 1962 einen kleinen Laden im ländlichen Rogers, Arkansas, eröffnet hatte. Vierzig Jahre später war Wal-Mart, so der Name von Waltons Geschäft, der größte Einzelhändler der Welt. Ich glaube jedenfalls fest daran, dass Teleshopping in ein paar Jahren in die Fußstapfen dieser Handelsgiganten tritt. Dafür spricht schon das gewaltige Tempo, dass Joseph Segel von Anfang vorlegte. Im ersten Geschäftsjahr erzielte er einen Umsatz von 112 Millionen US-Dollar – nicht schlecht für eine Idee, von der heute noch immer ein paar Leute behaupten, dass sie nichts tauge.

Als ich bei QVC eintrat, hatte die Firma schon ein paar Jahre Erfahrung in Europa. Seit 1993 war man in Großbritannien auf Sendung, seit 1996 in Deutschland. Daher war klar, dass ich viel lernen konnte und genau das hatte ich vor. Schon bald sah mein Tag so aus: Ich stand um halb drei in der Nacht auf, duschte, verzichtete auf ein Frühstück – es wäre ohnehin ein Nachtstück gewesen – und saß eine halbe Stunde später im Auto. Um diese Zeit war auf der Autobahn nicht viel los, sodass ich die vierzig Kilometer von Köln nach Düsseldorf in einer knappen Stunde zurücklegen konnte. Pünktlich um vier Uhr morgens betrat ich die Firmenzentrale. Meine erste Sendung begann um acht Uhr und die Zeit dazwischen benötigte ich zur Vorbereitung. Nicht umsonst heißt es »Gut geplant ist halb gewonnen« und ich hatte selbst gerade mitbekommen, was schiefgehen kann, wenn Terminnot einem einen Strich durch die Rechnung machte: Kürzlich war ein Gast in der Sendung angekündigt worden, eine gewisse Miss Joeyline aus England, die Apparate zur Körperpflege vorstellen wollte, welche sich auf der Insel wie warme Semmeln verkauften. Eigentlich sollte Miss Joeyline am Vorabend anreisen, doch als ich frühmorgens im Studio auftauchte, hieß es: »Sie ist nicht da.« Sie kam mit ihrer Mutter erst kurz vor der Sendung und der Flug mit der Frühmaschine muss anstrengend gewesen sein, denn als ich sie begrüßte, kniff sie die Lippen zusammen, als leide sie unter starken Schmerzen, während ihre Mutter »very british« ernst und verschlossen danebenstand. Mit zusammengekniffenen Lippen redet es sich schlecht.

»Hoffentlich taut diese kühle Engländerin noch etwas auf«, dachte ich. Es blieb keine Zeit, der Sache auf den Grund zu gehen. Bis dahin hatte ich auch noch keine Ahnung, welche Wunder der Technik Miss Joeyline uns präsentieren wollte. Das kam daher, dass immer, wenn ausländische Gäste bei QVC weilten, ich die Moderation übernehmen sollte. Häufig aber waren es kurzfristig angesetzte Aufträge. Nun musste ich tatsächlich einmal »spielen«, denn »sein« ging nicht, und schon leistete ich mir den ersten Fauxpas: »Willkommen zu unserer internationalen Beauty Show«, wandte ich mich an die Zuschauer, »bitte begrüßen Sie mit mir meine erste *Gans.*«

Aus dem Knopf in meinem Ohr ertönte schallendes Gelächter. Für die Leute in der Regie war es der erste Wachmacher des Tages: »Judith hat Gans gesagt statt Gast! Wie komisch ist das denn!«

»Hallelujah«, dachte ich, »das geht ja gut los.« Ich hatte erfahren, dass mein Gast mit den Chefs von QVC gut befreundet war und nun nannte ich sie eine Gans. Glücklicherweise war Miss Joeyline des Deutschen nicht mächtig,

»Diese attraktive Dame neben mir ist der Daniel Düsentrieb der Kosmetikmaschinerie«, fuhr ich fort, »und sie hat zwei hochinteressante Systeme entwickelt. Das erste ist eine Massagesaugnapfmaschine und danach sehen Sie das kleinste elektronische Epiliergerät der Welt.«

Ich wandte mich an meinen Gast. »Was macht diese ... ähm ... Hautsaugmaschine mit unserer Haut und wie funktioniert das Ganze?«

Ich liebe die deutsche Sprache mit der Möglichkeit, aus vielen Substantiven ein neues Wort, lang wie ein Bandwurm, zusammensetzen zu können – aber Hautsaugmaschine ging dann doch nicht so leicht von meinen Lippen. Währenddessen holte Joeyline einmal tief Luft und legte los: »Oh, das ist tatsächlich eine herrliche Maschine – sie verstärkt die Blutzirkulation Ihrer Haut. Sie müssen sie nur einschalten und auf eine beliebige Stelle setzen.«

Gesagt, getan. Das Geräusch der Maschine erinnerte an einen Rasenmäher, der dringend mal gereinigt werden sollte.

»Hat ganz schön Schmackes, das Ding«, dachte ich, als Joeyline die Saugglocke auf ihr Gesicht setzte.

»Now you move it«, presste sie hervor, doch von Bewegung konnte keine Rede sein.

»You move it, move it, move it ... ochh, it hurts ... help me!« Wie in einem Horrorfilm schien die Maschine ein Eigenleben entwickelt zu haben und Joeyline rief nach Hilfe. Ich griff nach dem Gerät, drückte irgendeinen Knopf in der Hoffnung, das teuflische Gerät damit zum Verstummen zu bringen. Es war vergebliche Liebesmüh. Mit aller Kraft saugte die Glocke Joeylines Haut ein. Diese riss nun ebenfalls am Apparat, gleichfalls ohne Erfolg. Mittlerweile kam ich mir vor wie in einer Slapsticksendung. Die Kollegen in der Regie lachten sich schief, mein Gast kämpfte mit seinen Geräten und alles ging live über den Sender. Mir blieb nichts anderes übrig, als gute Miene zum bösen Spiel zu machen. Endlich brachte Miss Joeyline ein lautes »Pull the plug – zieh den Stecker hinaus!« hervor.

»Eine kleine Unpässlichkeit mit dem Strom«, nahm ich den Faden auf. »Ich werde das Problem selbst beheben.«

Kaum aus dem Blickfeld der Kameras, eilte ich am Stromkabel entlang, überwand Kulissenwände, fand endlich den vermaledeiten Stecker. Als ich an meinen Platz zurückkehrte, prangte auf Miss Joeylines Wange ein schwarz gefärbtes Hämatom.

»Da gibt's nix«, dachte ich mir. »The Show must go on«, und lächelte in die Kamera. »And now for something completely different«, fuhr ich fort – eine kleine Referenz an den berühmten Ausspruch der britischen Komikertruppe Monty Python. Ich weiß nicht, ob Miss Joeyline die Anspielung verstand, denn sie war schon wieder damit beschäftigt, einen Wunderapparat ans Tageslicht zu zaubern. Dieses Mal war es ein Epiliergerät, das mit Strom arbeitete.

»Warum nicht?«, dachte ich. Schließlich gehört die Körperenthaarung zu den unangenehmsten Tätigkeiten im Badezimmer einer Frau. Haut ist nun mal empfindlich und das Entfernen von Haaren samt Wurzel ist nichts für Zartbesaitete. Eine Rosskur, nennen es die Frauen aus meiner Heimat an der Mosel. Wenn jemand ein Gerät entwickelt hat, das diese schmerzhafte Behandlung dauerhaft überflüssig macht, dann hat er in meinen Augen einen Preis verdient. Den wollte sich Miss Joeyline gern verdienen.

»Epilation mit Strom ist die bisher einzige anerkannte Methode, mit der Haare endgültig entfernt werden können«, erzählte ich, während sie das Gerät vorbereitete. »Dabei wird mit einer Sonde fein dosierter Strom ins Haarfollikel geleitet. Die Haarwurzel wird zerstört, das Haar kann nicht nachwachsen.«

Dafür musste jedes Haar einzeln angegangen werden. Als Miss Joeyline zur Anwendung schritt, dachte sie nicht daran, dass der Strom ausgeschaltet war. Auch ich war abgelenkt: Von dem riesigen Knutschfleck, der auf ihrer Wange zu sehen war, seit sie den Kampf mit der Saugglocke geführt hatte. Und von einer Zahnlücke, die Miss Joeyline auf einmal präsentierte, weil sie im Eifer des Gefechts vergaß, die Lippen zusammenzupressen. Dass sie ihren Zahn auf dem Flug nach Düsseldorf verloren hatte und er wahrscheinlich noch immer in dem Apfel steckte, in den sie gebissen hatte, erzählte sie mir erst nach der Sendung. Jetzt setzte sie das Epiliergerät an, und – arme Miss Joeyline, mittlerweile bedauerte ich sie – riss sich stromlos unter Schmerzen Haar für Haar an ihrem Arm aus.

»Ah! Au«, stöhnte sie, fügte aber mit der Tapferkeit einer guten Verkäuferin hinzu: »This is a wonderful machine.«

Manchmal kann eine halbe Stunde endlos sein. Als die Sendung vorbei war, wusste ich zwei Dinge: Wir werden nicht einen einzigen dieser »wundervollen Apparate« verkauft haben und das war wahrscheinlich gut so. Und geschehen war das alles, weil ich keine Möglichkeit zur Vorbereitung gehabt hatte. Aus Fehlern lernt man. Natürlich passieren auch heute immer wieder irgendwelche Pannen, schließlich sind wir alle nur Menschen. Aber ich tue eine Menge dafür, ihre Anzahl so gering wie möglich zu halten. Weil gut geplant eben halb gewonnen ist.

Dazu gehört, dass ich mich intensiv mit einer Frage beschäftige: »Was möchte der Kunde wissen?« Kenne ich die Antwort, ist klar, über was ich reden muss. Dann brauche ich nur noch die Vorteile des Produkts auf angenehme Weise zu beschreiben. Deshalb muss ein guter Verkäufer ein positiver Mensch sein. In einem großen deutschen Nachrichtenmagazin stand einmal geschrieben, ich sei »auch nachts noch prächtig gelaunt« – das klang, als sei es verboten. In meinem Beruf aber ist es nicht nur erlaubt, sondern sogar dringend erforderlich. Allerdings bin ich der Meinung, dass man auch als Journalist, Automechaniker, Buchhalter oder Lehrer mit guter Laune weiter kommt. Viele Frauen, die mich nach einer Sendung anrufen, sprechen genau dieses Problem an: »Früher war mein Mann immer gut drauf. Und heute? Griesgrämig von morgens bis abends.« Oder: »Damals hat er sich immer herausgeputzt. Heute putzt er sich nicht mal mehr die Zähne, bevor er ins Bett kommt.« Ich bin mir sicher, mit ein bisschen guter Laune kommt man nicht nur im Beruf sehr viel weiter, sondern auch in der Beziehung. Das hat übrigens chemische Gründe: In einem Areal in unserem Gehirn, das die Neurobiologen »Mesolimbisches Dopaminsystem« nennen, und dort in einem Bereich namens »Nucleus accumbens«, spielt sich Bemerkenswertes ab. Hier wird euphorisierendes Dopamin aktiviert oder, wie die Gehirnforscher sagen: Die Lachdroge. Wird sie durch Lachen freigesetzt, wird Stressbelastung nachweislich reduziert. Das funktioniert übrigens nicht beim künstlichen Lachen, also wenn man nur so tut. Zum Glück ist meine gute Laune also echt. Mit ihr meistere ich selbst härteste Tage. Und die kamen schon bald.

Nach drei Monaten beim Sender verspürte ich Lust, mal wieder Hochschulluft zu schnuppern. Kürzlich hatte ich – wie das viele Menschen gern tun – in der Badewanne ein Liedchen angestimmt und gedacht, dass meine Stimme gar nicht mehr ganz so schlimm klinge. Womöglich kehrte sie eines Tages doch noch zurück? Mit dieser Vorfreude im Gepäck machte ich mich auf in Richtung Mensa. »Das ist der beste Anlaufpunkt«, dachte ich, »da treffe ich alle meine Mitstreiterinnen.« So war es auch: Am selben Tisch, an dem ich vor ein paar Monaten selbst täglich gegessen hatte, saßen meine Kommilitoninnen. Ich freute mich, sie wiederzusehen, doch als ich mich setzte, brach das Gespräch ab, das sie gerade geführt hatten. Für eine Weile herrschte merkwürdige Stille. Auf einmal fühlte ich mich unwohl.

»Hallo, Judith«, begann Barbara. Sie war unsere Wortführerin gewesen, eine, auf die alle hörten. Jetzt lächelte sie die anderen in der Runde an, obwohl sich ihre Worte an mich richteten. »Wir haben gehört, du verkaufst Bratpfannen. Stimmt das?«

Da war es wieder, das Bratpfannen-Mysterium. Heute kann ich darüber lachen, dass die halbe Welt glaubt, wir beschäftigten uns vor allem mit Pfannen. In diesem Augenblick war ich geschockt. Ich war schwer krank gewesen, ich hatte mich an den Haaren aus dem Sumpf gezogen – ich hatte mehr von meinen Mitstreiterinnen erwartet als eine hämische Bemerkung. Ein »Wie gehts dir denn?« hätte ja schon genügt. Aber darauf konnte ich lange warten, denn die anderen stiegen auf Barbaras Worte ein. Die Bratpfannenverkäuferin war auf einmal der große Spaß am Mensatisch. Damals war ich noch so naiv zu glauben, der Sache mit Argumenten beikommen zu können.

»Worin, glaubt ihr, wurde euer Essen gemacht?«, fragte ich, mit einem Blick auf die gefüllten Teller. »Sicher nicht in einer Violine.«

Es war vergebliche Liebesmüh. Am Tisch war man froh, ein Opfer gefunden zu haben. Ich hätte aufstehen sollen und gehen, aber noch versuchte ich, gute Miene zum bösen Spiel zu machen. Damit sind Vorurteile nicht aus der Welt zu räumen. Nach einer Weile gaben meine Kommilitoninnen vor, wichtige Seminare besuchen zu müssen, obwohl ich wusste, dass sie die Mittagspause sonst gern in den Nachmittag hinein ausdehnten. Ich blieb allein am Tisch zurück und kämpfte mit den Tränen. »Nein, nicht hier«, dachte ich, »diesen Triumph gönne ich euch nicht.« Ich stand auf und ging nach Hause. Dort gab es kein Halten mehr. Ich heulte wie ein Schlosshund und es dauerte lange, bis ich mich beruhigen konnte.

»Ab jetzt gehörst du nicht mehr zur Sängerbande«, schluchzte ich. So hatten wir Mädels uns im Spaß bezeichnet: die Sängerbande. Jetzt war ich ausgeschlossen worden. Kein Zutritt für Bratpfannenverkäuferinnen.

Mit dem Abstand von heute weiß ich, dass Menschen, die einen am schlechtesten behandeln oft die besten Ratschläge geben. Ohne es zu wissen natürlich. Der Ratschlag von Barbara & Co. hieß: »Judith, deine Zeit an der Hochschule ist abgelaufen. Konzentrier dich auf das, was vor dir liegt.« Tatsächlich gelang es mir. Zwar flossen an diesem Abend die Tränen in Strömen, doch damit hakte ich die Sache ab. Es lohnte sich nicht, weiterhin Energie zu verschwenden.

Bald darauf nahm ich alle Sendungen an, die ich kriegen konnte – ähnlich, wie ich im Fitnessstudio mein Engagement ausgebaut hatte. Die unbeliebte Frühschicht, die verhasste Spätschicht – kein Problem für mich. Wochenende, Feiertags? Warum nicht? Nach einer Weile machte ich sechzig Sendungen im Monat, was plus Vorbereitungszeit einen enormen Arbeitsaufwand bedeutete. Ich konnte mir nichts Schöneres vorstellen, denn jetzt, wo meine Neugierde sich entfalten konnte, wollte ich immer mehr über dieses Geschäft erfahren. Eines Tages nahm mich Silvia El Sheikh zur Seite.

»Was würden Sie davon halten, wenn wir Sie eine Zeitlang nach Amerika schickten? Wäre das ein Problem für Sie?«

Nein, das wäre beileibe kein Problem für mich! Ich musste nicht wie mancher Kollege auf Familie Rücksicht nehmen. Meine Beziehung mit Jürgen fand mal statt, dann wieder nicht. Er war wie ein Bumerang, ein wahres Wunder im Immer-wieder-Zurückkehren. Und ich war es längst müde, ihn immer wieder aufs Neue wegzuschicken. Damit beschritt ich natürlich einen reichlich bequemen Weg. Wenn er auch immer noch missbilligte, dass ich beim Teleshopping-Sender arbeitete, konnte er auch lustig sein. Und den Weg zum Herzen einer Frau gewinnen Männer nun mal am besten mit Humor. Das beweisen sogar Zahlen: In einer weltweit angelegten Studie wurden Männern und Frauen aus 53 Ländern eine Liste mit 23 Eigenschaften vorgelegt. Dabei war für Frauen mit über fünfzig Prozent der Humor die wichtigste männliche Eigenschaft. Geld oder Sozialstatus landeten abgeschlagen auf den hinteren Rängen. Also wieder: Gute Laune gewinnt, schlechte Laune verliert. Dass ich für einige Wochen in die USA gehen konnte, hob meine gute Laune in ganz neue Regionen.

Schon bald darauf setzte ich meinen Fuß ins amerikanische Hauptquartier von QVC in West Chester. Diese Stadt ist eher ein Städtchen: Mit knapp 18.000 Einwohnern war sie nicht größer als mein Heimatort Konz an der Mosel – vielleicht fühlte ich mich deshalb gleich so wohl. Früher war hier die Konzernzentrale des Computerherstellers Commodore gewesen – wer erinnert sich nicht an den Amiga, den in den Achtzigerjahren so weitverbreiteten Heimcomputer? Heute befanden sich in dem Gebäudekomplex Zentrale und Studios von QVC. Eigentlich stellt man sich eher vor, dass so ein riesiger Sender in einer Stadt wie New York, Los Angeles oder Chicago angesiedelt sein müsste. Schließlich waren Aberhunderte Regisseure, Kameraleute, Beleuchter, Tontechniker, Cutter und Computerspezialisten dort beschäftigt und das sind keine Vertreter von Berufen, die man in einer Kleinstadt vermutete. West Chester hat den Vorteil, nur knappe dreißig Meilen von Philadelphia entfernt zu sein. »Philly«, wie die Einheimischen sagen, ist eine der ältesten Städte Amerikas, gehört aber gleichzeitig zu den Boom-Metropolen im Land. Für mich eine wunderbare Mischung! Viele Kinogänger kennen die Stadt aus den bekannten *Rocky*-Filmen mit Sylvester Stallone. Ich dagegen liebe einen anderen Streifen, der in Philadelphia gedreht wurde: *Die Glücksritter* mit Eddie Murphy und Dan Aykroyd. Im Originaltitel heißt er *Trading Places*, was ein hübsches Wortspiel ist: Es bedeutet zum einen »Handelsplätze« – gemeint ist die Warenterminbörse von Philadelphia, die zu den erfolgreichsten im Land gehört – und zum anderen »die Plätze tauschen«. Genau das tun die beiden Helden der Geschichte, wenn auch nicht freiwillig. Basierend auf einer Short Story von Mark Twain passieren daraufhin die aufregendsten Dinge – und genau das macht die Stadt am Delaware River auch aus: Sie ist aufregend und es ist ein Vergnügen, dort zu leben.

Natürlich hatte ich als Amerikanerin Vorteile: Da ich zweisprachig aufgewachsen bin, kam ich von Anfang an gut zurecht, selbst mit dem eigenwilligen Akzent der Einheimischen, den man »Mid-Atlantic English« nennt. Da wird aus »water« »wudder«, ein kleiner Einkaufsladen heißt nicht »corner store«, sondern »bodega«, und wer eine Jeans kaufen will, sollte eine »dungarees« verlangen. Davon abgesehen wird man von den Menschen in Philadelphia herzlich empfangen. Die Lebensqualität ist hoch, es gibt viele gemütliche Stadtviertel mit eigenem Charakter wie das Gebiet um Elfreth's Alley. Noch mehr als die Stadt fesselte mich, was in den Studios vor sich ging. Hier gab es keinen Zweifel: Teleshopping war die ganz große Nummer. Ich war von der Vielfalt der Produkte, die gehandelt wurden, geradezu überwältigt. Dabei war das kein Wunder, schließlich hatte man einen Innovationsvorsprung gegenüber Deutschland von zehn Jahren. Außerdem sind

Amerikaner konsumfreudiger als Europäer. Zudem beeindruckte mich die Professionalität der Mitarbeiter. Alles lief ab wie das Uhrwerk eines Schweizer Chronometers. Ich stand staunend vor dem *Itinerary*, dem täglichen Programmablauf, der die Grundlage für einen perfekten Sendetag ist. Ich kannte Ähnliches vom Theater, hatte aber keine Ahnung, dass man so etwas im Geschäftsleben auch verwendete. Heute hängt in meinem Büro eine solche Planungstafel, die dafür sorgt, dass wir schnell, effizient und flexibel bleiben. Damals, ein paar Monate, nachdem ich die Theatertür hinter mir geschlossen hatte, war die Welt der Wirtschaft für mich aber noch ein einziges großes Rätsel. Ich lief staunend durch die riesigen Fernsehstudios: Produkte aus der Wohnwelt wurden in einem gemütlichen Wohnzimmer präsentiert. Daneben gab es ein Schlafzimmer, mit allem, was die Welt des Schlafens angenehmer macht: Matratzen, Decken, Kissen, Plaids, Bettwäsche, Frottierwaren. Dann kam eine Küche, die jeden Sterne-Koch neidisch gemacht hätte. Dort wurde gekocht und gebraten und gegrillt und dabei Herde, Öfen, Kühlschränke, Abzugshauben, Geschirrspüler, Wärmeschubladen und alle Arten von Zubehör an den Mann und die Frau gebracht. Zu jedem Studio gehörte ein Callcenter, damit die Zuschauer anrufen und Fragen stellen konnten. Diese wurden von Experten vor Ort beantwortet. Über das Telefon konnte auch bestellt werden. Alle Produkte waren auf Lager, wurden nach der Bestellung auf LKWs verladen und mittels eines komplizierten Verteilungssystems kostengünstig im ganzen Land ausgeliefert. Mir wurde klar: Hier war Service nicht nur ein Wort, sondern ein Auftrag.

»Schließlich will kein Mensch tagelang auf seine Bestellung warten«, erklärte mir Keith Steward. Er trug den Titel *Head of Planning* und war der Kopf hinter der Organisation. Ein Verkaufsgenie, wie es im Buche steht, und dazu ein überaus freundlicher Mann. Er nahm mich unter seine Fittiche und erklärte mir alles: »Wir legen großen Wert darauf, dass wir qualitativ beste Waren anbieten. Kannst du dir denken, warum?«

»Das hat mit der Verantwortung gegenüber den Kunden zu tun. Es gehört sich nicht, schlechtes Zeug zu verkaufen.«

Keith Steward lachte. »Sag das den Warenhäusern und Supermärkten. Den Superduperangeboten dort, dem Wühltisch und den falschen Versprechungen. Klar, du hast recht. Unser Image wäre im Eimer, wenn es sich herumsprechen würde, dass es nichts Gescheites zu kaufen gibt. Es gibt aber noch einen ganz pragmatischen Grund. Was tust du, wenn du etwas bestellt, was dir nicht gefällt?«

»Ich schicks zurück.«

»Genau. Und das kostet uns Geld und verärgert den Kunden.« Er sah mir verschmitzt ins Gesicht. »Und, was lernst du daraus?«

»Eine Menge«, begann ich. »Zum Beispiel ...« Ich zählte auf, was ich gehört hatte. Stewards Grinsen wurde breiter. »Ich hätte sagen sollen: was lernst du als Moderatorin daraus? Versprich niemals etwas, was das Produkt nicht halten kann.«

Nach meinen negativen Schulerfahrungen war diese Art von Schule wie eine Sauerstoffdusche. Es ging nicht darum, etwas nachzuplappern, sondern ums Mitdenken. Von Tag zu Tag vergrößerte sich mein Wissen. Gleichzeitig stieg der Respekt vor dem, was hier geleistet wurde. Kritiker des Teleshoppings behaupten, dass übers Fernsehen Produkte verkauft werden, die keiner braucht und die nichts wert sind. Hier wurde tagtäglich das Gegenteil bewiesen. Die Reaktionen der Kunden waren Beweis dafür, dass sie sich ernst genommen fühlten – was man beim Besuch im Warenhaus nicht immer behaupten kann. Ich wundere mich häufig, wenn ich einen Supermarkt betrete, wie *wenig* ich beachtet werde. »Wollen die mir nichts verkaufen?«, frage ich mich, wenn eine Traube Verkäuferinnen mit sich selbst beschäftigt ist oder ein Verkäufer lustlos Waren einräumt, ohne sich um mich, seine Kundin, zu kümmern.

»Dass Teleshopping den bisherigen Handel im großem Stil ablösen wird, liegt auch daran«, fuhr Keith Steward fort. »Wie viele Läden kennst du, wo dir ein Produkt eine halbe Stunde oder länger erklärt wird? Vielleicht ein Sportschuhspezialist oder der Ausrüster für

Gebirgsexpeditionen. Das sind aber Ausnahmen. In der Regel will keiner wirklich wissen, was du willst und brauchst. Niemand sagt dir, wie das Produkt funktioniert. Die Verkäufer denken: Soll der Kunde halt ins Handbuch schauen. Mit dieser Einstellung wird der traditionelle Handel noch mehr an Boden verlieren. Schlecht für ihn, gut für uns.«

Ich hatte nie darüber nachgedacht, dass ein ganzer Wirtschaftszweig dabei war, sich selbst das Wasser abzugraben. Doch Keith behielt recht. Heute tut mir es mir immer wieder aufs Neue leid, wenn ein großes Kaufhaus oder ein Discounter Pleite machen. Aber es kann nicht funktionieren, wenn man Mitarbeiter schlecht bezahlt und ständig einen immer höheren Arbeitseinsatz verlangt. Dieses Prinzip sorgt dafür, dass Mitarbeiter ihre Motivation verlieren und der Kunde unzufrieden ist und sich einen neuen Weg sucht, um seine Wünsche zu erfüllen. Teleshopping macht ihm das Leben leicht: Er muss keine Staus befürchten, die Parkplatzsuche fällt weg, die Verkäufer sind immer freundlich, er bekommt ein ausführliches Beratungsgespräch und die Möglichkeit, Fragen zu stellen. Der Einkauf ist einfach und am Ende muss er nicht einmal eine Tüte voller Waren nach Hause schleppen.

Am Ende meines Praktikums in der QVC-Zentrale gönnte ich mir einen Ausflug nach New York. Noch ein paar Monate davor hätte ich mich für die neuesten Produktionen am Broadway und Off-Broadway interessiert. Jetzt war ich heiß darauf, herauszufinden, welche Geschäftsideen in der »Stadt, die niemals schläft«, aktuell waren. Nachdem ich den ganzen Tag auf den Füßen war, zappte ich am Abend durch die Fernsehprogramme. Auf einmal stieß ich auf eine QVC-Sendung, die New York Cheesecake zum Verkauf anbot. Ich muss gestehen, für diesen Kuchen habe ich eine Schwäche, auch wenn er eine ziemliche Kalorienbombe ist. Schließlich werden für den Biskuitboden Butterkekse zerkrümelt, dazu kommt eine ganze Menge Philadelphia, Schmand und Zucker. *Yummy!* sagen die Amerikaner, was so viel wie »superlecker!« bedeutet, und dem kann ich mich nur anschließen. Nun konnte man diesen Kuchen im Fernsehen kaufen und zwar in einer

Vielfalt, die mich staunen ließ: Mit Schokosauce, Himbeersauce oder Vanille – was immer das Herz begehrte. Ich war so beeindruckt, dass ich mich schlaumachte: Die Käsekuchenmanufaktur gehörte zu der ältesten der Stadt, man war seit dem Jahr 1800 im Geschäft. Anstatt wie bisher Kuchen ausschließlich in Geschäften zu verkaufen, nutzte man seit einiger Zeit die Reichweite des Fernsehens. Pro Sendung verkaufte die Manufaktur Käsekuchen im Wert von über einer Million Dollar! Spätestens jetzt wurde mir klar: Wenn Produkt und Service stimmen, kann man mit Teleshopping einfach alles verkaufen.

Hoch motiviert kam ich aus Amerika zurück. Von nun an strengte ich mich noch mehr an. Ich bereitete mich umfassender vor. Ich interessierte mich für meine Gäste in der Show – nicht nur für ihre Produkte, sondern für sie als Personen. Damit schaffte ich eine freundliche Atmosphäre, die bei den Zuschauern sehr gut ankam. Die Verkäufe schossen in die Höhe, was mich noch mehr ansportne. Die Zeit verging wie im Flug, irgendwann merkte ich: Hoppla, mein Vertrag läuft aus. Beim Einstellungsgespräch hatte ich angeboten: »Machen Sie mit mir einen Vertrag, der für Sie sicher ist«, und das hatte man auch getan. Ich hatte einen Ein-Jahres-Vertrag; diesen nach all meinen Erfolgen zu verlängern, sollte kein Problem sein. Dachte ich.

Falsch gedacht. Wieder legte sich mir ein Stolperstein in den Weg – einer von denen, der uns Frauen häufig schadet: Missgunst untereinander. Ich hatte die Rechnung ohne die Personalchefin gemacht.

Kapitel 17

»Dann ist das nicht mehr der richtige Platz für mich«

~

Das Jahr 2000 stand vor der Tür und die Menschen machten sich Gedanken, was das neue Jahrtausend bringen mochte. Durch die Presse geisterte der sogenannte »Millennium-Bug«, ein Computerproblem, über das prophezeit wurde, es werde weltweit für Chaos sorgen und zwar pünktlich um Mitternacht. Außerdem beschäftigte man sich mit der Abschaffung der DM, der kommenden Währungsunion und dem Euro – nicht ohne Sorge, wie das Emnid-Institut schon 1999 feststellte. Auch ich machte mir Gedanken ums Geld, denn ich freute mich auf eine Gehaltserhöhung, mit der ich rechnete, nachdem QVC durch meinen gewaltigen Einsatz sehr viel verdient hatte. Anfang November machte ich mich auf zum Büro der Personalabteilung.

»Ende des Jahres läuft mein Vertrag aus«, sagte ich. »Kann ich einen Termin bei der Personalchefin haben?«

Die Assistentin klickte sich durch den Computer. »Warten Sie mal. Hm, da ist schon alles voll. Da auch. Wir könnten vielleicht – wissen Sie was? Ich schicke Ihnen eine Nachricht, sobald ich einen Termin habe.«

Ich dachte nicht länger darüber nach und ging zurück an die Arbeit. Noch immer hatte ich mich nicht wirklich daran gewöhnt, früh aufstehen zu müssen – um ehrlich zu sein, es fällt mir heute mitunter noch schwer –, doch als eines Morgens um halb drei der Wecker piepste und mein Blick aufs Display fiel, war ich auf einmal hellwach. Außer der Zeit zeigte der Wecker auch das Datum an und da stand tatsächlich 1. Dezember.

»Wo ist die Zeit geblieben?«, dachte ich und sprang aus dem Bett. Vor allem: Warum hat sich die Personalabteilung nie gemeldet? An diesem Tag stand ich wieder im Büro der Assistentin, dieses Mal leicht ungehalten. Das Ergebnis war dasselbe: Die Chefin habe leider wenig Zeit, aber sie meldeten sich. In Amerika sagt man:»Don't call us, we call you« und das bedeutet in der Regel: Von uns hörst du nie wieder. Ähnlich war es hier. Bald war der zweite Advent vorbei, dann der dritte Advent, dann stand Weihnachten vor der Tür, in ein paar Tagen würde mein Vertrag nur noch Makulatur sein. Am 23. Dezember stand ich zum x-ten Mal im Büro der Assistentin. Dieses Mal ließ ich mich nicht abspeisen, denn mittlerweile war klar: Die Chefin hatte schon Zeit, aber keine Lust. Oder sie hatte etwas anderes im Sinn – wie ich bemerkte, als ich endlich vorgelassen wurde.

»Unter Umständen lassen wir den Vertrag weiterlaufen«, begann sie. »Aber sicher ist das nicht.«

Bei Verhandlungen ist es wie beim Schachspiel: Jeder Spieler hat seine eigene Art, die Partie zu beginnen. Manche tun das verhalten, andere wählen den aggressiven Beginn, eine sogenannte Gambit-Eröffnung. Die Personalchefin war offenbar eine Gambit-Spielerin.

»Nun, ich hatte sogar gehofft, Sie geben mir eine Gehaltserhöhung«, konterte ich. Ich merkte, wie sehr ich mich verändert hatte. Nun war ich nicht mehr die unerfahrene Studentin, der man jede Geschichte auftischen konnte. Ich hatte viel gelernt, enormen Fleiß an den Tag gelegt und konnte einiges in die Waagschale werfen. Ich zählte meine Erfolge auf und erinnerte die Personalchefin daran, wie stark ich mich für die Firma einbrachte, mit wie viel Einsatz und positiver Energie.

»Und Sie meinen, das reicht aus?«

Eine seltsame Frage. Trotzdem hatte ich darauf eine Antwort:»Ich bin hundertprozentig loyal und ich möchte gerne eine Zukunft mit Ihnen aufbauen.«

Heute, wo ich mehr über Unternehmensführung weiß, kenne ich den richtigen Ausdruck für meinen Vorschlag: man nennt das Win-win-Situation. Das bedeutet, dass beide Seiten von einer Einigung profitieren: QVC, weil sie eine sehr motivierte und sehr erfolgreiche Moderatorin in ihren Reihen behalten können. Und ich selbst, weil ich weiß, worauf es in diesem Unternehmen ankommt. Win-win ist das Beste, was den Verhandlungspartnern passieren kann, und in meinem eigenen Unternehmen achte ich darauf, stets solche Konstellationen zu schaffen. Die Personalchefin bei QVC sah die Dinge aber anders.

»Das ist normal«, entgegnete sie. »Alle wollen eine Zukunft mit uns aufbauen. Aber das genügt nicht.«

»Schon wieder dieses ›genügt nicht‹«, dachte ich. »Was hat sie nur? Denkt sie denn nicht an die Konkurrenz?«

Die schlief nicht mehr. H.O.T. gab es schon am Markt und gerade hatte der RTL-Shop aufgemacht. Eine Menge Kollegen hegten bereits Abwanderungsgedanken. Es war die Aufgabe der Personalchefin, die besten Leute zu halten. Warum sie es nicht tat, ist mir heute noch ein Rätsel. Ich saß da, dachte kurz über ihr ständiges »das genügt nicht« nach und fällte eine Entscheidung. Ich nenne das Bauchentscheidung, aber es gibt auch andere Ausdrücke dafür. Im Hagakure, dem Verhaltenskodex japanischer Samurai, heißt es: »Innerhalb von sieben Atemzügen soll eine Idee geboren und eine Entscheidung getroffen werden.« Ich brauche in der Regel auch nicht länger. Ich erhob mich und sagte: »Dann ist das nicht mehr der richtige Platz für mich. Und das sage ich Ihnen mit großem Bedauern.«

Ich sah dem Gesicht der Personalchefin an, dass sie mit allem gerechnet hatte, nur nicht damit. Sie hatte ihr Spiel mit einem aggressiven Gambit begonnen und sah nun drein wie ein Spieler, der plötzlich eine Figur weniger auf dem Schachbrett hat. Ich bedankte mich höflich für alles, was ich im vergangenen Jahr hatte lernen dürfen und schloss die Tür hinter mir. Aus den Augenwinkeln konnte ich sehen, wie sie zum Telefon griff. Ich war traurig, weil ich gern hier gearbeitet hatte und wusste, dass wir gemeinsam noch eine Menge hätten bewegen können. Als ich an der offenen Bürotür einer Kollegin vorbeikam, sprach diese in ihr Telefon.

»Was, die Judith geht?«, hörte ich sie. Offenbar sprach sie mit der Personalchefin. »Wen soll ich hochschicken? Patrizia? Ich schau mal, ob ich die finde.«

Für einen Augenblick hielt ich inne. Die Personalchefin hatte das Spiel verloren und versuchte jetzt, ihren Fehler auszubügeln.

Ich ging in mein Büro und begann, meine Sachen zu packen. Ich hatte ohne Absicherung meinen Job aufgegeben. Auf einmal wurde die Seite in mir, die auf Sicherheit bedacht ist, laut: »Wie konntest du das tun, Judith? Bist du des Wahnsinns?« Verkaufspsychologen nennen so etwas »kognitive Dissonanzen« – ein Gefühlszustand, in dem mehrere Gedanken nicht miteinander übereinstimmen. Man freut sich beispielsweise über das neue Auto und macht sich gleichzeitig Sorgen, ob man sich den Kauf überhaupt leisten konnte. Mir war aber klar, dass ich mich nicht anders hätte entscheiden können, wenngleich ich an die Miete dachte, die bezahlt werden wollte. In diesem Augenblick ging die Tür auf und Cornelius, einer meiner Lieblingskollegen, streckte den Kopf herein.

»Stimmt es, was man sich an den Lagerfeuern erzählt?«, fragte er. Ich nickte. Das sprach sich ja schnell herum. Plötzlich spürte ich einen mächtigen Kloß im Hals.

»Ist es wegen ...?« Er nannte einen nicht druckfähigen Ausdruck und grinste. »Da hat sie dir ein schönes Weihnachtsgeschenk gemacht.«

Er hatte recht. Ich hatte mit einer Gehaltserhöhung gerechnet und jetzt das.

»Ich habe noch einen Vertrag bis zum 31. Dezember«, sagte ich. »Den werde ich auch erfüllen.«

»Ist nicht dein Ernst! Bleib lieber zu Hause und lass es dir gut gehen.«

Aber das konnte ich nicht. Selbst unter diesen Umständen kam krankfeiern nicht infrage. Das war eine Frage der Ehre. Doch kaum war ich zu Hause, bekam ich Fieber und legte mich mit Schüttelfrost ins Bett. Dort verbrachte ich die Weihnachtstage. Am 27. hatte ich die Morgensendung und als um halb drei der Wecker klingelte, quälte ich mich aus den Federn. Um vier Uhr war ich bei QVC. Das zog ich durch bis zum 31. Dezember. Mein letzter Arbeitstag war am Millennium. Der »Millennium-Bug« hatte für viel Aufregung in den Medien gesorgt und für wenig Probleme in der Computerwelt. Der Aufzug, der mich ein letztes Mal nach unten brachte, funktionierte einwandfrei. Die elektronisch gesteuerte Tür, durch die ich hinaustrat, ebenfalls. Auch mein Auto, das mich nach Hause bringen sollte, sprang sofort an.

Das neue Jahrtausend war angebrochen und ich war arbeitslos.

Kapitel 18

Gewissenskonflikte

Die Tage, die kamen, waren alles andere als fröhlich. Noch immer nahm ich regelmäßig Hormone und mehr denn je war mir die Konsequenz dieser Maßnahme klar. Zwar hatte sich meine Stimme in der Badewanne gar nicht schlecht angehört, trotzdem änderte das nichts an der Tatsache, dass meine Gesangskarriere beendet war, bevor sie richtig begonnen hatte. Das Gleiche galt für meine Schauspielkarriere. Und nun war auch meine Moderatorenkarriere vorbei.

In den Tagen bei QVC mit bis zu sechzig Sendungen im Monat hatte ich keine Zeit gehabt, mit dem Schicksal zu hadern. Das war jetzt anders. Untätigkeit sorgt für Grübeleien und die gehören zu den ärgsten Gute-Laune-Killern. Ein anderer, der mir die Stimmung verhagelte, war Jürgen. Als ich ihm erzählte, was im Büro der Personalchefin passiert war, sagte er: »Ist doch super. Der Job hat eh nichts getaugt.«

Kaum hatte er die Worte ausgesprochen, schoss mir ein seltsamer Gedanke durch den Kopf: »Wenn ich Jürgens Stimme höre, höre ich meine nicht mehr.« Dieser Satz begleitete mich auch noch, als ich die nächsten Aufgaben anging. Als Erstes musste ich aufs Arbeitsamt, um mich arbeitslos zu melden. Ich betrat das gewaltige Gebäude in der Kölner Innenstadt und hätte am liebsten auf dem Absatz kehrtgemacht. »Du arbeitest, seit du denken kannst, Judith«, sagte ich zu mir. »Du kennst nichts anderes. Und jetzt willst du dich arbeitslos melden?« Doch die Gegebenheiten erforderten diesen Schritt. Während ich die nötigen Formulare ausfüllte, kehrte immer wieder dieser Satz in mein Gedächtnis zurück: »Wenn ich Jürgens Stimme höre, höre ich meine nicht mehr.« Er machte deutlich, was ich vor lauter Termindruck versäumt hatte: eine klare Trennung durchzusetzen. Das würde die zweite

Aufgabe sein. Und die dritte: raus aus dem Trott. Mal wieder was anderes sehen.

»Wo würdest du am liebsten hingehen?«, fragte ich mich, als ich das Arbeitsamt verließ. Die Antwort ließ nicht auf sich warten: nach Italien – in mein Sehnsuchtsland! Ja, da wollte ich hin!

Noch am selben Abend rief ich Daddy an. Er war in letzter Zeit häufig in *bella Italia*. Seine Karriere hatte an Fahrt gewonnen und ihn nach einem Aufenthalt in Hamburg auf die Bühnen internationaler Opernhäuser geführt. Jetzt hatte er wieder Engagements in Rom, Genua – und auch in Venedig.

»L'occasione fa l'uomo ladro – Gelegenheit macht Diebe«, sagt man in Italien und Ähnliches schwebte mir vor: »Daddy, ich will dir was von deiner Zeit klauen«, sagte ich. »Wäre es okay, wenn ich dich in Venedig besuche?«

Aus dem Telefonhörer drang sein tiefes Lachen. »Weißt du was, Schätzchen? Deine Mutter will auch kommen. Ihr könntet doch zusammen in deinem Auto fahren.«

Auf einmal tat sich eine Möglichkeit auf, die mir die gute Laune schnell zurückbrachte. In den letzten Monaten hatten wir uns nicht oft gesehen. Auf einmal winkte ein Familienurlaub und das auch noch in Venedig. *Che bello!* Mir wurde klar, dass meine neu gewonnene Freizeit auch Freiheit bedeutete. Die wenigen Tage ohne Arbeit, die ich mir während des Engagements für QVC gegönnt hatte, waren nämlich in einer Nebentätigkeit aufgegangen: Seit man mich vor zwei Jahren zur Karnevalsprinzessin von Trier gekürt hatte, hatte ich Aberdutzenden von Veranstaltungen beigewohnt. Häufig raste ich nach der letzten Sendung von Düsseldorf nach Trier, zog mein Prinzessinnenkostüm über und eröffnete, begleitet von lokaler Prominenz, eine Karnevalssitzung. Das machte mir Spaß, brachte aber mit sich, dass ich anschließend nach Köln zurückfahren musste, um mich eine Stunde aufs Ohr legen zu können, bevor es wieder nach Düsseldorf ging. In jenem Jahr aber stand ein neues Prinzenpaar bereit und so hatte ich auch in Trier keine

Verpflichtungen mehr. Dafür konnte ich mich auf den Engelsflug von Venedig freuen: An einem Stahlseil befestigt, schwebt ein prominenter Bürger der Stadt vom Campanile über den Markusplatz hinweg, was den Karneval von Venedig zehn Tage vor Aschermittwoch offiziell eröffnet. Daddy würde zur gleichen Zeit im Teatro La Fenice singen, dem berühmten Opernhaus am Campo San Fantin. Selbst meine Schwester Elisabeth wollte sich Zeit freischaufeln und vorbeischauen. Auf einmal lohnte es sich, für die ganze Familie eine Wohnung in der Nähe des Canal Grande zu mieten.

Mit meinem Fiat 600 und seinen satten 23 Pferdestärken fühlte ich mich für Italien bestens gerüstet. Schon ein paar Tage später packte ich Mommy und ihre Siebensachen ein und fuhr Richtung Alpen. Vorbei an Basel, am Vierwaldstätter See, über den Gotthard ins Tessin, dann ging es im schweizerischen Chiasso über die Grenze. »Venezia 300 km« las ich auf einem Schild. Als wir ein paar Stunden später in der Lagunenstadt ankamen, wartete eine angenehme Überraschung auf mich. Tante Judith war aus London eingeflogen, um ebenfalls ein paar Tage mit uns zu verbringen. Noch am selben Abend besuchten wir eine Aufführung von Daddy, danach luden uns ein paar Mäzene der Oper in einen der prächtigen Palazzi am Canal Grande ein. Ein Hauch der Medici durchwehte die Villa und unvermittelt überfiel mich der Theater- und Opernvirus wieder. Ich erzählte Daddy davon.

»Ich könnte dir jeden Tag eine Stunde Gesangsunterricht geben«, erwiderte er. »Was hältst du davon?«

»Auf gar keinen Fall!«, entfuhr es mir. »Ich kann nicht mehr singen. Meine Stimme ist futsch. Das reicht gerade noch für die Badewanne.«

Daddy sah mich an und sagte nichts. Am nächsten Tag und am übernächsten und an allen folgenden wiederholte er sein Angebot. Eine Stunde Gesangsunterricht. Wir machen das ganz locker. Wir werden nichts übertreiben. Ich sagte Nein und wieder Nein und wieder Nein. Die Wahrheit war: Ich hatte furchtbare Angst, dass meine Stimme brechen könnte wie im Beethoven-Haus. Selbst jetzt noch konnte ich unvermittelt in Tränen ausbrechen, wenn ich nur ein paar Takte der *Lotosblume* von Robert Schumann hörte. Beim vierten oder fünften Nein erwiderte Daddy: »Schätzchen, weißt du noch, wie du das erste Mal mit mir auf der Bühne gestanden hast? Das war im *Rosenkavalier*. Du warst fünf Jahre alt. Danach bist du in Verdis Oper *Falstaff* aufgetreten. Du hast ein Igelchen gespielt. Dann kam deine erste große Kinderrolle mit viel Text: Federico García Lorcas *Bluthochzeit*. Da musste ich zuvor zum Jugendamt, damit du überhaupt die Erlaubnis bekommst, am Abend auf der Bühne stehen zu dürfen. Du hattest immer so viel Spaß daran und den kannst du wieder haben. Du musst nur die Freude daran sehen.«

Es war klar, was er meinte: Um meine Stimme zurückzugewinnen, musste ich die kindliche Begeisterung am Spiel wiederfinden. Ich beschloss, einen ersten Schritt zu tun und Daddy zu den Proben zu begleiten – wie in den alten Tagen Theaterluft schnuppern, mich am Duft der Schminke berauschen und an den Stimmen der Tenöre, die mühelos alle Mauern durchdringen. Danach kam es, wie es kommen musste: Ich nahm die erste Gesangsstunde bei Daddy – und siehe da, die Stimme hielt. Zwar war sie untrainiert und schwach wie die Muskulatur eines Sportlers nach einer langen Verletzung – aber sie brach nicht. Ich warf mich Daddy an den Hals.

»Wer weiß, vielleicht stehen wir doch noch eines Tages zusammen auf der Bühne«, sagte er und lächelte vielsagend. Diesen Gedanken schob ich erst einmal von mir. Ich war nicht nach Venedig gekommen, um mein Karriere umzuschubsen. Oder doch? Auf einmal verspürte ich Gewissensbisse. Die alte *What if*-Frage drängte sich in den Vordergrund. Dieses drängende »Was wäre wenn?« Was wäre, wenn ich doch die Bretter, die für mich offenbar noch immer die Welt bedeuteten, erobern könnte? Oder was wäre, wenn ich beim Fernsehen bliebe?

»Diese Phase ist beendet«, belehrte ich mich selbst. »Du bist hinausgeflogen. Du bist arbeitslos. Du warst erfolgreich, aber das hat nicht gereicht.«

Also doch wieder ans Singen denken? Auf einmal bestürmten mich so viele Fragen, dabei wollte ich mich doch erholen! Zum Glück gab es ein probates Mittel dagegen. Ich spazierte zur nächsten schwimmenden Haltestelle an einem der vielen Kanäle, die Venedig durchziehen, kaufte mir ein 24-Stunden-Ticket und stieg in den nächsten Vaporetto. So werden die Wassertaxis bezeichnet, mit denen man wunderbar durch die Stadt und über die Lagune brausen kann. Genau das tat ich: hinüber zum Lido und wieder zurück, dann zur Insel Murano, zum Cimitero und über die Fondamenta Nova Richtung Arsenale. Der Wind blies mir ins Gesicht und so nach und nach verloren sich alle »Was-wäre-wenn«-Fragen im blaugrünen Wasser der Lagune. Nach ein paar Stunden stieg ich an der Piazzale Roma aus. Herrlich! Keine Spur mehr von drängenden Gedanken! Der Vaporetto hatte Wunder gewirkt. In diesem Augenblick klingelte mein Handy.

»Hallo«, meldete sich eine tiefe Stimme. Für einen kurzen Moment dachte ich, Daddy in der Leitung zu haben. Dann nannte der Anrufer seinen Namen. »Hier spricht Matthias Preuss. Ich bin der Programmchef von H.O.T.«

H.O.T war die Abkürzung für Home Order Television, ein Teleshopping-Sender aus München, der vor QVC an den Start gegangen war. »Frau Williams, stimmt es, dass Sie aufgehört haben? Wir haben großes Interesse an Ihnen. Wollen Sie nicht bei uns in München vorbeikommen?«

Heute ist mir klar, dass sich nach meinen Erfolgen früher oder später jemand melden musste. Damals war ich zu unerfahren und hatte gar nicht damit gerechnet. Jetzt hörte ich mich sagen: »Ich weiß nicht. Die Sache ist die: Ich werde wieder singen.«

Damit war es heraus. Eine freudsche Fehlleistung, wie sie schöner nicht sein konnte. Mein Unterbewusstsein meldete sich zu Wort und ich bin mir sicher, Sigmund Freud hätte seinen Spaß daran gehabt. Ich werde wieder singen, hatte es gesagt.

Ich werde wieder singen!

Matthias Preuss war wenig beeindruckt. »Wissen Sie, warum unterhalten wir uns nicht einfach mal ganz unverbindlich? Ich schicke Ihnen ein Flugticket und Sie kommen einen Tag vorbei, sehen sich alles an, dann schaun wir mal.«

Schau'n mer mal, wie Kaiser Franz Beckenbauer zu sagen pflegt. Mit dem Hintergedanken: Das wird schon was. Zwei Tage später hielt ich das Ticket in Händen. Ein Vaporetto brachte mich zum Flughafen, ich flog nach München. Dort wartete Matthias Preuss auf mich. Wir gingen bayerisch essen, Schweinebraten mit Knödel, und tranken ein Helles dazu. Wir verstanden uns bestens und auf einmal dachte ich: »Hier bin ich zu Hause. Hier bin ich dahoam.«

Matthias Preuss wusste, wie man jemanden umschmeichelt: Man habe meine Sendungen gesehen, ließ er mich wissen, man habe meinen Aufstieg verfolgt und meine Erfolge auch. Anders als meine Ex-Personalchefin verlor er sich nicht in Floskeln, sondern legte ein überzeugendes Angebot auf den Tisch. Aber hatte ich nicht gerade gesagt, ich werde wieder singen? Ich bedankte mich und erbat mir Bedenkzeit.

Bis zum Rückflug nach Venedig blieben zwei Stunden und ich schlenderte über den Viktualienmarkt, noch immer mit diesem starken Gefühl von Heimat im Herzen.

Interessanterweise kam kurze Zeit später ein Angebot von QVC, verbunden mit einer satten Gehaltserhöhung. Daran war ich nicht mehr interessiert. Mir war es nicht ums Geld gegangen. Der Satz »Ich möchte gern eine Zukunft mit Ihnen aufbauen« war entscheidend gewesen und diese gemeinsame Zukunft war Opfer eines Taktikspiels geworden. Zu QVC zurückzukehren konnte ich mir nicht mehr vorstellen.

Zurück in Venedig begann ich wieder, viel Musik zu hören, Daddy in die Oper zu begleiten, selbst verhalten mit ihm zu singen und mich ansonsten des Lebens zu erfreuen. Manchmal lud Daddy abends Sängerkollegen ein, um für sie zu kochen. Das tat er mit viel Leidenschaft und wenig Talent und wir hatten eine Menge zu lachen. Wir erzählten den versammelten Sopranisten, Tenören und Bassisten, wie ein typischer

Sonntag bei Familie Williams ausgesehen hatte: Daddy war morgens ins Wohnzimmer gestürmt, um uns mitzuteilen: »Bitte frühstückt nicht, ich koche heute. Ihr werdet euren ganzen Hunger brauchen, denn ich werde einen Fisch zubereiten!« Danach verschwand er in der Küche, die ab jetzt keiner mehr betreten durfte. Wir hörten Töpfe klappern, seltsame Düfte durchzogen die Wohnung, ich klopfte an die Tür: »Daddy, wann gibts was? Ich bin hungrig!«

»Stör mich nicht!«, drang sein Bass aus der Küche. »Ich muss mich konzentrieren!«

Der Magen hing uns durch, wenn er endlich zu Tisch rief. Den hatte er fein gedeckt, die Servietten liebevoll gefaltet. Dann kam er aus der Küche und servierte ein Amuse-Gueule: Eine Scheibe Knäckebrot mit Tomatenmark, darüber eine Scheibe trockener Schafskäse. Zur Garnierung hatte er ein paar Kräuter verstreut. Das war nicht gerade Haute Cuisine, aber er strahlte übers ganze Gesicht, sodass keiner sich traute, etwas anderes zu sagen als: »Oh Daddy, das ist ja so lecker!« Dann kam der zweite Gang, der aus einer Sardine bestand, die verlassen neben einem Häufchen Mais aus der Dose lag.

Jetzt konnte ich nicht anders: »Das ist dein Fisch, Daddy? Die Sardine ist gar nicht gekocht! Sie kommt aus der Dose!«

Daddy sah mich an und hob die Stimme. Die Wände wackelten, als er erwiderte: »An die Kochkünste deiner Mutter reiche ich nicht heran, aber ich habe alles mit viel Liebe zubereitet.«

Meine Schwestern platzten fast vor Lachen und nachdem wir die Sardine vertilgt hatten, sagte Mommy: »Lewis, ich hoffe, du siehst, wie sehr dich deine Familie liebt.«

Daddy grinste und kündigte an: »Nächsten Sonntag werde ich ein Huhn kochen.«

Als wir an diesem Abend zusammen mit den Sängern aus Venedigs Oper Daddys Küchenkreationen verspeist hatten, nahm er mich zur Seite: »Schätzchen, ich habe so viele Auftritte in Italien. Ich denke, ich sollte besser Italienisch lernen. Alle sagen, Perugia sei die richtige Stadt dafür. Hast du Lust mitzukommen?«

Und ob ich Lust hatte! Perugia ist die Hauptstadt der Region Umbrien und hat eine wunderbare Altstadt. Außerdem gibt es die Università per Stranieri di Perugia, die Ausländeruniversität. Sie ist etwas Besonderes, speziell für ausländische Studenten konzipiert. Es gibt Sprachkurse für jedes Niveau, dazu Seminare zur italienischen Kultur und Geschichte.

»Wann soll es losgehen?«, fragte ich.

»In ein paar Tagen. Ich organisiere eine Wohnung.«

Lass mich das machen, Daddy, wollte ich sagen, denn ich wusste, dass seine Organisationskunst gleich nach seiner Kochkunst kam. Aber Daddy hatte sich schon wieder den Gästen zugewandt: »Jetzt kommt der Nachtisch. Ihr werdet staunen!«

Ich staunte ebenfalls, als wir kurze Zeit später in Perugia ankamen. Statt einer Wohnung in der Stadt hatte Daddy ein Häuschen weit außerhalb aufgetrieben. Die Einrichtung war minimal, unsere schmalen Betten so hart wie die Pritschen einer Zelle.

»Das ist zu eng für dich, Daddy«, sagte ich, nachdem ich einen Blick auf sein Lager geworfen hatte.

»Du hast recht. Das wird ein hübscher Seiltanz, nachts nicht herauszufallen«, antwortete er. »Gehen wir zur Uni!«

Gehen wir zur Uni – was für ein Satz aus seinem Mund. Es war einfach fantastisch, zusammen mit Daddy Italienisch zu lernen! Die meisten der Studenten waren in meinem Alter, aber das fiel nicht auf, denn er war im Herzen jung geblieben.

»Va bene se faccio io la cena?«, wandte ich mein neues Wissen an. »Ist es in Ordnung, wenn ich koche?« Ich erinnerte mich mit Grausen an eine Episode, als ich Daddy vor Monaten Richtung Italien verabschiedet hatte. Ich hatte ihn zum Flughafen gebracht und mich über seinen schweren Koffer gewundert. Als wir ihn beim Einchecken aufs Band wuchteten, wog das Ding siebzig Kilo! Die Dame am Counter war freundlich, aber bestimmt: »Das ist zu viel, Herr Williams«, sagte sie. »Ich fürchte, Sie müssen was auspacken.«

»Was hast du denn drin?«, wollte ich wissen. Mittlerweile hatte Daddy den Koffer geöffnet.

»Fünfzig Sardinendosen, Salamiwürste, Rindfleisch in Dosen, Oliven in Gläsern«, zählte er auf. »Da kommt ein bisschen Gewicht zusammen.«

»Du fliegst nach Italien, Daddy, und nimmst Salami mit? Das ist doch nicht normal!«

»Weißt du, Schätzchen, ich muss sparsam sein. Ich muss meine Familie ernähren. Aber du hast recht. Ich lass ein paar von den Dosen da, die kannst du mit nach Hause nehmen. Dann hast du was zu essen.«

Wir stellten den Koffer wieder aufs Band und er wog immer noch sechzig Kilo. Daddys Charmeoffensive war die Dame am Counter nicht gewachsen. »Dann drück' ich mal zwei Augen zu«, sagte sie und schon verschwand der Koffer aus unserem Blick. Da wir schon in Venedig die eine oder andere Dose aus Daddys Vorratsschatz verdrückt hatten, stand mir in Perugia der Sinn nach anderem. Daddy auch. Ich musste lachen, als er meine Frage mit »Con molto piacere!« beantwortete. Mit dem größten Vergnügen darfst du für mich kochen!

Wir verbrachten wunderbar friedliche Tage. An einem Sonntag lud ich Daddy ins Auto und wir machten eine *scarrozzata* – eine Spazierfahrt ins Blaue, ohne Ziel und Zeitdruck. Irgendwann kamen wir an einem Sonnenblumenfeld vorbei. Die Blumen wogten im Wind, die Köpfe in Richtung der vormittäglichen Sonne gestreckt. Als wir abends dasselbe Feld passierten, hatten sie sich um hundertachtzig Grad gewendet. Man konnte meinen, sie sähen der untergehenden Sonne nach.

»Weißt du, Daddy«, sagte ich. »Wir können die Sonne zwar nicht beeinflussen, aber wir können uns immer so drehen, dass wir ihr zugewandt sind. Wie die Blumen.«

Daddy sah mich an. »Ich weiß zwar nicht, was du mir damit sagen willst, aber es klingt gut«, lachte er.

Mir war eben ein Licht aufgegangen. Ich verglich die Blumen auf dem Feld mit meinem Lebensweg. Wollte ich weiterhin in die Sonne schauen, war das Singen auf höchstem Niveau zu riskant. Es konnte jederzeit passieren, dass die Stimme wieder brach. Es lag in meiner Verantwortung, mich so zu drehen, dass ich trotzdem der Sonne zugewandt bliebe.

Hat man sich erst einmal entschieden, passieren Dinge oft wie von selbst. Ein paar Tage später klingelte mein Handy. Ich war in der Küche, um Daddys Lieblingspasta zuzubereiten.

»Sie haben sich Bedenkzeit erbeten«, sagte Matthias Preuss. »Wie stehen Sie inzwischen zu der Sache?«

Ich hatte keine Gewissensbisse mehr. Dieses Mal konnte ich freien Herzens antworten: »Ich kann mir gut vorstellen, bei Ihnen zu arbeiten.«

»Das höre ich gern. Wann kehren Sie nach Deutschland zurück?«

»Nächste Woche.«

»Dann kommen Sie einfach auf der Rückfahrt in München vorbei und wir sprechen über die Konditionen.«

Als ich auflegte, fühlte ich mich frei und glücklich wie schon lange nicht mehr. Ich nahm mir vor, meinem Bauchgefühl zu folgen.

»Wer war dran?«, fragte Daddy, der gerade in die Küche kam.

»Meine neue Heimat«, antwortete ich. »Ich glaube, ich habe gerade mit meiner neuen Heimat gesprochen.«

Kapitel 19

My Life is H.O.T.

Auf der Hinfahrt nach Venedig hatte ich Mommy im Auto gehabt, auf der Rückfahrt quetschte sich Daddy in den Fiat 600. Ich wählte die Route über Bozen und Innsbruck, um auf schnellstem Weg nach München zu gelangen. An der Tankstelle Holzkirchen Nord setzte ich den Blinker. In einem stinkenden Waschraum schlüpfte ich in mein Businessdress, legte Schminke auf, atmete dreimal tief durch. Jetzt kam es drauf an, gut in Form zu sein.

Während Daddy auf dem Parkplatz von H.O.T. wartete, absolvierte ich die wichtigste Besprechung meines bisherigen Lebens. Sie sollte wegweisend sein. Zwar wollte mich Matthias Preuss als Mitarbeiterin gewinnen, aber noch war nicht klar, ob wir handelseinig würden. Ich wollte meiner Leistung entsprechend bezahlt werden.

»Was ist Ihre Gehaltsvorstellung?«, lautete die Frage, vor der ich Bammel hatte, weil ich dieses Mal selbst Gambit spielen wollte. Ich nannte die Summe, die wesentlich höher lag als jene, die mir QVC als Gehaltserhöhung vorgeschlagen hatte.

Matthias Preuss lächelte. »Das muss ich mit dem Vorstand klären«, sagte er. »Aber es sollte kein Problem sein. Viel wichtiger ist: Wann können Sie anfangen?«

Als ich eine halbe Stunde später Daddy auf dem Parkplatz traf, konnte ich es kaum glauben. »Die kannten meinen Marktwert ganz genau«, sagte ich. »Die wissen, was ich zu leisten in der Lage bin.« Ich wusste: Die wollen mich, und das motivierte mich zusätzlich.

Nachdem wir losgefahren waren, sprachen wir darüber, wie meine Zukunft aussehen könnte. Falls Daddy enttäuscht war, weil ich mich gegen das professionelle Singen entschieden hatte, ließ er sich nichts anmerken. Im Gegenteil: Er freute sich darüber, dass ich eine Perspektive hatte. Kurz bevor wir Trier erreichten, klingelte erneut das Telefon. Ich fuhr rechts heran und meldete mich.

»Aha«, sagte eine schneidende Stimme. »Gehst du endlich mal ran!«

Es war Jürgen. Irgendwie hatte er schon unsere Nummer in Venedig herausbekommen und dort ständig angerufen. Es war der reinste Telefonterror gewesen und ich hatte mich verleugnen lassen. Damit war die Sache aber nicht ausgestanden. Seine Stimme fühlte sich an wie Messerstiche. Vor lauter Schreck schaltete ich das Telefon aus.

»Du musst ihm klarmachen, dass eure Beziehung beendet ist«, sagte Daddy.

»Das habe ich schon tausendmal, aber er akzeptiert es einfach nicht. Vielleicht hilft es, wenn ich nach München ziehe, weit weg von ihm.«

»Ich könnte dir eine Wohnung organisieren.«

»Aber bitte nicht wie in Perugia ganz weit draußen.«

»Nein, nein. Ich kenne da eine reizende alte Dame. Sie wird dir gefallen. Ich kümmere mich gleich darum.‹

Ich setzte Daddy in Trier ab und fuhr weiter nach Köln. »Wann können Sie anfangen«, hatte Matthias Preuss gefragt und ich hatte ohne Zögern geantwortet: »Sofort.« Das bedeutete, dass ich nur ein paar Sachen holte, um gleich wieder nach München zurückzukehren. Dort erreichte mich der Anruf von Daddy.

»Das mit der Wohnung geht in Ordnung«, sagte er. »Frau Leander wohnt in Bogenhausen. Warte, ich gebe dir die Adresse.«

»Läuft ja alles wie geschmiert«, dachte ich. Dann kam der nächste Gedanke: »Weißt du eigentlich, Judith, dass du keinen Menschen in München kennst? Du hast zwar dieses Heimatgefühl – aber mal ehrlich, Heimat ist diese Stadt schon lange nicht mehr.«

Auf einmal fühlte ich mich nicht mehr ganz so zuversichtlich. Vielleicht war das der Grund, weshalb ich mich plötzlich im Hofbräuhaus wiederfand, dem bekanntesten Touristentreffpunkt der Stadt. Dort bestellte ich eine Gänsekeule mit Knödel, eine riesige Apfelschorle, die ich im Leben nie bezwingen würde können, wehrte ein paar Anmach-versuche hochdeutsch sprechender Männer mit Tirolerhüten auf den Köpfen ab und stellte mir vor, wie ich an nächsten Tag meinen ersten Arbeitstag gestaltete. Schließlich wurde es Zeit, das neue Domizil zu besichtigen. Ich stieg ins Auto. Als ich am golden angestrahlten Friedens-engel vorbeikam, hatte ich wieder dieses Gefühl von Heimat.

»Hier wirst du bleiben«, dachte ich und fuhr weiter nach Bogen-hausen. Ich erfreute mich an den vielen alten Häusern, die es dort noch gab. Irgendwann stand ich vor einer uralten Villa. Der Klingelknopf war ein Modell aus dem vorletzten Jahrhundert und als ich ihn drückte, schepperte irgendwo im Haus eine metallene Glocke. Die Tür öffnete sich und eine alte Dame trat heraus. In einer Hand trug sie eine bren-nende Kerze.

»Sie wünschen?«

»Ich bin Judith Williams. Mein Vater, Daniel Lewis Williams, der Opernsänger, hat bei Ihnen angerufen ...«

»Ah, das Fräulein Williams! Kommen Sie doch bitte herein. Wissen Sie, ich bewundere Ihren Vater! Wann immer er hier singt, gehe ich in die Oper. Ich zeige Ihnen gleich Ihr Zimmer.«

Frau Leander war so freundlich, dass mir nichts übrig blieb, als mich freundlich zu bedanken. Dabei war meine Unterkunft eine Zumutung. Die Fenster waren so schmutzig, dass kein Lichtstrahl hereindrang. Da-für hatte die Glühbirne, die von der Decke baumelte, schon vor Jahren den Geist aufgegeben. Mangels Ersatz musste ich ebenfalls auf Kerzen umsteigen. Im Zimmer gab es ein Bett, ein Waschbecken, einen uralten Schrank und jede Menge Spinnen. Ich legte mich ins Bett und die steife Decke schloss sich um mich wie ein uralter Wintermantel. Staub kitzelte in meiner Nase, es roch nach feuchtem Moder. Ich stand wieder auf, ging zum Auto und nahm den Überzug vom Rücksitz. Zurück im Zim-mer wickelte ich mich in ihn ein. Irgendwann fand ich ein wenig Schlaf. Am nächsten Morgen duschte ich kalt – ich musste erst lernen, dass warmes Wasser nur zwischen sieben und acht Uhr zur Verfügung stand – und brach auf zu meinem ersten Arbeitstag.

Bei H.O.T. sah es anders aus als in Düsseldorf – es war eben München, wie es leibt und lebt: sehr schick, etwas etepetete, die Frauen unterkühlt, die Männer im sportlich-relaxten Macho-Modus. Bald war klar, dass ich hier wunderbar meiner Arbeit nachgehen konnte, aber Freunde fürs Leben zu finden schwierig war. Die ersten Wochen verbrachte ich sehr zurückgezogen. Meist kehrte ich nach der Arbeit in mein Kabuff zurück, wo es unmöglich war, einen Föhn einzuschalten, wenn gleichzeitig das Radio lief, weil sonst die Sicherung durchknallte. Es gab keine Heizung und in mancher Nacht gefror mir der Atem im Gesicht. Drehte man den Wasserhahn auf, ließen sich die Tropfen im Wasserstrahl zählen. Das einzige Vergnügen, das ich mir gönnte, war Kino. Bis zu seiner Schließung war ich häufig Gast im traditionsreichen Programmkino »Türkendolch« in der Maxvorstadt. Auch meinen 29. Geburtstag wollte ich dort verbringen, weil es niemanden gab, mit dem ich hätte feiern können. An der Kasse bestellte ich eine extragroße Portion Popcorn und eine Cola. Gerade griff ich zum Geldbeutel, als eine Stimme hinter mir sagte: »Für die hübsche Dame zahle ich mit.« Ich drehte mich um und blickte einem türkischen Jugendlichen ins Gesicht.

»Irgendwie sehen Sie aus, als ob Sie Aufmunterung gebrauchen könnten«, sagte er.

Es war keine Anmache, er war auch nicht allein. Aber offensichtlich ließ sich meine Einsamkeit nicht verbergen. Ich bedankte mich und dachte: »So kann es nicht weitergehen, Judith. Du musst mal Freunde finden. Schließlich geht es vielen so wie dir.«

Ein Drittel aller Münchner leben allein, hatte kurz zuvor eine große Tageszeitung geschrieben und die Stadt flugs zur Single-Hauptstadt Deutschlands gekürt. Doch wie findet man Freunde, wenn man niemanden kennt? In dieser Zeit waren die Onlinemöglichkeiten von heute noch nicht so weit verbreitet. Allein durch Bars und Kneipen zu ziehen, kam für mich nicht infrage. Also doch bei der Arbeit suchen? Dort gab es eine Kollegin vom Typ blondes Gift, die mich zwei Jahre lang demonstrativ nicht grüßte. In Düsseldorf bei QVC war Walter Freiwald der Star der *Morning-Show* gewesen. Wenn er das Studio betrat, griff er sich zwischen die Beine und verkündete lautstark: »Ich kann schon wieder.«

»Und?«, dachte ich immer. »Soll ich dir dazu gratulieren?« Natürlich waren nicht alle Kollegen von diesem Schlag. Doch die Medienbranche kann ein Haifischbecken sein. Jemanden zu finden, der in einem nicht nur die Konkurrenz sah, war so gut wie unmöglich. Noch während ich darüber nachdachte, läutete das Telefon.

»Hier spricht Sarah. Erinnerst du dich an mich?«

Dieser Anruf kam wie gerufen! Sarah war eine Freundin aus alten Zeiten, die gerade nach München gezogen war. Sie hatte herausgefunden, dass ich auch hier wohnte und gleich zum Telefon gegriffen. Von diesem Tag an sahen wir uns regelmäßig und als mir eines Tages in der alten Villa ein halbes Dutzend Mal die Sicherung entgegengekommen war, bot sie an: »Willst du nicht bei mir wohnen, bis du was Besseres gefunden hast?« Das ließ ich mir nicht zweimal sagen. Ich zog bei Sarah ein und wurde eine fleißige Leserin einschlägiger Immobilienangebote. Ein paar Monate später war ich stolze Eigentümerin meiner ersten eigenen Wohnung: vierzig Quadratmeter im Herzen der Stadt – ein wunderbares Gefühl! Jetzt konnte ich mich noch besser auf meinen Beruf konzentrieren, weil ich wusste, dass ich ein Zuhause hatte. Die kommenden Jahre führte ich das typische Leben moderner junger Frauen: mit großem Engagement für den Job und zu wenig Freizeit. Die verbrachte ich beim Sport, mit dem Besuch bei den Eltern, mit meinem langsam wachsenden Freundinnenkreis, im Kino, beim Brunch. Ab und zu testete ich vorsichtig meine Stimme. Die Fortschritte blieben minimal, doch es gab welche. Hin und wieder gelang mir eine Gesangspassage, die sich gar nicht so schlecht anhörte. Es kam mir vor, als müsste ich nach langer Zeit der Bettlägerigkeit das Gehen wieder erlernen. Da man so etwas besser in Begleitung tut, fasste ich den Entschluss, einen Gesangslehrer zu finden. Dabei konnte ich auf einen reichen Erfahrungsschatz zurückgreifen und wusste, dass ich keinen

08/15-Lehrer gebrauchen konnte, der stur sein Programm durchzog, die Tonleitern herauf und herunter mit Stimmübungen bis zum Erbrechen. Was ich mir wünschte, war jemand, der meine Situation ernst nahm und vielleicht in der Lage war, mich behutsam wieder an mein altes Können heranzuführen. Der Italiener Stellario Fagone schien genau der Richtige dafür. Als Dirigent und Chorleiter der Münchner Staatsoper war er für die Gesangsausbildung vieler Sänger verantwortlich. Damit hatte er schon mehr als genug zu tun, aber der Fall Judith Williams schien ihn zu reizen. »Ich konnte mal sehr gut singen«, sagte ich bei unserem ersten Treffen. »Aber heute hört sich alles furchtbar an.«

»*Va bene.*« Stellario blieb ganz entspannt. »Dann lass doch mal hören, *wie* furchtbar furchtbar klingt.«

Ich stimmte ein Lied an und es klang wirklich furchtbar! Doch das schreckte Stellario nicht ab, obwohl er jeden Tag die schönsten Stimmen hören durfte. Sein Mut gab mir Mut. In den kommenden Monaten pirschte ich mich unter seiner Anleitung langsam an das Repertoire heran, das ich einmal als mein Ureigenes angesehen hatte. Da ich mich jedoch ständig mit früher verglich, war ich nie von meinen Fortschritten überzeugt. Stellario entwickelte seine eigene Strategie, damit ich diese Schwäche überwinden konnte. An einem schönen Samstagnachmittag lag ich zu Hause in der Badewanne und dachte über die Woche nach, die hinter mir lag. Auf einmal klingelte das Telefon. Stellarios Stimme klang aufgeregt.

»Judith!«, rief er. »Es ist etwas passiert. Ich habe diesen Auftritt, ich am Klavier und Anne singt. Jetzt hat sie abgesagt! *È un bel casino!* Was für ein Schlamassel! Kannst du einspringen, *per favore?*«

Mir fiel fast das Telefon in die Badewanne. »Ich? Ein Konzert? Das ist ganz und gar unmöglich! Was soll ich denn singen?«

»Was soll ich denn singen« fragt man nicht, wenn etwas ganz und gar unmöglich ist. Stellario merkte, dass ich den Köder geschluckt hatte. Jetzt musste er nur noch behutsam die Angel einholen.

»Och«, sagte er. »Ein bisschen Bernstein vielleicht. Den hast du doch drauf. Weißt du, es handelt sich um eine kleine intime Hochzeit. Das Brautpaar freut sich schon so auf das Konzert.«

»Und wann soll das stattfinden?«

»Habe ich das nicht erwähnt? In einer Stunde!«

Im nächsten Augenblick war ich aus der Badewanne. Meine Instinkte funktionierten wie früher. Wenn der Intendant aufgeregt in die Garderobe gestürmt war, um eine seiner Hiobsbotschaften zu verkünden, wer gerade ausgefallen sei und durch mich ersetzt werden müsse – dann konnte ich in Rekordzeit Schminke auftragen und gleichzeitig in eine mir fremde Rolle schlüpfen. Als Stellario mich fünfzig Minuten später abholte, wurde mir erst klar, auf was ich mich eingelassen hatte: »Judith! Deine Stimme klingt schrecklich! Was ist, wenn sie bricht? Denk an Bonn, denk an den Meisterkurs!«

Von draußen konnte ich sehen, dass die kleine intime Hochzeit eine ausladende Familienfeier war. Bevor ich auf dem Absatz kehrtmachen konnte, zog mich Stellario auch schon in die Höhle des Löwen.

»Weißt du, warum machen wir nicht ein bisschen mehr als Bernstein? Wie wäre es, wenn du mit der Arie *Oh mio babbino caro* beginnst? Aus Giacomo Puccinis Oper *Gianni Schicchi*. Was auch schön wäre: Ein bisschen Franz Léhar, *Meine Lippen, die küssen so heiß*. Es ist schließlich eine Hochzeit.«

Seine Begeisterung steckte mich an. Ein paar Minuten später stand ich auf einer improvisierten Bühne, vor mir erwartungsvolle Gesichter. Stellario legte am Klavier los und ich tat etwas, von dem ich gedacht hatte, dass ich es nie wieder tun könnte: Ich gab ein Konzert. Mit jedem Lied fühlte ich mich sicherer und auf einmal spürte ich dieses warme Gefühl der Freude, das mir das Singen immer vermittelt hatte.

»Und nun zum Geheimnis, wie wir Frauen euch Männer zum Bräutigam machen – so sicher und zielbewusst, dass ihr uns einfach nicht entkommen könnt ...«, kündigte ich die Arie aus Franz Léhars Operette *Giuditta* an. Dann sang ich: »Meine Lippen, die küssen so heiß.«

Bis zu diesem Zeitpunkt hatte ich das Brautpaar noch nicht gesehen, sie mussten irgendwo in der Menge sein. »Trägt die Braut nicht weiß?«, dachte ich noch. Die Auflösung kam, als der letzte Ton verklungen war. Stellario erhob sich, ging ins Publikum und kam mit zwei gutaussehenden, fröhlichen Männern zurück.

»Judith, darf ich dir das Brautpaar vorstellen? Die jetzt endlich das Geheimnis kennen, wie ihr Frauen uns Männer einfangt ...«

Ich konnte mich gar nicht mehr erinnern, wann ich das letzte Mal einen so vergnüglichen Abend verbracht hatte. Als ich spät in der Nacht nach Hause ging, fühlte ich mich reich beschenkt. Ich hatte den nicht zu unterdrückenden Impuls, meine Eltern anzurufen. Ich musste ihnen einfach davon berichten, was geschehen war.

»Großartig«, rief Daddy in den Hörer. »Weißt du was? Ich organisiere uns ein Konzert! Jetzt werden wir doch noch zusammen auf der Bühne stehen.«

Von nun an war meine Freizeit ausgefüllt. Ich hatte den Spaß an der Musik wiederentdeckt; am Hören wie am Singen. Wenn ich abends nach Hause kam, setzte ich mich an den Küchentisch und komponierte Lieder. In der Zwischenzeit erzählte Daddy überall herum, dass ich wieder singe. Daraufhin erhielt ich regelmäßig Anrufe: »Wir planen ein kleines Konzert. Stehen Sie zur Verfügung?« Oder: »In sechs Monaten feiern wir in Trier das Stadtfest. Wollen Sie nicht zusammen mit Ihrem Vater auftreten?« Nahezu übergangslos glitt ich zurück ins konzertante Singen – und bingo, die Stimme hielt! Ein bis zwei Mal in der Woche übte ich mit Stellario und das tue ich auch heute noch, selbst in den allerstressigsten Zeiten. Diese Übungsstunden im großen Chorsaal der Münchner Staatsoper sind Balsam für meine Seele. Stellario sitzt am Flügel, ich stehe daneben und dann singe ich, was mein Herz begehrt, wie die Lieder *Auch kleine Dinge können uns entzücken* und *Mir ward gesagt, du reisest in die Ferne* aus dem *Italienischen Liederbuch* von Hugo Wolf. Als aufmerksamer Lehrer deutete mir Stellario stets die entscheidende Richtung: »Mehr Stütze in der Atmung und bitte achte auf die Klarheit deiner Konsonanten. Und im 18. Takt etwas mehr crescendo, *per favore.*«

Als ich immer mehr Sicherheit gewonnen hatte, wuchs in mir der Wunsch, eine CD aufzunehmen. Bei einem Konzert in Trier lernte ich Michael Anarp kennen – einen großartigen Musiker und Komponisten, der zu jener Zeit ein eigenes Tonstudio im Schwarzwald besaß.

»Komm mal in Bad Herrenalb vorbei«, schlug er mir vor, »dann stellen wir was zusammen auf die Beine.«

Die Wochenenden der nächsten Monate verbrachte ich auf der Autobahn im Stau und bei Michael im Studio. Manchmal zog sich die Fahrt von München über Stuttgart nach Pforzheim wie Kaugummi, doch ich nutzte die Zeit und komponierte im Auto weiter. Von Pforzheim gings tief in den Schwarzwald hinein, über den Dobel hinab ins Kurstädtchen Bad Herrenalb. Nach unserem dritten oder vierten Treffen meinte Michael: »Die CD wird ein Renner, das kann ich dir garantieren.«

Ich war noch immer skeptisch, was meine eigene Stimme anging. Aber Michael hatte viel Erfahrung in der Musikbranche und das bewog mich, am nächsten Arbeitstag beim Chefplaner des Senders vorbeizuschauen.

»Könnte ich die CD in einer meiner Sendungen mitverkaufen?«, fragte ich.

»Hm. Ich weiß nicht. Na gut, aber nur, wenn sie keine Sendezeit von den anderen Produkten wegnimmt.«

»Okay. Ich halte sie nur mal kurz hoch.«

Am nächsten Wochenende erzählte ich Michael davon. »Prima«, sagte er. »Wie viele sollen wir im Presswerk bestellen? Tausend?«

Ich weiß nicht, was mich ritt, als ich antwortete: »Nein. Wir bestellen zehntausend!«

Zwei Wochen später holte ich die CDs im Presswerk ab. Ich stopfte den Fiat 600 bis unters Dach mit ihnen voll und fuhr nach Nürnberg, wo sich unser Zentrallager befand.

»Einmal Lieferung CD ›Judith Williams‹«, sagte ich zum Dispo-
nenten, mit etwas Zweifel und etwas Stolz in der Stimme.

»Moment Mal, Frau Judith Williams? Ist das etwa Ihre CD?«

Ich nickte und zeigte ihm das Cover.

»Was kostet die? Ich würde gern eine kaufen. Aber nur mit Autogramm!«

Ich zückte den Stift und schrieb meinen Namen mit Schwung auf
das Cover. Dann reichte ich ihm die CD. »Wenn Sie erlauben, würde ich
sie Ihnen gern schenken.«

Das tat ich gern, und zwar aus zwei Gründen: Ich freute mich ehrlich
darüber, dass ich den Silberling mit meiner eigenen Musik in der Hand
halten durfte. Und ich hatte ein Gelübde abgelegt – damals, in der
schweren Zeit, als ich nicht mehr singen konnte. Da hatte ich eines
Abends um meine Stimme gebetet und versprochen: Sollte ich sie eines
Tages zurückbekommen, werde ich alles Geld, was ich durch sie verdiene,
einem guten Zweck zukommen lassen. Damit begann ich damals – die
zehntausend CDs waren in Kürze ausverkauft – und das tue ich noch
heute: Wenn ich mit Daddy auf der Bühne stehe oder mein Mann
Alexander und ich mit unserer Benefizveranstaltung Stecher-Williams
& Friends für einen guten Zweck singen, spende ich das Geld der Tri-
bute to Bambi-Stiftung und den SOS Kinderdörfern oder José Carreras
Leukämie-Stiftung. Das Singen ist für meine Seele, der Erlös daraus
soll bedürftigen Menschen zugutekommen.

Die Trennung von Jürgen war endgültig besiegelt, doch die schlechten Erfahrungen, die ich in dieser Beziehung gesammelt hatte, sorgten
dafür, dass ich nicht gerade aufmerksam nach Mr. Right Ausschau hielt.
Das änderte sich an einem frühsommerlichen Sonntag im Englischen
Garten. Mit ein paar Freundinnen saß ich im Seehaus. Der Kleinhesse-
loher See glitzerte in der Sonne und wir waren uns einig: Wir sind im
schönsten Stadtpark der Welt! Wie es in Münchner Biergärten üblich
ist, setzten sich weitere Gäste an den Tisch. Einer stach mir ins Auge:
ein schlanker Mann, dessen Lachfältchen um die Augenpartie eine gute

Portion Humor versprachen. Schnell kamen wir ins Gespräch, und tatsächlich: Mit ihm konnte man lachen. Damit besaß er einen Schlüssel zu meinem Herzen.

Auch im Job lief es immer besser. Ohne es darauf anzulegen, bekam ich im Laufe der Zeit den Ruf als Troubleshooter, also als Problemlöser. Lief eines der Sendeformate nicht richtig an oder gab es Schwierigkeiten mit erklärungsbedürftigen Produkten, hieß es: »Gib das der Judith, die schafft das.«

Es machte mir nichts aus, die heißen Kartoffeln aus dem Feuer zu holen, weil ich dabei viel lernen konnte. In Anlehnung an das New Yorker Motto »If you can make it there, you can make it anywhere«, sagte ich mir: »If you can sell this, you can sell anything.« Nach einer Weile hatte ich gar keine Lust mehr, mich mit einfachen Dingen abzugeben, weil ich im Problemlösen eine sportliche Herausforderung sah. Häufig war unter anderem das Marketingkonzept Grund für den schlechten Verkauf eines Produktes. Ein paar Leute hatten sich am grünen Tisch etwas ausgehirnt und dabei vergessen, dass es ohne Leidenschaft nicht geht. Dann kam ich ins Spiel. Ich setzte mich mit den Lieferanten zusammen und stellte ihnen Hunderte von Fragen. Das ist häufig so, als spräche man mit Ingenieuren eines tollen Autos: Am Anfang erklären sie emotionslos die neuesten Errungenschaften in Sachen Sicherheit, Fahrkomfort und Verbrauch. Irgendwann knackt man ihre harte Schale des Verstandes und sie beginnen, vor Begeisterung zu sprühen. Gelang mir das bei den Lieferanten, baute ich ihre Emotionen in die Sendungen ein und schon hatten wir einen neuen *winner*.

Was mir im Job prima gelang – aus Technokraten Emotionen herauszukitzeln –, klappte in meiner neuen Beziehung nicht so gut. Nachdem der erste Rausch der Verliebtheit vorbei war, machte er den Fehler, den manche Männer bei starken Frauen tun: Wir werden zurechtgestutzt und passend gemacht. Plötzlich sah er alle meine Fehler und startete ein Programm, um sie aus meinem Leben zu eliminieren.

Von Tag zu Tag wurde ich trauriger und schließ ich schlich sich dieser kleine Gedanke ein, der ätzend wie Säure wirkte: »Meinst du, das wird klappen mit eurem Zusammenleben? Wenn er schon jetzt versucht, dich und dein Leben umzukrempeln?«

Auf der Arbeit kam ich mittlerweile mit meinem neu erworbenen Ruf als Problemlöserin mit allen Arten von Produkten in Berührung: Schmuck, Uhren, Mode, Haushaltshelfern, alles für den Bastler, Gesundheitsbettwaren, Heimtextilien, Küchenartikeln, Kochgeschirren, technischen Geräten. Doch mein Herz schlug vor allem für die Kosmetik. Wenn ich mich mit einer Tagescreme beschäftigte, die bei der natürlichen Kollagenproduktion helfen konnte, Linien und Fältchen wieder aufzufüllen, kannte meine Begeisterung keine Grenzen. Dann dachte ich: »Ich möchte, dass alle Frauen sich damit verwöhnen können«, und dieser Wunsch war echt und authentisch. Es ging mir nicht darum, möglichst viele Döschen zu verkaufen, sondern Menschen dabei zu unterstützen, ihren Tag zu verschönern. Das ist ein großer Unterschied. Das eine bedeutet: »Verkaufen auf Teufel komm raus«, das andere aber, eine kleine Hilfe für ein angenehmeres Leben anzubieten. Dafür musste ich alles über die Tagescreme wissen: Woher stammte die darin verwendete Sheabutter – und mit »woher« meine ich die detektivische Spurensuche zurück zum Ausgangspunkt. Welcher Farmer baut den Karitébaum an, aus dessen Nüssen die Sheabutter gewonnen wurde? Wie ist er dabei vorgegangen? Unter welchen ökologischen Bedingungen gedeihen die Jojobasträucher, deren Öl für den natürlichen Lichtschutzfaktor der Creme sorgt? Wie kann es gelingen, dass dieser UVA- und UVB-Filter lichtbedingter Hautalterung vorbeugt? Um das herauszufinden, rief ich Wissenschaftler an, besuchte Parfümeure, löcherte die Hersteller. Weil es neben der Tagescreme auch Düfte gab, Kurkonzentrate, Lippenstifte, Bodypeelings, Gesichtsmasken, Ampullenkuren, Kopfhautpflege, Augencremes und vieles mehr, hatte ich reichlich zu tun. Gingen meine Kollegen nach Hause, büffelte ich stundenlang Kosmetikverordnungen, Inhaltsstoffe, dermatologische Tests und die neuesten wissenschaftlicher Erkenntnisse der Anti-Aging-Forschung. Ich setzte mir zum Ziel, die größte Expertin auf diesem Gebiet zu werden.

Zu derselben Zeit hatte ich zum ersten Mal die Idee, mich selbstständig zu machen. Es gab viel, was dafür sprach: Mein Leben selbst zu bestimmen gehörte zu meinen zentralen Prinzipien. Außerdem verspürte ich Lust, neue Wege zu beschreiten und innovative Ideen umzusetzen, ohne von Zauderern und Bedenkenträgern behindert zu werden. Darüber hinaus wollte ich mein Wissen nutzen, um noch mehr Menschen bei ihrer Suche nach der besten Pflege zu unterstützen. Einige der Ziele ließen sich im Angestelltenverhältnis umsetzen, andere nicht. Inzwischen war ein wahrer Teleshopping-Boom ausgebrochen. 2001 war H.O.T. umbenannt worden in HSE24, ein Kürzel für Home Shopping Europe und den Hinweis, dass wir täglich 24 Stunden auf Sendung waren. Wir hatten drei Studios in der Firmenzentrale in Ismaning bei München, wo mehr als zweitausend Mitarbeiter beschäftigt waren

Ich dachte darüber nach, ob ich mir einen Partner ins Boot holen sollte. Deshalb begann ich, alle Lieferanten genauer unter die Lupe zu nehmen. Dabei stieß ich immer wieder auf den Namen des Österreichers Roland Kohl. Ging es darum, ein paar entscheidende Dinge anders zu machen als die Konkurrenz, kam man an ihm offenbar nicht vorbei. Ich griff zum Telefon und rief ihn an. Bevor ich erklären konnte, wer ich war und was ich wollte, unterbrach er mich lachend.

»Ich weiß Bescheid«, sagte er. »Sie sind die Moderatorin, die Produkte verkauft, die vorher keine Chance hatten. Jetzt wollen Sie sich selbstständig machen. Wenn sich das herumspricht, wird Ihr Telefon noch sehr oft klingeln.«

Ich stimmte in sein Lachen ein. Roland Kohl wusste offenbar über den Markt sehr gut Bescheid.

»Können wir uns treffen?«, fragte ich.

»Wann? Wo? Ich freue mich darauf!«

Ich fand bald heraus, dass dieser Mann wie eine Frischzellenkur war. Mir ähnlich gibt er sich nie mit dem Erreichten zufrieden. Er hatte sich neben seiner Arbeit in einer Bank an der Handelsakademie weitergebildet. Danach stieg er in die Marketingabteilung der Firma Schwarzkopf ein, dem vielleicht bedeutendsten Haarkosmetikunternehmen der Welt, entstanden aus einer kleinen Berliner Drogerie, die ein Chemiker namens Hans Schwarzkopf 1898 eröffnet hatte. Bei Schwarzkopf kletterte Roland die Karriereleiter hoch. Bald hatte er die Verkaufsleitung für Österreich, Kroatien, Slowenien und Italien inne. Wie ich auch träumte er irgendwann von der Selbstständigkeit und gründete seine eigene Kosmetikfirma, die Produkte auf pflanzlicher Basis herstellt. In dieser verrückten Kosmetikwelt entpuppte er sich als ein durch und durch seriöser Vollprofi. Die waren schwerer zu finden als eine Perle in einer Muschel. Ihm ging es darum, jeden Tag besser zu werden und vielleicht war das der Grund, weshalb er nicht in schallendes Gelächter ausbrach, als ich in leidenschaftlichem Ton sagte: »Wissen Sie, meine Vision ist es, ein paar Dinge besser zu machen ...«

Leute, die alles besser machen wollen, gibt es in jeder Branche und selten kommt Zählbares dabei heraus. Ein anderer als Roland hätte in dieser Situation wahrscheinlich gesagt: »Das ehrt Sie ja, Frau Williams. Aber Sie sind Moderatorin, keine Unternehmerin. Ich befürchte, Sie werden sich übernehmen.«

Stattdessen fragte er: »Wann können Sie mit mir nach Norditalien fahren?« Schnell kam Bewegung in die Sache. Selbst die Zweifler in meinem Umfeld änderten ihre Meinung, als sie merkten, mit welchem Enthusiasmus ich meinen Plan anging und meinten: »Du hast ja wirklich das Zeug dazu.«

Das sollte sich erst noch herausstellen. Von Hause aus bin ich schließlich ein fröhliches Mädchen. Die Geschäftswelt dagegen ist eher schmallippig und streng. Später sollte ich versuchen, diesem Ideal – ist es das überhaupt? – nachzueifern, sogar mithilfe eines Coaches. Heute bin ich erfahren genug, auf meinen natürlichen Charme zu setzen.

Das zahlt sich aus, schließlich ist das Ziel jeder Verhandlung, am Ende gut zusammenzuarbeiten, um erträumte Ziele gemeinsam zu erreichen. Doch das alles war noch Zukunftsmusik. Stattdessen fuhr ich mit Roland nach Italien. Endlich konnte ich beweisen, dass es mir ernst war. Niemals zuvor mussten die Hersteller der Basenrezepturen so viele bohrende Fragen beantworten wie bei diesem Besuch. In meiner alten Heimat Konz würde man sagen: »Du fragst den Leuten ein Loch in den Bauch«, und so war es. Ich wollte alles bis ins kleinste Detail erklärt bekommen. Gleichzeitig war ich beeindruckt, wie viel Expertise hier versammelt war. Einige der Wissenschaftler hatten die Aura des genialen Erfinders.

»Ich will mit mikroinkapsulierten Vitaminen arbeiten«, sagte ich zu ihnen, »ich will, dass diese Vitamine von einer Schutzhülle umgeben werden, damit sie nicht mit Sauerstoff oxidieren und damit ihre Wirkung verlieren.« Das war bei vielen Cremes der Fall, selbst bei Markenprodukten. »Mein Level an Qualität soll sich mit den teuersten Produkten messen können, trotzdem will ich das Ganze bezahlbar machen.«

Für Bedenkenträger hätte ich genug Grund zum kollektiven Kopfschütteln geliefert. »Sie wollen die eierlegende Wollmilchsau, Sie wollen alles und das zum kleinen Preis. Tut uns leid, Frau Williams, gehen Sie nach Hause und träumen Sie weiter.« Doch Roland hatte mich an den richtigen Ort geführt. Auch Wissenschaftler haben Sportsgeist. Sie schauten sich an und lächelten. Einer sprach aus, was ich hören wollte: »Non è facile, ma è possibile!« Das wird nicht einfach werden, aber wir kriegen es hin. Mit Hochgefühl kehrte ich nach München zurück. Die erste Hürde in Richtung Selbstständigkeit war genommen.

Nach ein paar Tagen hatte es sich in der Branche herumgesprochen, dass ich was Eigenes auf die Füße stellen wollte. Von nun an stand das Telefon nicht mehr still. Allein in einer Woche riefen 15 namhafte Kosmetikanbieter an, um mir »ein Angebot zu machen, dass Sie nicht ablehnen können«.

»Wir machen für Sie eine eigene Kosmetiklinie«, sagten sie. »Sie müssen nichts tun, außer zu repräsentieren. Für Sie ist das ein Klacks!«

»Danke, ich suche etwas anderes.«

»Denken Sie darüber nach«, kam die Antwort. »Unser Angebot ist exzellent. Sie werden viel Geld verdienen und brauchen nichts weiter zu tun, als Ihr Gesicht in die Kamera zu halten.«

Doch darum ging es mir nicht. Ich wollte die beste Kosmetik zum bezahlbaren Preis auf den Markt bringen und selbst ganz nah am Kunden sein.

Keiner ging davon aus, dass ich mir tatsächlich die Mühe machen könnte, eine eigene Produktlinie zu erschaffen. Wahrscheinlich dachten die meisten: »Das kriegt sie ohnehin nicht hin.« Wer wusste schon, wie hart ich arbeiten konnte, wenn ich erst einmal von einer Sache überzeugt war? Aber noch hielten Roland und ich den Ball flach, denn wir wussten beide, dass sich in dieser Zeit schnell zeigt, wer dein Freund ist und wer nicht. Nur wenige trauten mir die Sache wirklich zu. Einer davon war Stavros, ein gebürtiger Grieche. Wenn andere sagten: »Das willst du dir antun? Ein Geschäft aufbauen? Vergiss es!«, meinte er: »Jawoll, das machst du, Judith, und dann zeigst du den ganzen Einfaltspinseln, wie die Sache läuft. Ich beneide dich darum, dass du etwas gefunden hast, für das du richtig brennst!«

Die folgenden Tage führte ich erste Gespräche mit der Geschäftsleitung. Dort war man freundlich, aber auch skeptisch. Klar war ich eine sehr erfolgreiche Moderatorin, klar kannte man meinen guten Ruf als Problemlöserin. Doch zwei Punkte sprachen gegen mich: Bisher hatte es keiner geschafft, mit einer eigenständigen Marke dem Sender Gewinne zuzuführen. Mit anderen Worten: das Scheitern lag näher als der Erfolg. Dazu kam, dass es immer schwierig ist, im eigenen Haus Karriere zu machen. Doch ich ließ mich von allen Gegenargumenten nicht ins Bockshorn jagen, sondern arbeitete Tag und Nacht, um nicht nur meine normalen Aufgaben bei HSE24 zu erfüllen, sondern meine Vision von der Selbstständigkeit in die Realität umzusetzen. »Erfolg ist die erfolgreiche Überwindung von Hindernissen«, sagt man, und genau so ist es. Zusammen mit Roland räumte ich ein Hindernis nach dem anderen aus dem Weg, bis es am Ende nur noch ein Problem zu lösen gab. Das hatte es allerdings in sich – die leidige Frage: wer soll das bezahlen? Da ich in den letzten Jahren gut verdient, aber wenig verbraucht hatte, konnte ich auf ein Startkapital zurückgreifen. Ich ging volles Risiko und warf alles, was ich besaß, in den Topf. Das reichte aber noch lange nicht, um loszulegen. Jeder, der eine Firma gründet, weiß, wie schnell das Geld dabei weg ist – es schmilzt wie Butter in der Sonne. Wir wollten schließlich einen Handel mit eigenen Produkten betreiben. Um diese Produkte herzustellen, reichten meine Ersparnisse nicht aus. Ich sprach mit Roland darüber. Er lächelte und sagte: »Ich glaube an dich. Und an dein Konzept. Ich werde investieren.«

Nichts ist schlimmer, als ausgebremst zu werden. Nichts ist schöner, als wenn jemand an dich glaubt. Die Freude stand mir ins Gesicht geschrieben, auch wenn das kleine Teufelchen seine Stimme erhob: »Und was ist, wenn du's nicht packst? Wenn du nichts verkaufst? Dann hat der nette Mann aber ein gewaltiges Problem an der Backe. Und du auch, liebe Judith!«

Ich stürzte mich in die Arbeit, um den Stänkerer in mir durch Aktivität zum Schweigen zu bringen.

Mittlerweile fand mein Auto den Weg zur Produktionsstätte fast schon allein. Bei einer dieser Fahrten wurde mir übel und ich musste rechts heranfahren und eine Pause einlegen.

»Was dir fehlt, ist eine Mütze Schlaf«, sagte ich zu mir. »Du solltest dich wirklich mal wieder ausschlafen.«

Dazu war keine Zeit. Stattdessen hätte mein Tag 48 Stunden vertragen können. Wir waren dabei, Rohstoffe einzukaufen und die ersten Tiegel bedrucken zu lassen. Die Sache hatte den berühmten Point of no Return erreicht – den Punkt, an dem man nicht mehr umkehren kann. Es gab nur noch eine Richtung und die hieß geradeaus, doch mir wurde schon wieder übel. Dieses Mal morgens um fünf Uhr.

»Augen zu und durch«, dachte ich. »Du hast heute acht Sendungen zu absolvieren, da kommen zwölf Stunden harte Arbeit auf dich zu. Danach musst du fit genug sein, um noch ein paar weitere Stunden in deine eigene Firma zu investieren.« Irgendwann ließ sich die Situation nicht länger ignorieren. Es war klar, dass Schlafmangel nicht der Grund für die ständige Übelkeit sein konnte.

»Das kann nicht sein«, dachte ich, gefangen zwischen Staunen und Wundern. »Denk an den Tumor. Die vielen Hormone! Die Ärzte sagten, es ist sehr unwahrscheinlich, dass du schwanger werden kannst.«

Für einen Augenblick kehrte die Vergangenheit zurück. Ich erinnerte mich an die Entscheidung, die ich hatte treffen müssen: Nehme ich die Hormone, verliere ich Stimme und Karriere. Aber ich erhalte mir die minimale Chance, Kinder bekommen zu können. Nun fühlte es sich an, als ob das Unwahrscheinliche eingetreten war.

»Ich bin schwanger! Ich bekomme ein Kind!«

Als ich an diesem Morgen die beiden Sätze aussprach, war es auf einmal, als ob sich die Schwerkraft aufhöbe. Ich schwebte, ich schwebte auf Wolken sieben. Es war das überwältigendste Gefühl, das ich je erlebt hatte … was für ein Wunder … ich schwebte … zumindest ein paar Minuten lang, dann meldete sich die Vernunft zu Wort. »Mach den Test, geh zur Ärztin, du musst Bescheid wissen! Womöglich ist der Vater des Kindes alles andere als begeistert und außerdem willst du dich gerade selbstständig machen!«

Gibt es einen guten Zeitpunkt dafür, ein Kind zu bekommen? Die Diskussionen um dieses Thema füllen Bücher. Ich bin sicher, dass jede Frau anders darüber denkt, weil ihre Lebenssituation immer eine individuelle ist. Ich war völlig aus dem Häuschen vor Begeisterung, während sich gleichzeitig die Bedenken in meinem Kopf auftürmten, die sich in der zentralen Frage bündelten: Wie um alles in der Welt soll ich das schaffen?

Die Antwort konnte nur lauten: Das wird nicht einfach! Sei stark! Sei geduldig! Und plane – plane gut! Tatsächlich geht es hierbei um etwas Essenzielles im Leben einer Frau: Dürfen wir beides haben – Kinder und Karriere? Auch darüber wurden schon Zigtausende Buchseiten verfasst und politisch kocht das Thema stets gewaltig hoch. Auch seit Anne-Marie Slaughter ihren Job als erste Chefin des Planungsstabs von US-Außenministerin Hillary Clinton hingeschmissen hat, weil sie mehr bei ihren Kindern sein wollte. Unter dem Titel »Why women still can't have it all – warum Frauen noch immer nicht alles haben können« veröffentlichte sie ihre Erfahrung in der Zeitschrift *The Atlantic*. Facebook-Chefin Sheryl Sandberg widersprach prompt. Ihre Botschaft lautete: »Drücken Sie das Gaspedal bis zum Boden durch.« Als die Diskussion von Amerika nach Deutschland herüberschwappte, meldeten sich zahlreiche Frauen zu Wort: *Nachtmagazin*-Moderatorin Gabi Bauer und Hildegard Müller, Vorsitzende der Hauptgeschäftsführung des Bundesverbandes der Energie- und Wasserwirtschaft, Marion Schick, Personalvorstand der Deutschen Telekom AG, und Julia Jäkel, Vorstand von Gruner + Jahr – sie alle hatten erlebt, wie schwer die Kindererziehung mit ihrer Führungsposition zu vereinbaren war. Arbeitszeiten bis spät in den Abend, häufige Dienstreisen und kurzfristige Termine erfordern dafür eine ausgeklügelte Logistik. Wenn dann noch der Mann nicht mitzieht, wird's fast unmöglich. Genau das war bei mir zu befürchten. Und ich sollte recht behalten.

Kapitel 20

Eine Frau steht ihren Mann

Die Zeit, die kam, gehört zu meinen schmerzhaftesten Erinnerungen. Ein Wunder war geschehen – trotz Tumor, trotz Operation, trotz Hormonbehandlung war ich schwanger geworden –, doch der Vater des Kindes hatte Angst davor. Wir wurden uns nicht darüber einig, wie wir die Verantwortung für das Kind teilen konnten.

Trotzdem klammerte ich mich noch lange an die Hoffnung, einen Ausweg zu finden. Erfolglos schleppten wir uns zu zwei Beratungsstellen. Am Ende sagte eine der Therapeutinnen zu mir: »Sie sollten sich jetzt langsam auf das Kind konzentrieren. Ich will Ihnen die Hoffnung nicht nehmen, dass Ihr Partner noch vernünftig wird, aber eines kann ich Ihnen jetzt schon sagen: Sie müssen selbst auf sich und das Kind aufpassen, denn er wird es nicht tun.«

Der Rat der Therapeutin rüttelte mich wach, auch wenn ich damals noch nicht alles in der ganzen Tiefe erfassen konnte. Ich hatte Angst davor, auf der Straße zu landen und beschloss, einen Plan zu schmieden, damit das nicht passieren konnte. Um klarer sehen zu können, nahm ich mir ein Blatt Papier und schrieb darauf alle positiven Dinge meines Lebens. Gleich unter dem Punkt »Familie« stand »Roland«. Wir hatten auf unserem gemeinsamen Weg nicht nur viel voneinander gelernt, sondern auch entdeckt, dass wir füreinander respektvolle, ehrliche und wohlwollende Geschäftspartner waren. Das wolle ich auf keinen Fall aufs Spiel setzen. Ich wusste, dass ich in der Verantwortung stand, ihm meine neue Lebenssituation als Erstes mitzuteilen. Gleichzeitig fürchtete ich mich davor, weil er an mich geglaubt und viel Geld in meine Idee investiert hatte. Ich fürchtete mich auch deshalb, weil ich gerade miterleben musste, wie panisch mein eigener Partner auf die Nachricht

»Kind im Anmarsch« reagierte. Schweren Herzens stieg ich ins Auto und fuhr nach Österreich, wo Roland seine Firma hatte. Ich zitterte innerlich, als ich sein Büro betrat. Was würde er sagen? Würde er weiterhin an unser gemeinsames Projekt glauben? Als ich meinen Bericht beendet hatte, nahm Roland meine Hand und sagte: »Judith, das war in der letzten Zeit sicher sehr schwierig für dich. Meine Güte, was musst du mitgemacht haben. Das hätte ich dir wirklich anders gewünscht.«

Mir stockte der Atem. Im Laufe meines Lebens hatte ich gelernt, dass Sichzusammenreißen eine typisch deutsche Eigenschaft war, und ich hatte diese Eigenschaft sehr zu schätzen gelernt. Deshalb hatte ich mich in den letzten Wochen nur noch zusammengerissen und mit keinem Freund oder Bekannten über meine Situation und meine Ängste gesprochen. Nun aber saß ich diesem Mann gegenüber, der doch eigentlich nur mein Geschäftspartner war, und ein paar Worte des Mitgefühls brachten alle Dämme zum Bersten. Ja, ich hätte mir die Umstände auch anders gewünscht, aber das war nicht mehr das Thema. Vor allem wollte ich nicht, dass Roland an mir zweifelte.

»Ich kenne dein finanzielles Risiko«, sagte ich, als ich wieder sprechen konnte. »Das ist alles nicht leicht, aber glaube mir, ich werde noch härter arbeiten als bisher. Ich übernehme die Verantwortung für meine beiden Babys, das Kind und unsere Vision.«

»Das wäre meine nächste Frage gewesen«, meinte Roland. »Ob sich daran durch dein Kind etwas ändert?«

Ich lächelte, als ich mich sagen hörte: »Das Kind und ich, wir sind ein Team. Wir kriegen das gemeinsam hin!«

»Dann gib mir ein, zwei Tage. Ich möchte es mit meiner Frau besprechen.«

Als ich ins Auto stieg, begann ich im Nachhinein zu zittern. Die nervliche Anstrengung der letzten Wochen und all meine unterdrückten Ängste forderten ihren Tribut. Rolands väterliche Empathie ging mir nicht mehr aus dem Kopf und es flossen viele Tränen auf der Fahrt zurück nach München.

»Die Situation ist nicht perfekt«, dachte ich, »aber was ist schon perfekt im Leben? In dir wächst ein wunderbarer kleiner Mensch heran, dem du Mutter sein darfst. Wir haben ein Zuhause und liebe Menschen, die uns unterstützen. Das Einzige, was ich tun muss, ist, einen Fuß vor den anderen zu setzen. Und genau das werde ich auch tun!«

Kaum hatte ich meine Wohnung betreten, klingelte auch schon das Telefon. Roland war dran.

»Ich habe schon alles mit Inge besprochen«, sagte er. »Wir stehen zusammen hinter dir.«

Dann nahm seine Frau den Telefonhörer und gratulierte mir zur Schwangerschaft. Der Stein, der mir vom Herzen fiel, war groß genug, dass man ihn in Innsbruck hätte hören können.

In seinem großartigen Buch *The Hero with a Thousand Faces* beschreibt der amerikanische Märchen- und Mythenforscher Joseph Campbell den Weg, den der Held einer Geschichte zurücklegen muss, um am Ende sein Ziel zu erreichen. Einer dieser Abschnitte nennt er »Road of Obstacles« – Straße der Hindernisse. Jedes Hindernis ist das Symbol für eine Prüfung, welche der Held bewältigt. Natürlich kann er daran scheitern. Überwindet er jedoch das Hindernis, wird er dadurch stärker und ist bald in der Lage, auch die schwierigsten Probleme zu lösen.

Als Roland und ich uns darauf verständigten, die Produktpräsentation auf die Zeit nach der Geburt zu verschieben, hatten wir eines der Hindernisse auf unserer »Road of Obstacles« aus dem Weg geräumt. Als nächstes mussten wir die Entscheidung den Verantwortlichen von HSE24 schmackhaft machen – und dann wartete auch noch Adrienne Singer auf mich. Mit ihr war alles andere als gut Kirschen essen.

Adrienne gehörte zu den alten Hasen im Geschäft. Sie hatte sich in New York nach oben geboxt und eine der erfolgreichsten eigenen Kosmetiklinien an den Start gebracht. In Deutschland moderierte ich ihre Sendung. Das ging natürlich nicht mehr, wenn ich eine eigene Linie auf den Markt brachte. Mein Rückzug bedeutete für sie einen enormen Umsatzeinbruch, gleichzeitig rückte ich ihr als neue Konkurrentin auf die Pelle. Es war abzusehen, dass sie diese Entwicklung nicht ohne Widerstand hinnehmen würde.

Doch als Erstes setzten wir uns mit den Leuten von HSE24 zusammen. Chef der Beautyabteilung war ein Mann mit schwachen Nerven.

»Bring du dein Kind auf die Welt, dann schaun wir mal.«

Da war es wieder, das bayerische »Schau'n mer mal«. Das bedeuten kann: das wird schon was – oder genau das Gegenteil. Damit war ich überhaupt nicht einverstanden.

»Ich bin diesen Weg jetzt so weit gegangen«, erwiderte ich, »ich gehe ihn nicht zurück. Und ich bleibe auch nicht stehen.«

»Das kenne ich. Die Frauen kriegen ein Kind, dann bleiben sie zu Hause.«

Darüber ließe sich stundenlang trefflich diskutieren. Zum Beispiel, weshalb das so sein muss. Weil nämlich viele deutsche Firmen zwar überzeugende Produkte »Made in Germany« anbieten, aber in Sachen Kinderbetreuung nicht zur Weltspitze gehören. Ich frage mich, wie lange eine Volkswirtschaft wie unsere es sich noch leisten kann, auf die Hälfte ihrer Arbeitskräfte zu verzichten, indem sie Frauen die Wiedereingliederung in den Beruf derart erschwert. Das ist nicht klug. Deshalb brauchen wir auch keine Frauenquote, sondern eine anständige Kinderbetreuung. An diesem Tag sparte ich es mir, den Finger zu heben. Männer mit schwachen Nerven sind für gute Argumente nicht zugänglich.

»Sie haben das nicht richtig verstanden«, sagte ich stattdessen. »Ich werde etwas Besonderes auf die Beine stellen und es wäre schön, wenn Sie unser Partner blieben.«

Nach langem Hin und Her konnte ich ihn davon überzeugen, dass wir nur Vorteile davon hatten, wenn wir die Sache gemeinsam durchzögen. Nur eben ein bisschen später.

Im Gegensatz zum Chef der Beautyabteilung hatte Adrienne Singer Nerven wie Drahtseile. Mit weiblicher Anteilnahme konnte ich bei ihr nicht rechnen. Dafür nahm sie es sportlich. Wenn ich unbedingt mit ihr in Konkurrenz treten wollte – nun ja, ich würde sehen, wer am Ende die Nase vorn hatte.

Das nächste Hindernis, welches ich überwinden musste, hatte ich mir durch meine Idee selbst eingebrockt. Ich musste wieder einmal den schweren Gang zur Personalabteilung antreten und einen für eine schwangere Frau ungewöhnlichen Schritt vollziehen: meinen Angestelltenvertrag auflösen und dabei auf alle gesetzlichen Verpflichtungen des Arbeitsgebers verzichten. Schließlich arbeitete ich von nun an freiberuflich auf eigene Rechnung. Das kleine Teufelchen in meinem Kopf, welches sich um meine Sicherheit sorgte, wurde noch einmal laut: »Bist du völlig von Sinnen?«, begehrte es auf. »Du bist schwanger und kappst die einzige Sicherheitsleine, die du hast?«

Mit diesem Satz im Kopf setzte ich mich der Personalchefin gegenüber. Für einen Moment verwob sich die Vergangenheit mit der Gegenwart: Hatte ich bei QVC nicht mit einer ähnlichen Dame zu tun gehabt? Sind denn alle Personalchefinnen dieser Welt aus demselben Holz geschnitzt?

»Kommt nicht infrage«, polterte sie los, als ich schüchtern die Möglichkeit nach einer Klausel im Vertrag auslotete, die mir einen Weg zurück ermöglichte, falls die Sache schiefging.

»Ich bin ehrlich mit Ihnen, Frau Williams. Es ist Ihr Risiko und ich kann nur hoffen, dass Sie wissen, was Sie tun.«

Heute im Rückblick bin ich ihr dankbar für das kategorische Nein. Wir kommen nicht sehr weit, wenn wir uns ständig rückversichern und versuchen, die Tür hinter uns einen Spalt offen zu lassen. Nun war klar, dass ich es einfach schaffen musste.

Als ich kurze Zeit später beim Steuerberater saß, um mich darüber schlauzumachen, wie ich eine Gesellschaft mit beschränkter Haftung, kurz GmbH, gründete, musste ich auf einmal lachen. Mir kam in den Sinn, dass ich mich vor Kurzem noch mit einem Regisseur über die Frage gestritten hatte, warum ich mir nackt auf der Bühne eine Heroinspritze setzen sollte. Nun lauschte ich aufmerksam den Fallstricken, die das GmbH-Recht bot. Das Leben hat einiges zu bieten, wenn man sich erst einmal dazu entschlossen hat, daran teilzunehmen.

Glücklicherweise konnte ich mich voll und ganz auf meine Familie verlassen. In dieser Phase meines Lebens rückten wir noch enger zusammen. Als die Wochen kamen, in denen die Hormone in meinem Körper Purzelbäume schlugen, rief ich manchmal mitten in der Nacht bei meiner Mutter an. Gerade war mir eingefallen, wie schlecht ich sie als pubertierende 15-Jährige behandelt hatte, und dafür wollte ich sie unter Tränen um Vergebung bitten. Mommy gähnte in den Hörer: »Hör zu, Judith«, sagte sie. »Du musst dich nicht für all diese Sachen entschuldigen. Vor allem nicht nachts um drei Uhr!«

Darüber konnten wir beide lachen und ich legte beruhigt auf. An Schlaf war trotzdem nicht zu denken und ich war jedes Mal froh, wenn draußen das erste Morgenrot den neuen Tag ankündigte. Kurze Zeit später war ich bereits im Sender. Dort erledigte ich meine Arbeit, dann hängte ich mich ans Telefon, um mit Roland die unzähligen Kleinigkeiten zu besprechen, die noch organisiert werden mussten. Viele Stunden konferierte ich mit den Wissenschaftlern, welche unter Hochdruck an den Produkten arbeiteten, sprach mit Rechtsanwälten, dem Steuerberater und Spezialisten für das Callcenter. Meine Ärztin hatte mir empfohlen, im neunten Schwangerschaftsmonat kein Flugzeug mehr zu besteigen. Sie war mittlerweile zu einer echten Freundin geworden und legte mir nahe, gut auf mich aufzupassen. Ihre Worte führten zu einer Entscheidung. Nach endlosen Gesprächen entschieden der Kindsvater und ich, den Kontakt zueinander nicht länger aufrechtzuerhalten. Ich versprach ihm, dass er keine Verantwortung übernehmen und vor allem auch nichts bezahlen müsse. Da begann er zu weinen und bedankte sich bei mir, weil ich ihn nicht unter Druck setzte und er somit weiterhin in Freiheit leben konnte.

Und so war ich auf einmal wieder allein, hochschwanger und in ständigen Vorbereitungen für den Launch meiner Kosmetiklinie nach der Geburt. Ich arbeitete bis zu allerletzten Minute, dann fuhr ich zum Flughafen. Natürlich hätte ich gern mein Kind in München zur Welt gebracht. Doch neue Stolpersteine sorgten dafür, dass ich nach Chicago fliegen musste.

Kapitel 21

The Windy City

Die Sache war kompliziert: Als Kind amerikanischer Eltern bin ich automatisch Amerikanerin, auch wenn ich in Deutschland geboren wurde. Aufgrund des hier geltenden Blutsrechts verleiht der Staat seine Staatsbürgerschaft nur an Kinder, deren Eltern oder mindestens ein Elternteil in Deutschland Staatsbürger sind. Dieses Abstammungsprinzip wird *ius sanguinis* genannt und stammt noch aus der Kaiserzeit. Bei der Geburt meines Kindes hätte ich, da ich ja Amerikanerin bin, die Herkunft des Vaters angeben müssen, was ich aber nicht wollte, weil ich schließlich versprochen hatte, ihn außen vor zu lassen. Brächte ich das Kind trotzdem in Deutschland zu Welt, hätte es keine Staatsbürgerschaft. Auf dem Jugendamt, wo ich mich beraten ließ, zuckte man bedauernd mit den Schultern: »Das sind unsere Gesetze«, hieß es. »Tut uns leid.«

So kam es, dass ich das Land verlassen musste, um meinem Kind eine Staatsbürgerschaft – die amerikanische – zu geben. Das klingt paradox in unserer globalisierten Welt, aber ich hatte weder die Kraft noch die Energie, mich darüber aufzuregen. Meine Schwester Elisabeth lebte in Chicago und so zögerte ich nicht lange, nahm ihre Einladung an und buchte einen Flug. In Chicago angekommen, mietete ich mir eine kleine Wohnung, suchte eine Ärztin – und atmete erst einmal tief durch. Was für eine turbulente Zeit lag hinter mir! Zum Glück kann man in Chicago durchatmen. Nicht umsonst wird die Stadt liebevoll »Windy City« genannt, weil vom Lake Michigan immer eine steife Brise herüberweht. Schließlich bilden die Großen Seen Lake Michigan, Eriesee, Huronsee, Oberer See und Ontariosee die größte Binnensüßwasserfläche der Erde. Besonders Spaß machte es sonst, mit einem Schiff auf den Seen herumzukurven: Dort gibt es über 35.000 Inseln und Inselchen und deshalb immer etwas zu sehen. Doch in meinem Zustand verboten sich schwankende Bootsfahrten, da ich mich aber an der North Side einquartiert hatte, wurde mir trotzdem nicht langweilig. Hier siedelten sich die meisten der 165.000 Deutschen an, die bis zum Jahr 1880 nach Chicago ausgewandert sind. In jenem Jahr war die Stadt gerade mal fünfzig Jahre alt geworden. Bei der Gründung 1830 zählte man dreihundertfünfzig Einwohner – heute leben zehn Millionen Menschen im Großraum Chicago. Die meisten der Deutschen kamen nach der gescheiterten Revolution 1848 und schufen sich an der North Side eine deutsche Stadt mit bekannten Dichtern als Straßennamen und Gerstensaft nach traditioneller Braukunst.

»Genau der richtige Ort«, dachte ich, »um als in Deutschland lebende Amerikanerin meinem Kind mit einem deutschen Vater die amerikanische Staatsbürgerschaft zu verschaffen.«

Auf einmal hatte ich Zeit wie schon lange nicht mehr. Jeden Tag ging ich in den Park und schaute den Müttern und ihren Kindern beim Spielen zu. Manchmal spürte ich einen Stich im Herzen, wenn ein Papa mit von der Partie war. Dann lenkte ich mich ab, in dem ich Checklisten anfertigte: Was haben die jungen Eltern mit dabei? Kinderwagen, Trinkflaschen, Windeln, Spielsachen, eine Decke ... Ich freute mich darauf, das alles einzukaufen, und ich freute mich auf die Geburt. Bald darauf hatte ich einen Termin bei der Ärztin.

»Wie war das denn damals bei Ihrer Operation?«

Ich berichtete, was ich über die Sache mit dem Tumor wusste.

»Dann müssen wir wohl einen Kaiserschnitt machen. Ansonsten ist das viel zu gefährlich.«

»Das will ich nicht«, entgegnete ich. »Ich möchte eine natürliche Geburt.«

Die Ärztin schüttelte den Kopf. »Wenn es Komplikationen gibt, können wir nichts für Sie tun. Zum Beispiel kann es zu einem Riss kommen. Dann sind Sie in wenigen Minuten tot.«

Das sind Dinge, die man nicht gern hört. Natürlich hatte sie recht, aber noch wollte ich nichts davon wissen. Der Kaiserschnitt hat nicht den besten Ruf und dazu tragen wir Frauen selbst bei. Wie oft hatte ich schon den Satz gehört: »Wie, sie hatte einen Kaiserschnitt? Dann ist sie wohl keine besonders gute Mutter.« Warum nur sind wir Frauen oft so hart zueinander, anstatt uns gegenseitig zu unterstützen? Ich wehrte mich mit Händen und Füßen gegen den Rat der Ärztin, rief im Krankenhaus in Köln an und ließ mir den Bericht der OP nach Chicago schicken. Die Ärztin studierte ihn aufmerksam, dann sagte sie: »Wir kommen an einem Kaiserschnitt nicht vorbei. Sehen Sie, was passieren kann ...«

Sie erklärte mir nochmals alles und fügte am Ende hinzu: »Dafür können wir die Geburt ein bisschen früher in die Wege leiten. Wollen Sie eine Vollnarkose?«

»Nur das nicht!«, entfuhr es mir. »Ich will dabei sein, so gut das bei einem Kaiserschnitt eben geht.«

Ein paar Tage vor der Geburt kam Daddy in Chicago an. Es ist vielleicht etwas ungewöhnlich, wenn der Großvater bei der Geburt seines Enkelkindes mit von der Partie ist, aber ich wollte nicht allein sein. Am Ende war es auch gut so. Ich habe einen sehr niedrigen Blutdruck und in dem Moment, als man die Teilnarkose setzte, sackte er völlig ab. Daddy alarmierte die Ärzte, bevor sie es selbst merkten. Für ihn war das eine schreckliche Wiederholung der Ereignisse, weil Mommy bei meiner Geburt fast an einem Kreislaufzusammenbruch gestorben wäre. Doch alles ging gut. Das Wunder trat ein, aller Ärger war vergessen, ach was, war nie da gewesen, denn in meinem Arm lag das tollste Baby, das ich je gesehen hatte. Wir schrieben den 17. November 2006, den schönsten Tag in meinem bisherigen Leben.

»You have the most beautiful girl, she is absolutely gorgeous«, sagte Daddy. »Sie ist einfach nur wunderbar!«

»What's her name, wie soll sie heißen?«

»Sophia«, sagte ich, denn das bedeutet »die Weise«. Ich hoffte, ihr damit den richtigen Namen zu geben für all die Dinge, die sie irgendwann verstehen musste. Und mit einem fröhlichen Lachen fügte ich hinzu: »Und dabei wird es auch bleiben!«

Kapitel 22

Der große Tag

»Sophia hat dunkle Flecken auf der Lunge. Wir bringen sie in die Intensivstation.«

Die Ärztin sah besorgt aus und mir fuhr ein gewaltiger Schrecken in die Glieder. Als ich meine Tochter zum ersten Mal auf der Intensivstation besuchen durfte, war sie kaum zu sehen zwischen all den Apparaten und Maschinen. Von nun an saß ich stundenlang bei ihr und hielt ihre Hand. Dann gab die Ärztin Entwarnung. »Das Schlimmste haben wir wohl hinter uns. Ich glaube, in ein paar Tagen können Sie mit ihr nach Hause gehen.«

Nach Hause – das war in diesem Fall noch immer meine kleine Wohnung in Chicago. Die bevölkerte sich rasch: Daddy war da, Mommy kam herübergeflogen, meine Schwestern Elisabeth und Katharina sowie Tante Judith aus London besuchten mich ebenfalls. Durch die räumliche Distanz hatten sich meine Schwestern und ich etwas aus den Augen verloren und es war wunderbar zu sehen, wie Sophia uns wieder zusammenbrachte. Ich genoss ihre Anwesenheit sehr und bis heute sind mir meine Schwestern eine große seelische Stütze. Zu ihnen gesellten sich zahllose Freunde von Katharina, die sich mit uns über Sophias Genesung freuten. Wie es scheint, hat diese Zeit meine Tochter geprägt: Noch heute liebt sie es, wenn das Haus voller Gäste ist, es kann ihr gar nicht betriebsam genug sein. Zwischen den Glückwünschen zog ich los, um Dutzende Behörden abzuklappern. Um die nötigen Papiere zusammenzubekommen brauchte ich bis kurz vor Silvester und so beschloss ich, das Jahr in Chicago ausklingen zu lassen. Jene Zeit war ohnehin das letzte große Luftholen für mich, weil es in Kürze rundgehen würde. Nun musste ich den Beweis erbringen, dass ich den Spagat zwischen

Kind und Karriere schaffen konnte. Am 3. Januar 2007 flog ich von Chicago nach München zurück. Irgendwo draußen über dem Atlantik dachte ich darüber nach, dass ich vor ein paar Wochen voller Sorge in die Gegenrichtung geflogen war. Nun war ich auf dem Heimweg, zusammen mit meiner wunderbaren Tochter, und bereit, die Welt aus den Angeln zu heben.

Zu Hause angekommen, fertigte ich eine »Das-musst-du-als-Erstes-erledigen«-Liste an. Zu meiner Überraschung stand oben nicht ein Projekt, das mit der Präsentation zu tun hatte. Nein, ganz oben stand: »Neue Wohnung suchen.« Was mir bisher gar nicht weiter aufgefallen war, blieb mir durch meine neue Sichtweise als junge Mutter keine fünf Minuten verborgen: Meine Wohnung lag an einer stark befahrenen Straße. Auf einmal hörte ich den Lärm und roch die Abgase. »Wow«, dachte ich. »Dass du es hier so lange ausgehalten hast.«

Kaum sprach es sich herum, dass ich wieder im Land war, hörte das Telefon nicht mehr auf zu klingeln. Häufig saß ich daneben, stillte Sophia, machte Notizen: »Fahrt nach Italien. Dreh eines Werbefilms.« Dahinter setzte ich ein dickes Fragezeichen. Es stand für: Wie kriege ich das hin? Allein wird es schwierig. Ich rief Mommy an und fragte: »Hast du Lust auf einen Ausflug nach Italien?«

Wenn es ums Reisen geht, ist Mommy immer für ein Abenteuer zu haben. »Wunderbar, wann gehts los? Wie lange bleiben wir?«

»Och, nur einen Tag.« Damals begann ich die für mich heute so typische Judith-Williams-Reiseplanung: hinfahren, Projekt erledigen, zurückfahren, alles in einem Tag. Mommy, Sophia und ich stiegen in meinen Wagen – mittlerweile ersetzte ein Familienkombi den winzigen Fiat 600 – und ich chauffierte uns nach Italien. Dort drehte ich den ganzen Tag über den Werbefilm, um spät am Abend wieder zurückzufahren. Während der Nachtfahrt über die Alpen konnte ich nicht regelmäßig stillen und bekam prompt eine Brustentzündung. In München angekommen, steuerte ich gleich ein Krankenhaus an. Ich hatte schon ziemlich hohes Fieber und bekam Antibiotika verabreicht. Das Stillen musste ich jetzt unterbrechen, gleichzeitig lernte ich meine erste Lektion: Enge Termine und stillen gehen auf die Dauer nicht. Auch die zweite Lektion ließ nicht lange auf sich warten: Eine ledige Mutter hat auch so schon verdammt viel Arbeit zu bewältigen. Heute bewundere ich alle jungen Frauen, die es schaffen, allein auf sich gestellt diesen Wust an Aufgaben zu erledigen. Nichts für ungut, liebe Männer, aber das ist ein Herkulesjob – und dabei war Herkules nicht mal eine Frau. Einerseits bin ich froh, dass ich in jener Zeit gelernt habe, wie viel an uns Müttern hängt. Andererseits wurde mir klar, dass wir in Deutschland in diesem Punkt sehr viel besser werden müssen. Es fing schon mit Behörden- gängen an, die nun mal nicht im Handumdrehen zu erledigen sind. Ich brauchte einen Krippenplatz und erfuhr, wie viele andere, dass diese nicht im Dutzend billiger zu kriegen waren. Dann zog ich mit Sophia los, um auf dem Wohnungsmarkt fündig zu werden – auch kein Spazier- gang für alleinstehende Frauen mit Kind. Neben alldem tickte die Uhr unbarmherzig dem 6. Februar entgegen – jenem Tag, an dem sich in wenigen Stunden entscheiden würde, ob ich auf die richtigen Zahlen gesetzt hatte oder als Verliererin vom Roulettetisch aufstehen würde. Auch wenn mich Glücksspiele nicht die Bohne interessierten, war klar, dass wir nur eine Chance hatten: Die Sendungen musste vom ersten Tag an zünden. Wir waren gut vorbereitet – in meiner Zeit in Chicago hatte Roland ohne Pause gearbeitet und davon profitierte ich. Trotzdem nahmen die Aufgaben, die noch zu erledigen waren, kein Ende. Beim Fernsehen liegt der Teufel im Detail, denn die Kameras zeigen alles. Ich kümmerte mich um die Produktpräsentationen, die Gesamtgestaltung der Show und Hunderte Dinge mehr. Als Angestellte hatte ich mich auf engagierte Mitarbeiter verlassen können, nun musste ich alles selbst hinkriegen. Ich rannte von Pontius zu Pilatus und fand heraus, wie viel Wissen erforderlich ist, um eine Sendung auf die Beine zu stellen. In dieser Zeit entwickelte ich ein Rezept, das mir heute noch hilft, Karriere und Familie zu managen: es heißt »eiserne Disziplin«. Ich taktete meinen Tag viertelstundengenau und hielt die Zeiteinteilung auch peinlich genau ein. Das brachte mit sich, dass Sophia mich fast so oft zu Gesicht bekam, als ob ich nicht arbeitete. Ihre Schlafzeiten nutzte ich für Termine. Das ging aber nur, weil Mommy mich unterstützte. Keine Frage: Ohne Hilfe von außen ist das Modell Kind und Karriere zum Scheitern verurteilt. Dagegen kann es gut funktionieren, wenn es diese Hilfe gibt. Was ich allerdings unterschätzte, war mein eigener Mutterinstinkt. Wie oft dachte ich in diesen Tagen: »Nein, ich schenke mir den Termin. Ich bleibe bei Sophia und schaue ihr beim Schlafen zu.« Oft war es sehr hart, mich dann loszureißen. Wahrscheinlich wunderte sich mancher meiner Geschäftspartner in dieser Zeit, dass ich die obligatorische Frage »Trinken Sie einen Kaffee?« stets mit Nein beantwortete. Doch ich wusste, dass dieses Nein den Termin um wertvolle Minuten verkürzen würde. Dann raste ich zurück und kam manchmal zu Hause an, noch bevor Sophia die Augen öffnete. Bald kam ich mir vor wie ein Sprinter auf einer Marathonstrecke. Ein sehr nervöser Sprinter sogar, denn das Warten auf den großen Tag wurde unerträglich. »Die Stunde der Wahrheit«, schoss es mir immer wieder durch den Kopf. »Was ist, wenn ich versage? Wenn der Kunde meine Leidenschaft und die Qualität in unseren Produkten nicht spüren kann? Wenn meine Begeisterung nicht rüberkommt?« Hätte ich gekonnt, hätte ich die Uhr nach vorn gedreht, um endlich loslegen zu dürfen. Als der 6. Februar vor der Tür stand, konnte ich während der Generalprobe vor lauter Nervosität mein Cremetöpfchen nicht mehr festhalten. Es war ein Déjà-vu – das Gleiche war mir bei meiner ersten Sendung passiert. Dabei gehörte ich mittlerweile zu den Veteranen. Trotzdem hatte mich das, was Sänger und Schauspieler »Bühnennervosität« nennen, voll im Griff. Wieder halfen die guten alten Ratschläge: Stell das Töpfchen auf den Tisch, atme richtig, beruhige den Puls. Und vor allem: Heute ist erst die Generalprobe, wenn diese in die Hose geht, ist das nach altem Bühnenaberglauben nur ein gutes Zeichen.

Während ich das zu Papier bringe, erinnere ich mich an die Nacht vor der ersten Show. Ich saß neben Sophias Bettchen und sprach leise zur ihr. »Die Mama hat morgen einen großen Tag, der sehr wichtig für uns beide ist. Er wird darüber entscheiden, wie unsere Zukunft ausschaut. Mein kleiner Liebling, alles wird gut werden, ganz egal, wie die Sache ausgeht.«

Ich nahm ihre winzige Hand und küsste sie. »Good night my princess ... Sleep with angels.«

Mommy war bereits angereist und schlief den Schlaf der Gerechten und das war gut so, denn die folgenden Tage würde sie mich als Dauerbabysitter unterstützen. Als der Morgen graute, fuhr ich zum Sender und war viel zu früh da. Endlich kam Roland und wir besprachen nochmals, wie alles ablaufen sollte. Dann ging es los. Es ist seltsam, wie schnell man während einer Sendung ein Gefühl dafür bekommt, ob Dinge funktionieren oder nicht. Bald war klar, dass meine Ängste umsonst gewesen waren. (Wie die meisten Ängste, sagen Fachleute: Neunzig Prozent unserer Befürchtungen treten nie ein.) Nach der Sendung machten wir Manöverkritik.

»Hab noch mehr Selbstvertrauen!«, ermunterte mich Roland. »Du bist eine Frau voller Leidenschaft, versteck es nicht.«

Ein guter Rat. In der folgenden Sendung ließ ich mich ganz vom Gefühl leiten. Was war mein größter Wunsch gewesen? Menschen zu verwöhnen. Ihnen die Möglichkeit zu geben, sich mit hochwertiger Kosmetik zum bezahlbaren Preis perfekt pflegen zu können. Wie immer, wenn ich im Flow bin, merkte ich gar nicht, wie die Zeit verflog. Plötzlich war die Sendung zu Ende und Roland kam auf mich zu.

»Du warst großartig!«, rief er. »Und jetzt schau mal, wer alles da ist!«

Hinter der Kamera, die auf mich gerichtet war, lugte Daddy hervor und hob den Daumen. Mommy kam aus den Kulissen, in ihrem Arm lag Sophia. Dann war auf einmal meine Schwester Katharina neben mir und sogar Elisabeth, die eigens aus Chicago angereist war. Ich konnte die Tränen nicht zurückhalten. Am Ende konnte Roland den erlösenden Satz aussprechen, auf den wir alle so sehr gehofft hatten: »Du hast es geschafft, Judith. Die Kunden haben entschieden! Wir sind restlos ausverkauft!« Es war der größte Erfolg einer neuen Kosmetiklinie seit Bestehen des Teleshoppings im europäischen Raum.

Kapitel 23

Alexander – oder:
Die Liebe auf den zweiten Blick

Udo Walz ist der Friseur der Stars. Er hat sein Handwerk von der Pike auf gelernt und 1968 seinen ersten Friseursalon in Berlin-Charlottenburg eröffnet. Heute ist er Herr über zehn Salons mit neunzig Mitarbeitern, die er übertariflich entlohnt, wie er mir kürzlich erzählte, weil nur gut bezahlte Mitarbeiter motivierte Mitarbeiter sind. Davon profitieren die vielen Prominenten, die sich bei ihm die Klinke in die Hand geben, aber natürlich auch alle anderen Kunden. Er schnitt schon Menschen wie Marlene Dietrich, Romy Schneider, Gerhard Schröder und Angela Merkel die Haare, und ich selbst hatte auch das Glück, vom Meister persönlich betreut zu werden. Wir sind zudem Kollegen, seit Udo auf HSE24 seine erfolgreiche Friseurshow ins Leben gerufen hat. Daraus entstand eine schöne Freundschaft. Im Juli 2004 nahm er mich beiseite.

»Ich feiere bald Geburtstag«, kündigte er an, »und hätte gern, dass du auf meiner Party singst. Wird eine große Sache. Hast du Lust?«

Und ob ich das hatte. Udo bedankte sich mit einer galanten Verbeugung. »Es ist mir eine Ehre. Für die Moderation und das Organisatorische habe ich übrigens einen absoluten Profi an der Seite. Du kennst sicher die Talkshow *Vorsicht Stecher* auf Radio Arabella?«

München war schon immer ein gutes Pflaster für außergewöhnliche Radiosendungen. Thomas Gottschalk und Günther Jauch in der *B3-Radioshow* auf Bayern 3, Alexander-Klaus Stecher auf Radio Arabella – nur war ich zu dieser Zeit immer im Sender. Ich schüttelte bedauernd den Kopf. »Hab' davon gehört. Soll ich den Mann anrufen?«

»Wird nicht nötig sein. Ihr könnt ja alles vor Ort besprechen.«

Vor Ort hieß: in Berlin, wo die Geburtstags-Pre-Party steigen sollte. Hier tummelten sich also VIPs wie *BUNTE*-Chefin Patricia Riekel, die im heißen »Gespräch« mit ARD-Talk-Lady Sabine Christiansen war, Jenny Elvers & Co., sogar der frischgebackene Europameister und Fußballkönig von Griechenland Otto Rehagel schwirrte durch die Partyzone – und plötzlich stand der Mann vor mir, den mir Udo als seinen Partymoderator für »heute und morgen« vorstellte: Alexander-Klaus Stecher!

»Hallo, ich bin die Judith«, stellte ich mich ihm freundlich vor. Er musterte mich ein wenig herablassend und meinte gleich: »Ach ja, hab schon gehört, dass Sie und Ihr Vater morgen auch noch was singen wollen. Ich muss Ihnen aber gleich sagen, dass das Programm schon übervoll ist und ich kann nicht garantieren, dass das klappt!« »Na, du bist aber ein komischer Kauz. Das kann man ja auch ein bisschen freundlicher sagen«, dachte ich mir. Tatsächlich war das Angebot an Künstlern für die bevorstehende Geburtstagsgala schon so vielfältig, dass Alexander in seiner Rolle als Conférencier gut und gern eine zweite Party hätte bestreiten können. In diesem Augenblick kam Udo: »Die Judith möchte ich aber unbedingt singen hören«, sagte er bestimmt. »Komm Alexander, das kriegst du doch hin, oder?« Irgendwie hatte ich das Gefühl, dass dieser ansonsten wirklich gut aussehende Typ eine gewisse Konkurrenz zu mir verspürte. Später erzählte er mir, es habe bei unserem Kennenlernen ein »leises Knistern« gegeben, aber von weiteren Gedanken sei er weit entfernt gewesen, hatte er doch seine Ehefrau bei sich – und damit sei der Fall erledigt gewesen. Positive Nebenerscheinung: Der Mann hatte auch noch seinen eineiigen Zwillingsbruder Manfred mit im Gepäck, mit dem ich mich blendend unterhalten konnte, war er doch auch studierter Opernsänger und sogar mit einer Opernsängerin verheiratet. Leider hatte er seine Frau Rosita Kekyte zu Hause lassen müssen. Mitternacht rückte immer näher und ich sah es als meine freundschaftliche Pflicht an, für Udo zusammen mit »König Otto«, Christiansen & Co. und allen Partygästen ein *Happy*

Birthday anzustimmen, nachdem Alexander vorher brav die Sekunden bis Mitternacht in sein Mikrofon heruntergezählt hatte. Dass wir noch in derselben Nacht die frisch gedruckte *Bild* ausgeliefert bekamen, wo wir schön groß nebeneinander mit Udo und seinen Promis abgebildet waren, mag ein erstes Zeichen der Vorsehung gewesen sein, denn dieser Mann mit seiner zunächst so schroffen Art sollte später in meinem Leben einiges auf den Kopf stellen und für mich beruflich wie privat essenziell werden.

Die Geburtstagsgala von Udo Walz tags darauf wurde jedenfalls ein imposantes Fest, das »Tempodrom« füllte sich mit mehreren Hundert Freunden, Kunden und Prominenten, Alexander führte charmant und witzig durch den Abend und er hatte mit seinem wahnsinnig netten Zwillingsbruder noch einen musikalischen Gag vorbereitet. Manfred sang im dunkelblauen Anzug ein paar schöne Opernarien auf der Bühne, verschwand für zwei Sekunden und – siehe da: plötzlich stand er im komplett weißen Anzug da und gab den poppigen Celentano-Verschnitt mit ganz anderer Stimme. Bevor aber Sabine Christiansen & Co. im Publikum wegen des Bäumchen-wechsel-dich-Spiels an ihrem Verstand zu zweifeln begannen, klärte *BUNTE*-Chefin Patricia Riekel den Zwillingsgag auf und es gab großen Applaus für die Brüder. »Hm, witzig«, dachte ich mir, doch dann musste ich mich konzentrieren, denn ich war nun mit meiner Darbietung an der Reihe. Den Abschluss machte Daddy, der Udo mit dem Lied *He's got the whole World in his Hands* ein besonderes Ständchen sang. Irgendwie muss Alexander unser Auftritt besonders gefallen haben, denn auf einmal kam er völlig unerwartet auf die Bühne und heizte beim Publikum gleich zwei Zugaben von uns an, trotz seines anfänglich engen Ablaufplanes! Beim Katerfrühstück im Q-Hotel traf ich erneut auf Manfred, Alexander und dessen Frau, die mich interessiert fragte, wie man denn eigentlich zum Verkaufsfernsehen käme und ob es bei HSE24 auch Castings gebe. Bereitwillig stand ich Rede und Antwort. Bald darauf gab ich ihr ein paar Coachings, damit sie sich bei HSE24 bewerben konnte. Die Bewerbung verlief erfolgreich, daher sahen wir uns von da an öfter bei der Arbeit.

Inzwischen war meine Tochter Sophia bereits seit knapp zwei Jahren auf der Welt, ich hatte meine eigene erfolgreiche Kosmetiklinie und mit nahezu jeder Sendung stellten wir neue Verkaufsrekorde auf. Jede freie Minute verbrachte ich mit Sophia. Und noch immer hielt ich nach einer Wohnung Ausschau, die ein bisschen Grün ringsherum bieten konnte. Manfred und seine wunderbare Frau Rosita traf ich immer mal wieder, wenn die beiden bei unserem – wie sich bald herausgestellt hatte – gemeinsamen Korrepetitor Stellario Fagone an der bayerischen Staatsoper Übungsstunden hatten, bei denen er sie am Klavier begleitete. Eines Tages meinte Manfred: »Du, ich habe dem Alex deine Telefonnummer gegeben.« »Wozu das denn?« »Er will Gesangsunterricht bei deinem Vater nehmen, weil wir zusammen als singendes Duo ›Fratelli Project‹ demnächst eine Pop-Klassik-CD aufnehmen wollen.« Bis zu diesem Zeitpunkt war mir nicht klar gewesen, dass dieser Alexander so ein Tausendsassa war. Von den Talkshows im Radio und Fernsehen wusste ich ja mittlerweile und dass er eine gute Stimme hatte ebenfalls. Nun erfuhr ich von seiner Schauspielkarriere unter anderem als Darsteller in zahlreichen Krimis und Rosamunde-Pilcher-Verfilmungen. Und dass er obendrein als Medienunternehmer eine regelmäßige TV-Gala unter dem Namen »Stechers Stammtisch« veranstaltete, bei der Größen wie der ehemalige Bundespräsident Roman Herzog seine Ehrengäste waren, später auch der israelische Staatspräsident Schimon Peres, Friedensnobelpreisträger Michail Gorbatschow sowie der ehemalige Außenminister Hans-Dietrich Genscher – all das unter der Schirmherrschaft von Bundeskanzlerin Angela Merkel –, und jetzt wollte er auch noch mit Daddy singen. Zwei Mal sollte ich später selbst zu diesen besonderen Galaabenden im Hotel »Adlon« eingeladen werden, und jedes Mal nahm ich Daddy oder meine Schwester Katharina als Begleitung mit. Der Mann hatte wohl ein ganz besonderes Telefonbüchlein mit ganz besonderen Handynummern und er schaffte es immer, all seine Gäste und auch die versammelte nationale und internationale Presse mit »Stechers Stammtisch« zu beeindrucken.

Nur meine Handynummer hatte er bis dato noch nicht, aber das sollte sich jetzt ändern. Und kurz darauf vernahm ich tatsächlich seine Stimme auf meiner Mailbox: »Hallo, Alexander hier. Habe deine Nummer von meinem Bruder bekommen. Ich habe da so eine Idee mit deinem Vater, könntest du mich mal zurückrufen?« Ich rief ihn neugierig zurück. Er machte mir ein schönes Kompliment, weil er mich wieder mal im Fernsehen gesehen hatte, sagte, dass er bewundere, wie ich es als alleinerziehende Mutter schaffe, so erfolgreich als Unternehmerin zu sein – und dass er noch gern bei meinem Vater Gesangsunterricht nehmen wolle.

Der folgende Nebensatz vor allem war es jedoch, der Musik in meinen Ohren war: »Übrigens, Manfred erzählte mir, dass du immer noch auf der Suche nach einer Wohnmöglichkeit im Grünen bist. Bei uns ist in direkter Nachbarschaft etwas frei geworden. Komm doch einfach mal vorbei und schau es dir an, okay?« Heute weiß ich, wie typisch das für ihn ist. Alexander ist ein Mann der Tat: einer, den der amerikanische Autor Malcom Gladwell in seinem Buch *Tipping Point – wie kleine Dinge Großes bewirken können* einen Vermittler nennt. Diese Menschen bringen Steine ins Rollen. Dass dieser Stein mich allerdings beinahe überrollt hätte, war mir zu diesem Zeitpunkt noch nicht klar. Nun denn. Ich hatte in den letzten Wochen einige Wohnungen angeschaut und sie waren alle nichts gewesen. Was hatte ich also zu verlieren?

Alexander nannte mir noch die Adresse und am nächsten Tag stand ich auf der Matte. Das Domizil war wunderbar, großzügig geschnitten, hell, hatte einen großen Garten. Zwei Wochen später – er hatte schon einige erfolgreiche Gesangsstunden bei Daddy hinter sich gebracht – zog ich in die Nähe seines anscheinend trauten Heimes. Seine zwei reizenden kleinen Söhne, die ich sofort ins Herz schloss, kamen regelmäßig zum Fußballspielen in meinen Garten und kümmerten sich zudem rührend um meine kleine Sophia.

Mommy kam nun immer häufiger, um mich zu unterstützen, und bald nannte ich unser neues Domizil das »lustige Drei-Mädel-Haus«. Tatsächlich wäre ich in dieser Zeit ohne ihre Hilfe nicht weit gekommen. Warum nur gibt es Mütter, die ihre Töchter verstoßen, weil sie ungeplant schwanger werden? Gerade dann braucht man eine Mutter! Und seien wir mal ehrlich – nur wer gänzlich ohne Sünde ist, werfe den ersten Stein, und diese Leute gibt es nicht. Außerdem gibt es gemeinsam doch so viele wunderbare Momente zu erleben! Wenn ich nun auf Messen ging, zu Vorträgen oder in die Labore der Hersteller, wenn ich Sendung hatte und mit dem Auto von A nach B und dann gleich weiter nach C fuhr, waren Sophia und Mommy mit dabei. Hermann Hesse, einer meiner Lieblingsautoren, schrieb: »Jedem Anfang wohnt ein Zauber inne«, und diesen zauberhaften Anfang hat Mommy hautnah miterlebt. Und mit ihrer Hilfe mitgestaltet.

Alexander, der nun um die Ecke wohnte, war selten zu Hause. Irgendwann dachte ich: »Wow, der ist noch mehr beschäftigt als ich selbst.« Das traf zu, etwas anderes aber auch: Seine Ehe war beendet, nur wusste ich das zu diesem Zeitpunkt noch nicht.

Es war am Geburtstag von Mommy, als es an der Tür klingelte. Alexander stand davor.

»Ein Vögelchen hat gezwitschert, dass hier eine Frau Williams Geburtstag feiert. Stimmt das?«, fragte er.

»So ist es«, bestätigte Mommy und deutete stolz auf sich selbst. »Und zwar Frau Williams senior.«

»Das ist ja ganz wunderbar, ich gratuliere Ihnen herzlich! Und wann steigt die Party? Oder macht ihr hier nur Strickkurse?«

»Ach, wissen Sie, wir kennen nicht so viele Leute. Wir machen es uns einfach zu dritt gemütlich.«

»Kommt nicht in Frage! Ich fliege heute nach Kanada zu Dreharbeiten. Wie wäre es, wenn wir Ihren Geburtstag und meinen Abschied gemeinsam feiern.« Alexander formulierte den Satz nicht als Frage, trotzdem schickte er vorsichtshalber »Ein Nein wird nicht akzeptiert« hinterher.

Ein paar Tage später saß ich selbst im Flugzeug. Zusammen mit Sophia war ich unterwegs nach Washington. Daddy hatte ein Engagement am dortigen Opernhaus, Mommy wollte ebenfalls kommen und Elisabeth auch, sodass wir endlich mal wieder ein richtiges Familienfest feiern konnten. Die herzliche Freundlichkeit der Amerikaner empfinde ich stets als erfrischend, doch meine gute Laune wurde noch besser, als ich immer wieder Nachrichten und Fotos von Alexanders kanadischen Dreharbeiten bekam, bei denen er den Sheriff im historischen Kostüm mimte. Unvergesslich seine Bilder hoch zu Ross auf exakt dem Pferd, das Brad Pitt persönlich Wochen vorher für seine *Jesse James*-Verfilmung geritten hatte. Ich revanchierte mich mit dem neuesten Klatsch aus der Welt der Oper.

Ich war lange vor Beendigung seiner Dreharbeiten zurück in Deutschland. Als auch Alexander zurückkam, zog er aus dem gemeinsamen Familiendomizil aus. Eine Trennung mitzuerleben ist immer eine schlimme Sache, zumal seine Frau nun auch bei HSE24 arbeitete und ich die Söhne Vincent und Laurin schon richtig gut kannte und mochte.

Ein paar Tage später rief Alexander an. Wir redeten über seine problematische Beziehung, dann sagte er: »Da gibt's noch was anderes, was ich fragen möchte. Ich wurde darum gebeten, eine UNICEF-Gala in Travemünde zu moderieren. Du erinnerst dich sicher an Manfred, meinen Zwillingsbruder. Wir treten gemeinsam auf und es wäre schön, wenn du mit dabei wärst.«

Das stand für mich außer Frage. Das Deutsche Komitee für UNICEF setzt sich für Kinder in aller Welt ein. Egal, ob es um überlebensnotwendige Trinkwasserversorgung geht oder darum, dass noch immer über hundertfünfzig Millionen Kinder weltweit unter ausbeuterischen Bedingungen arbeiten müssen, in Minen, auf Plantagen oder sogar als Prostituierte: die Ziele des Hilfswerks unterstütze ich voll und ganz.

Spontan sagte ich zu und schon kurze Zeit später reisten Alexander, Manfred und ich an die Ostsee. Dort, im Heilbad mit dem berühmten

Leuchtturm von 1539, erzählte er mir zum ersten Mal ausführlich von seiner langen Ehekrise. Es war eine seelische Offenbarung. Und, nachdem wir uns nun doch schon einige Jahre kannten, so etwas wie Liebe auf den zweiten Blick. Für mich war neben seiner Offenheit eine weitere Sache wichtig. »Dieser Mann hält mein Tempo mit«, dachte ich. »Und er mag sogar meinen Humor.«

Die Sache mit dem Tempo war das eigentliche Problem meiner Beziehungen gewesen: Während ich wie ein Rennauto durchs Leben raste, war meinen Partnern an einem geruhsamen Dasein gelegen. Alexander liebte ebenfalls ein abwechslungsreiches Leben. Sein Terminkalender las sich wie der eines UNO-Botschafters. Ständig hatte er irgendwo eine Gala zu moderieren oder ein Event auf die Beine zu stellen. Dann gab es seine Radioshow, die er seit über zwanzig Jahren moderierte. Nicht zu vergessen »Stechers Stammtisch«, bei dem sich die Prominenz aus Politik und Kultur ein regelmäßiges Stelldichein gab.

Sehr schön ist es, wenn wir beide gemeinsam am Strang ziehen und uns gegenseitig auch im Beruf unterstützen können – und zu Erfolgen verhelfen. Ich denke gern an eine Gala, die Alexander auf die Beine stellen sollte. Zu Gast waren Michail Gorbatschow und Hans-Dietrich Genscher. Meine Rolle war es, für Michail Gorbatschow eine berühmte russische Arie zu singen – und zwar auf Russisch. Ich nahm mir einen Sprachcoach und bereitete mich eifrig vor. Ich fühlte mich sehr geehrt, als mich danach Herr Gorbatschow umarmte, sich bedankte und sagte: »Ich glaube, das hat es noch nie gegeben: dass eine Amerikanerin für einen russischen Ex-Präsidenten akzentfrei gesungen hat.«

Auch was die Familie anging, waren wir uns gleich einig: Die Kinder stehen immer an erster Stelle. Wie ernst Alexander das meinte, zeigte er später, als er ohne Zögern sein berufliches Tempo drosselte, um mehr Zeit für unsere Patchworkfamilie zu haben. Unsere tiefe Seelenverwandtschaft ist ein seltener Glücksfall.

Von nun an versuchte ich, Alexander im Hintergrund zu unterstützen und den Rücken freizuhalten. Das versuche ich bis heute und es ist heilsam für mich, zum Wohle eines anderen mich und meine Persönlichkeit zurückzunehmen. Und zugleich bin ich Alexander unendlich dankbar, dass er mit dem Erfolg seiner Frau großzügig und wohlwollend umgehen kann. Jede erfolgreiche Frau weiß, wie schwer es ist, ihre beruflichen Erfolge auszuleben oder gar darüber zu sprechen. Männer öffnen am Ende eines abgeschlossenen Geschäftes die Champagnerflasche – wir Frauen packen meistens einfach unsere Tasche und halten noch schnell am Supermarkt, damit am Wochenende der Familie auch nicht die Milch ausgeht.

Vielleicht ist es genau das, was uns auch gut tut und uns die nötige Bodenhaftung gibt. Ganz gleich, wie groß Alexanders oder mein Erfolg auch sein mögen, wir kehren nach Hause zurück und finden uns zum Beispiel beim Unkraut-Jäten im Garten wieder. Kein beruflicher Erfolg kann für den privaten Misserfolg ein Ersatz sein. Umso wichtiger ist es, darauf zu achten, dass bei allem, was zu tun ist, die Zeit für ein liebendes Wort, eine besondere Wertschätzung und einfühlsames Zuhören nicht zu kurz kommen. Natürlich gelingt das nicht immer, aber der stetige Wille, am Ball zu bleiben, ist das Wichtigste. Selbstverständlich könnte ich gerade bei Alexanders Job über die vielen Prominenten schreiben, die zu seinen Veranstaltungen pilgern, und erzählen, wie er es schafft, Boris Becker, Rosamunde Pilcher, Peter Weck, Christine Neubauer zum Plaudern und sogar José Carreras und Jonas Kaufmann singend vereint auf die Bühne zu bringen. Doch am Ende des Tages ist das nicht wichtig, sondern einzig und allein, ob man miteinander leben, lachen, weinen kann. Vielleicht denken Sie jetzt: »Na ja, das hört sich ja einfach an.« Mir ist bewusst, wie schwierig es ist, eine Familie zusammenzuhalten, seinem Job nachzugehen und sich als Paar nicht aus den Augen zu verlieren. Eines weiß ich aber ganz genau: Wenn wir versuchen, die Dinge in Wohlwollen und Liebe füreinander zu tun, dann lebt es sich glücklicher und leichter.

Unsere Hochzeit war der schönste Tag in unserem Leben: bewusst in kleinem Kreise, aber sehr liebevoll gestaltet. Bevor es losging, versammelten wir unsere Kinder und Alexander erzählte ihnen mit warmer Stimme, dass wir jetzt auch auf dem Papier eine Familie seien und immer füreinander da sein werden. Die Augen der Kinder strahlten und wir wussten, dass es keinen schöneren Moment geben kann.

Danach begleiteten uns Alexanders Freund und Trauzeuge Heiner Lauterbach sowie seine Frau und Managerin Viktoria und alle Kinder auf eine Weihnachtskreuzfahrt nach Südamerika – Flitterwochen in der südlichen Hemisphäre, und das gleich drei Wochen lang.

Seither sind wir nicht nur als Ehepartner füreinander da, sondern unterstützen auch in unserer Funktion als offizielle deutsche SOS Kinderdorf-Botschafter benachteiligte Kinder und Menschen, die unsere Hilfe brauchen. »Die Goldene Deutschland« ist Alexanders jüngstes Baby: eine Preisverleihung, bei der Menschen ausgezeichnet werden, die sich in einer besonderen Form um unser Land verdient gemacht haben. Im Rahmen dessen wurde José Carreras für sein Lebenswerk, aber auch für seine deutsche José Carreras Leukämie-Stiftung e.V. ausgezeichnet. Seit José auf dem Höhepunkt seiner Karriere an akuter lymphatischer Leukämie erkrankt war und nur dank einer Knochenmarktransplantation überlebte, unterstützt er die Leukämieforschung und die Suche nach geeigneten Knochenmarkspendern. An diesem Abend sprachen wir lange über die schweren Krankheiten, die wir beide überwunden hatten. Dass das Leben uns Stolpersteine in den Weg legt, der zum Glück führt, wusste er genauso gut wie ich.

Kapitel 24

Eine Woche im Leben von Judith Williams

Eines Tages berichteten Zeitungen, dass ich als erfolgreichste Unternehmerin im deutschen Fernsehen auch zu den am besten verdienenden Moderatorinnen zähle. Ich weiß nicht, ob das stimmt und es ist interessiert mich auch nicht. Geld ist mir nur insoweit wichtig, dass meine Familie versorgt ist und ich Gutes für benachteiligte Kinder und Jugendliche bewirken kann. Auch der Erlös dieses Buches fließt einer Stiftung zu. Selbst als wir unser Haus bauten, überließ ich Alexander die Einrichtungsfragen. Ich habe lange genug in Ein-Zimmer-Wohnungen gelebt und einen Fiat 600 gefahren, um zu wissen, dass ich das jederzeit wieder tun kann. Das Arbeiten bin ich ohnehin von klein auf gewohnt. Viel interessanter wäre es für die Zeitungen gewesen, ihr Augenmerk auf einen wirklichen Rekord zu lenken: Ich bin die Moderatorin mit den meisten Sendungen auf dem Buckel. Wenn dieses Buch erscheint, werden es über siebentausend Livesendungen sein und das erfüllt mich mit einem gewissen Stolz – weil ich weiß, dass jede dieser Sendungen ihr ganz eigenes Leben hatte und manchmal nur unter besonderen Umständen zu bewältigen war – zum Beispiel mit einer Infusionsnadel im Arm. Wie es zu dieser riesigen Zahl kommen konnte, wird deutlich, wenn man eine »normale Woche« in meinem Leben betrachtet:

Es ist Freitagabend, die Kinder sind im Bett und ich habe ein Wochenende voller Sendungen vor mir. Alexander und ich stecken die Köpfe zusammen, beide mit einem Terminplaner ausgerüstet. Die nächsten Tage wird er mit Kinderbetreuung ausgelastet sein und wir überlegen uns, was er alles unternehmen kann.

»Auf jeden Fall werden wir Bötchen fahren«, sagt er. »Das Wetter soll schön werden.« Zum Glück hat er immer eine gute Idee. Ich greife zum Telefon und rufe ein paar Mütter an, mit deren Kindern unsere Kinder spielen. Es ist mir wichtig, dass Besuch ins Haus kommt, wenn ich unterwegs bin.

Am nächsten Morgen klingelt der Wecker um vier Uhr in der Früh. Um diese Zeit aufzustehen, hasse ich noch immer, aber was sein muss, muss sein. Fünf Minuten später klingelt der Wecker das zweite Mal, jetzt quäle ich mich aus den Federn. Mein Frühstück besteht aus einem Glas Wasser, mehr kriege ich um diese Zeit nicht hinunter. Dann schleiche ich mich in die Zimmer der Kinder. Rosarote Wände, rosarote Decken und wenn möglich auch die Bettwäsche rosarot – das ist bei den Mädchen gerade die angesagte Farbe. Ich habe gestern Nacht für sie eine Geschichte aufgeschrieben, die lege ich ihnen hin, zusammen mit kleinen Muscheln, die ihnen zeigen, wie viele Tage ich weg sein werde. Wie sie so friedlich schlafen! Ich muss ein paar Tränen verdrücken, als ich in der Garage ins Auto steige. Niemand hat jemals behauptet, dass es einfach sei, Mutter zu sein und gleichzeitig Karriere zu machen – doch in diesen Augenblicken ist es am schwersten. Hinter Inning halte ich an der Tankstelle und hole mir einen Kaffee, obwohl ich um diese Zeit eigentlich keinen Kaffee will. Der Grund ist der Besitzer, ein uriger Bayer. Es ist kurz nach fünf Uhr und er hat beste Laune. Das ist ansteckend, deshalb komme ich nicht an seiner Tankstelle vorbei.

»Sie sind immer so freundlich«, sage ich diesmal und er erwidert im schönsten Bayerisch: »Nützt ja nichts, unfreundlich zu sein.«

Ich kaufe eine Tüte Brezeln – wieder ein Beweis, dass ein gut gelaunter Mensch besser verkauft als ein schlecht gelaunter –, die werde ich später im Studio verteilen. Jetzt muss ich mich sputen. Ich schalte das Navi an, obwohl ich den Weg gefühlte Tausend Mal gefahren bin. Trotzdem vertraue ich um diese Uhrzeit lieber dem Computer als mir selbst.

Punkt sechs Uhr betrete ich die Studios von HSE24 in Ismaning im Norden von München. Von nun an muss es flott gehen. In meiner Garderobe liegen die *Line-Ups,* in denen minutiös die Abläufe der Sendungen festgehalten werden. Insgesamt habe ich in den nächsten beiden Tagen 16 Shows vor mir und ohne *Line-Ups* wäre ich rettungslos verloren. Auf einmal bin ich konzentriert, da ist keine Spur mehr von Müdigkeit. Ich arbeite die Abläufe durch. Das hilft mir, die enorme Anzahl von Sendungen zu überstehen. Noch habe ich keinen anderen zu Gesicht bekommen und ich genieße diese kurze Zeit des Alleinseins. Sobald ich die Tür öffne, muss ich Entscheidungen treffen, Ansagen machen, präsent sein. Um sieben Uhr steht der erste Termin an: Das sogenannte PPM, das *Pre Production Meeting.* Der Regisseur ist anwesend, die Requisiteure, der Bildmischer, der Tontechniker, die Kameraleute, ein paar Techniker – 15 Leute sitzen um den Tisch und freuen sich über frische Brezeln. Es ist meine Energie, die das Team anfeuert, ich bin wie der Trainer einer Sportmannschaft. Ich muss gut drauf sein, damit sie gut drauf sind, und das gelingt mir auch. Nach 15 Minuten ist alles besprochen, jeder weiß, was auf ihn zukommt. Zeit, mich zu schminken. Das mache ich selbst, ohne Hilfe einer Maskenbildnerin. Natürlich hat das damit zu tun, dass ich mich auf diesem Gebiet bestens auskenne. Doch der Faktor Genuss spielt ebenfalls eine Rolle. Ich schminke mich nicht nur äußerlich, sondern auch »innerlich«. Nach all den Jahren wertschätze ich mich endlich in angemessener Form und das wird auch wichtig sein für die kommenden Stunden. Gerade bin ich fertig, als das Telefon klingelt. Die Kinder sind dran.

»Wir sind wach, Mama«, kräht es aus dem Hörer. »Was machst du? Wir sitzen beim Frühstück.«

Es ist fünf vor acht und ich laufe mit dem Telefon am Ohr los. Ich weiß, der Regisseur wird das nicht gern sehen, aber es ist mir egal. »In fünf Minuten steht Mama vor der Kamera«, sage ich. »Und was werdet ihr tun?«

»Boot fahren!«, rufen die Kinder wie aus einem Mund. Dann ist Alexander dran. Fast fällt mir das Telefon aus der Hand, weil ich gleichzeitig meine Unterlagen, eine Handtasche, Schuhe zum Wechseln, eine Haarbürste und Puder mitschleppe. So beladen renne ich durch den eiskalten Gang Richtung Studio.

»Handy aus!«, ruft der Regisseur, als er mich sieht. Alexander hört es, wünscht mir viel Erfolg, legt auf. Ich bürste mir nochmals die Haare, jemand beginnt mit dem Countdown, schon bin ich auf Sendung. Sechzig Minuten dauert sie, mit einer Pause von einer Minute. In der gibt's ein Glas Wasser, dann geht's auch schon weiter. Ich bestreite die Sendung intuitiv. Es gibt keinen Teleprompter – das ist ein Monitor unterhalb der Kamera, von dem ein Moderator bequem seinen Text ablesen kann – und ich habe auch keine Kärtchen parat, auf die eine helfende Hand flotte Texte geschrieben hat. Alles, was ich sage, habe ich mir Tage davor selbst erarbeitet und rechtlich prüfen lassen, vor allem wenn es um Inhaltsstoffe von Kosmetik geht. Während der Show werden Anrufer live zugeschaltet, da muss ich hellwach sein. Eine Frau möchte wissen, ob der Ring an meinem linken Finger aus meiner Kollektion stammt. Welchen Ring trage ich überhaupt? Unauffällig werfe ich einen Blick darauf. »Ja«, scherze ich, »den kann ich Ihnen anbieten.« Punkt neun Uhr verabschiede ich mich von den Zuschauern. Im Laufschritt durchquere ich das Studio, denn eine Tür weiter geht meine Kollegin Lola Paltinger auf Sendung und ich habe ihr versprochen, sie dabei zu unterstützen. Hinter den Kulissen ziehe ich rasch eines ihrer Dirndl an, unbeeindruckt davon, dass mich die Techniker einen Moment lang in Unterwäsche bewundern dürfen. Für falsche Scham ist bei uns kein Platz – ich werde mich im Laufe des Tages noch häufiger auf diese Weise umziehen, weil keine Zeit ist, die Umkleidekabinen aufzusuchen. Schon gehe ich hinaus auf den Laufsteg und präsentiere die Tracht. Dann ist es fünf vor halb zehn, ich bin wieder draußen, ziehe meine eigene Kleidung an, sprinte durch den eiskalten Gang zurück in meine Garderobe. Ein Schluck Cola Light, ein Energieriegel, dann präsentiert

Nazan, meine Assistentin, eine Liste, über der groß »To-do« steht: Ich muss ein Layout für eine Anzeige unserer 24-Stunden-Creme kontrollieren und freigeben; es gibt eine Interviewanfrage einer deutschen Tageszeitung; in England wollen sie wissen, welche Produkte ich in der nächsten Sendung präsentieren und in Italien, wann ich auf der Matte stehen werde, um den neuen Werbefilm zu drehen. Die nächsten zwanzig Minuten treffe ich eine Menge Entscheidungen, dann sagt Nazan: »Du musst zurück ins Studio.« Ein Blick in den Spiegel, das Make-up sitzt. Ich muss lachen, weil ich in diesem Augenblick an diesen alten Werbespot denke. Darin geht es um ein Haarspray. Eine junge hübsche Frau – die Schauspielerin Tammy Hopkins – fliegt an einem Tag von Hamburg über München nach Rom, was an sich schon eine reife Leistung ist. Jedes Mal, wenn sie aussteigt, ist das Wetter anders, mal windig, mal regnerisch, mal sonnig, aber egal: Das Haar sitzt – dank ihres Haarsprays. Dieser Werbespot hat mich früher sehr amüsiert, jetzt bin ich selbst froh über mein haltbares Make-up. So ändern sich die Zeiten. Ich laufe wieder den eiskalten Gang hinab – wann werden hier endlich mal Heizungen eingebaut? – und betrete vier Minuten vor der Sendung das Studio. Der Regisseur sieht mich strafend an, obwohl er das längst gewohnt ist. Ich werde verkabelt, nehme einen Schluck Wasser und ein paar Halstropfen für die Stimme, denn die Show, die jetzt kommt, dauert satte zwei Stunden: Eine Stunde spreche ich über Kosmetik, eine Stunde über Mode und wieder mache ich alles aus dem Kopf. In der Modeshow ziehe ich mich zehnmal hinter den Kulissen um und zwar von Kopf bis Fuß. Früher sagte der Regisseur: »Judith, das ist doch nicht nötig«, aber ich wusste es besser: Ich kann Mode nur verkaufen, wenn ich sie selbst trage. Eben »sein«, nicht »spielen«.

Am Ende der zwei Stunden bin ich nass geschwitzt. Das darf keiner sehen, nicht nur aus Gründen der Ästhetik: Für den Zuschauer soll alles federleicht aussehen. Wenn der Laie sagt: »Das würde ich auch hinkriegen«, hat man alles richtig gemacht. Dieses Federleichte ist mir wichtig, denn ich will, dass die Zuschauer meine Sendung mit einem

Lächeln beschließen, egal, ob sie was kaufen oder nicht. Sie sollen sich danach besser fühlen als vorher.

Es ist zwölf Uhr. Ich pelle mich aus den hochhackigen Schuhen und schlüpfe in bequeme Galoschen. Unterwegs in die Garderobe treffe ich ein paar Leute. Petra Harecker verkauft schöne Vasen und Schalen, wir geraten ins Plaudern. Ich liebe dieses kurze Luftholen zwischen den Sendungen, aber wenn es zu lange dauert – wie jetzt –, taucht Nazan auf und zieht mich mit sich. Ein Anruf wartet in meiner Garderobe. Es ist einer der Wissenschaftler, die in Italien für uns arbeiten. Nazan weiß, dass das jetzt länger dauern wird und geht neben mir auf und ab wie ein Feldwebel. »Du musst noch was essen«, sagt sie, »in 15 Minuten erwarten sie dich unten im Studio.« Dann muss das Essen halt ausfallen. Nazan schält mir eine Banane, »denk an deinen Blutdruck!«, die mampfe ich, während ich dem Wissenschaftler zuhöre. Dann ist es 12.55 Uhr, in fünf Minuten beginnt die nächste Sendung. Dieses Mal laufe ich so schnell durch den Gang, dass ich nicht einmal merke, wie kalt es hier ist.

Für die Show zwischen 13 und 14 Uhr muss ich meinen Biorhythmus ein wenig austricksen. Der will jetzt eigentlich eine Pause und eine innere Stimme säuselt mir Worte vor wie »Siesta« und »Dolcefarniente«, aber davon habe ich mich ja verabschiedet. Jetzt helfen mir die Techniken der ausgebildeten Sängerin: Den Atem mit Stütze aus dem Zwerchfell kommen lassen, die Muskeln lockern und den Resonanzraum in Mund und Rachen öffnen. Wenn ich so auf entspannte Art und Weise mit den Gästen plaudere, wirkt es auf den Zuschauer, als sei es meine erste Sendung. Kaum ist die Show vorbei, renne ich wieder los: Das *Pre Production Meeting* von heute morgen hat bis jetzt gereicht, für die weiteren Sendungen steht ein weiteres PPM an. Das beginnt in diesem Augenblick in meiner Garderobe. Unterwegs fängt mich Nazan ab.

»Sorry, wir haben was vergessen«, sagt sie. »Da ist der Fotograf, der die Bilder für Facebook macht.«

»Wie lange dauert das?«, frage ich.

»Dreißig Minuten«, antwortet der Fotograf.

»15«, sage ich. »Wir machen sie gleich hier.«

Danach wird das PPM eine enge Sache. Ich rede ein bisschen schneller als sonst, da drückt mir Nazan den Telefonhörer ans Ohr.

»England ist dran«, flüstert sie. »Irgendwas stimmt nicht mit den Terminen. Und deine Mama wartet in der Garderobe.«

Ich kläre die Termine mit England, dann sause ich zu Mommy. Das ist nicht ihre Art, so überpünktlich zu sein, aber ich freue mich. Seit wir zusammen auftreten, hat sich unser Verhältnis nochmals intensiviert. Die Zuschauer lieben es, wenn wir uns vor der Kamera liebevoll kabbeln. Mama ist eine *natural born actress* und bereitet sich stundenlang mit Textkarten vor. Beim Make-up muss ich ihr ein bisschen helfen.

»Das mache ich dann nach der nächsten Sendung«, sage ich und gebe ihr einen Kuss. Dann laufe ich wieder nach unten. Langsam merke ich, dass ein Glas Wasser, eine Cola und eine Banane nicht wirklich eine Grundlage für so einen anstrengenden Tag sind. »Nachher muss ich mal was essen«, denke ich und genau das mache ich eine Stunde später auch. Ich haue eine halbe Schachtel »After Eight« weg und spüle mit einer Cola Light nach. Nazan sieht es und schlägt die Hände über dem Kopf zusammen.

»Das ist heute mein Nachmittagstee«, lache ich. »Die feine englische Art.«

Normalerweise achte ich sehr darauf, was ich esse. Doch an Tagen wie diesen lasse ich mir auch mal was durchgehen. Ich nehme mir ein letztes »After Eight« und mache mich auf den Weg, um Mommy zu schminken. Während ich das tue, nestelt sie ständig an ihren Ohrringen herum.

»Was hast du denn dauernd?«, will ich wissen. »Halt doch mal still!«

»Ich nehme lieber die orangefarbenen«, sagt sie.

»Nein, heute sind die roten dran. Die orangefarbenen sind gar nicht mehr am Lager.«

»Trotzdem. Die passen doch viel besser!«

»Mommy! Wir wollen was verkaufen, hast du das vergessen? Das hier ist ein *Verkaufssender!*«

»Aber wenn ich die orangefarbenen Ohrringe hübscher finde ...«

»Denk doch an die Kundinnen! Die rufen alle an und wollen diese Ohrringe und wir haben gar keine. Auch nicht gerade schön, oder? Und jetzt komm! Sonst fangen die noch ohne uns an.«

Niemand fängt ohne uns an, aber ich will nicht, dass wir morgen noch in der Garderobe sitzen. Mommy ist jetzt 75 Jahre alt und ich bin unglaublich stolz darauf, wie fit und frisch sie vor der Kamera agiert. Für jede Sendung fährt sie mit dem Auto von Trier nach München, mit einem riesigen Koffer voller Kleidung, Vitaminen, Büchern und Textkarten. Meist kommt sie nachts um halb drei an, eineinhalb Stunden, bevor ich aufstehen muss. Alexander macht ihr die Tür auf und macht ihr morgens auch ein Frühstück, damit sie gestärkt und wohlauf zum Sender kommt.

»5, 4, 3, 2, 1«, erklingt unser Countdown, dann geht es los. Wir preisen einen teuren Ring für 899 Euro an, der auf 499 Euro herabgesetzt wurde. Ein Schnäppchen. Ich weiß, dass die Steinexperten vor dem Fernseher gleich zuschlagen werden, weil der rote Turmalin mit dem Kranz Diamanten viel mehr wert ist.

»Sie sehen, liebes Publikum«, sagt Mommy in diesem Augenblick. »Wir lieben Ihr Portemonnaie.«

Wie war das? Ich merke, wie ich dezent erröte. »Mommy«, springe ich ein. »Ich glaube, das musst du unserem Publikum erklären.«

»Ist doch klar: Der Preis ist um vierhundert Euro heruntergesetzt, daher lieben wir Ihr Portemonnaie.«

Eigentlich spricht Mommy gutes Deutsch, aber einiges übersetzt sie noch immer eins zu eins aus dem Amerikanischen.

»Du meinst, die Preisreduzierung kommt dem Portemonnaie der Damen zugute«, sage ich mit einem freundlichen Lächeln auf dem Gesicht. Gleichzeitig weiß ich: falls jemand zu Hause auf seinem Sofa eingenickt war, ist er jetzt wieder wach. Kurz darauf sind alle Ringe verkauft und ich hole eine schwarze Onyx-Kette hervor.

»Dieser Stein stammt aus Madagaskar«, beginne ich. »Wussten Sie, dass er schimmert, so wie das Meer in der Nacht glitzert?«

»Außerdem steht er Ihrem Typen, wenn Sie sich dem an den Hals schmeißen«, sagt Mommy.

»Mommy, was sagst du denn da? Die Damen schmeißen sich doch nicht ihrem Typen an den Hals.«

»Das meine ich auch gar nicht. Ich meine, der Kette an den Typen.«

Hm – was meint Mommy damit? *Der* Kette an *den* Typen? »Das ist eine Damenkette ...«, versuche ich es vorsichtig, da unterbricht sie mich schon wieder.

»Ach Judith, du weißt doch, wie ich meine Kette an das Fräulein zu Hause ...«

Jetzt taucht auch noch ein Fräulein auf. Mommy spricht in Rätseln und ich verstehe kein Wort. Doch ich weiß: den Zuschauern gefällt das.

»Du willst mich nicht verstehen, du frecher kleiner Fruchtikuss«, sagt Mommy.

So etwas könnte man nicht in einem Drehbuch schreiben. Das kommt so spontan und herzlich, dass ich lachen muss und ihr ein Küsschen gebe. Der Produzent signalisiert: Die Kette ist ausverkauft, jetzt sind die Ohrringe an der Reihe. Mama richtet sich auf: »Yes«, sagt sie. »Diese habe ich schon in nackt getragen.«

»Also bitte, Mommy, jetzt übertreibst du aber. Bitte nicht so wild!«

»Die Leute haben mich schon verstanden. Du musst mich nicht immer unterbrechen. Ich habe die schon in nackt getragen.«

»Du meinst, in der Nacht ...?«

So geht das eine Stunde lang. Für jedes Produkt haben wir vier Minuten Zeit und am Ende ist alles verkauft. Klar, dass es nach dem Erfolg unserer Mutter-Tochter-Sendung schnell Nachahmer gab, doch diese wurden bald wieder abgesetzt. Das muss schon richtig gut passen und das tut es offenbar nur bei uns. Um 18 Uhr fallen wir uns in die Arme. Mommy hat Feierabend. Ich helfe ihr alle ihre Taschen im Auto zu verstauen und lasse sie wissen, dass sie mit den mitgebrachten Vitamintabletten die gesamte deutsche Fußballnationalmannschaft versorgen könnte, sollte sie mit ihnen mal auf einer einsamen Insel stranden.

»Das würde ich gern«, erwidert Mommy. »Von mir aus auch in nackt.«

Während sie lachend vom Parkplatz fährt, setze ich mich in meinen Wagen und fahre zum Supermarkt und kaufe für die kommende Woche ein. Im Hinausgehen schnappe ich mir eine Dose Gulaschsuppe. »Die könnte ich mir warm machen«, denke ich, aber dazu kommt es nicht. Das Abendmeeting steht an und Nazan lässt mich wissen, dass die To-do-Liste nicht wirklich kürzer geworden sei. Also klemme ich mich ans Telefon und rufe alle an, die zurückgerufen werden wollen. Um zwanzig Uhr bin ich wieder auf Sendung und als sie eine Stunde später zu Ende ist, habe ich: Pause! Jawohl, die erste Pause des Tages! Ich bin 16 Stunden auf den Beinen und auf diesen sprinte ich hinaus zum Auto, denn ich muss im Hotel einchecken. Das ist zum Glück nicht weit entfernt. Dort lege ich mich kurz aufs Bett, aber darf um Himmels Willen nicht einnicken, denn um 23 Uhr startet die wichtigste Sendung des Tages. Sie hat eine besonders hohe Zuschauerquote, weil jetzt das sogenannte Angebot des Tages offeriert wird. Ich gebe nochmals Gas und als die große Studiouhr null Uhr anzeigt, fällt mein Energielevel auf null ab. Schlafen werde ich trotzdem nicht können, das weiß ich jetzt schon. Im Hotel telefoniere ich noch lange mit Alexander. Er erzählt mir von der Bootstour mit den Kindern und wie später eine Rasselbande von acht Freundinnen durch unser Haus getobt sei. Ich bewundere seine Art: Er erzählt mir den Alltag in so bunten Farben, dass ich kurz vergessen kann, wie sehr er mir selbst fehlt. Als arbeitende Mutter sitzt man immer zwischen zwei Stühlen, doch nicht zu arbeiten ist auch keine Lösung. Eine Grundregel ist daher, jeden noch so banalen Moment zu Hause genießen zu lernen.

Danach gibt mir Alexander noch sein Feedback. Das ist äußerst wichtig für mich, seine Meinung ist stets das Zünglein an der Waage. Er schaut sich alle wichtigen Sendungen an und da er mich besser kennt als irgendjemand sonst, lege ich großen Wert auf seine Einschätzung. Gibt's einmal was zu kritisieren, packt er das in charmante Worte, weil er will, dass ich gestärkt in die nächste Sendung gehe. Als wir auflegen, suche ich mir auf YouTube ein paar witzige Sketche heraus. Laurel und Hardy, Charlie Chaplin, moderne Clowns wie David Shiner und der Schweizer Pierino. Wenn ich jetzt ein wenig lache, kann ich irgendwann auch schlafen. Es ist zwei Uhr nachts und ich habe 22 Stunden nonstop gewirbelt. In drei Stunden wird der Wecker läuten. In Anlehnung an den berühmten Ausspruch des Fußballnationaltrainers Sepp Herberger »Nach dem Spiel ist vor dem Spiel« heißt es bei mir: Nach der Sendung ist vor der Sendung.

Daher bin ich am Sonntagmorgen Punkt sechs Uhr wieder im Studio. Das PPM beginnt eine Stunde später. Um halb acht rufen die Kinder das erste Mal an und wir erzählen uns unsere lustigen Träume, das ist mein Highlight am Morgen. Um acht Uhr bestreite ich die erste Show des Tages. Danach sause ich ins Hotel zurück, noch mit dem Mikrofon um den Hals, um mich am Frühstücksbüfett zu bedienen. Die Gäste starren mich an: Wer ist diese aufgetakelte Frau? Ein paar erkennen mich und wollen Autogramme. Während ich sie gebe, telefoniere ich nochmals mit den Kindern, die jetzt sechzig Kilometer weiter südlich ebenfalls am Frühstückstisch sitzen. Ich stelle den Lautsprecher an, jetzt gucken die Leute noch mehr, was mir aber gleichgültig ist. Der weitere Ablauf des Tages ähnelt dem gestrigen, nur dass meine letzte Show um 21 Uhr zu Ende ist. Ich fahre nach Hause und falle erschöpft in meinen Lieblingssessel. Alexander hat was zu trinken vorbereitet und im Fernsehen laufen die letzten Minuten des Films *Rosamunde Pilcher: Vermächtnis der Liebe*. Darin ist Alexander ebenfalls zu sehen. Ein doppelter Alexander, das ist lustig. Bald darauf falle ich hundemüde ins Bett. Am nächsten Morgen stehe ich vor den Kindern auf.

Zusammen mit Tea, unserem guten Geist im Haus, mache ich Frühstück. Auch Tea trägt wesentlich zu meinem Erfolg bei. Wenn ich nicht wüsste, dass alle Familienmitglieder bestens versorgt sind, könnte ich nicht wegfahren. Tea kommt aus dem Osten Europas und gehört mittlerweile längst zur Familie. Ist sie in Urlaub, schauen alle vier Kinder und wir beiden Erwachsenen ständig an ihren ungewohnt leeren Platz. Sind wir gemeinsam unterwegs, stellt Sophia Tea immer als ihre ältere Schwester vor. Ich finde das schön, wie sehr einem Menschen ans Herz wachsen können, mit denen man nicht verwandt ist.

Nach dem Frühstück bringe ich Sophia zum Schulbus und Angelina in den Kindergarten. Anschließend fahre ich nach München. Im Herzen der Stadt an der Maximilianstraße liegt das »Judith Williams Beauty Institute«. Mit ihm habe ich mir einen Kindheitstraum erfüllt. Als ich vor drei Jahren das erste Mal darüber nachdachte, kamen mir sofort Irma Bohn in den Sinn und ihre kleine Parfümerie in Trier, wo ich mich fühlte, als habe ich das Paradies betreten. Kein Wunder, dass es bei uns jetzt heißt: »Welcome to heaven«, Willkommen im Himmel! Es ist am Ende ein bisschen mehr geworden als eine Parfümerie, ein bisschen sehr viel mehr sogar: Eine Wohlfühloase für alle Frauen, mit Maniküre, Pediküre und einem Rundum-Beauty-Service für Gesicht und Körper. Ein Platz zum Durchatmen, wo jeder aus dem Alltag aussteigen kann. Und vor allem ein Ort, an dem ich meine Kunden persönlich kennenlernen darf. Mit ihm bin ich meinem Wunsch, Frauen die Möglichkeit zu einer kleinen Auszeit zu geben, einen großen Schritt nähergekommen. Für mich sind die Stunden dort auch die beste Gelegenheit, Neues zu lernen. Im Fernsehen bin ich von meinen Kundinnen trotz Liveschaltungen immer ein Stück entfernt, aber hier bekomme ich Lob und Tadel im wahrsten Sinne des Wortes hautnah und ungeschminkt. Auch heute unterhalte ich mich mit Kundinnen, dann verziehe ich mich ins Büro zu einem Produktmeeting. Roland ist mit einigen Mitarbeiterinnen aus Innsbruck gekommen. Die nächsten vier Stunden wird hart gearbeitet. Wenn wir um den Tisch sitzen und gemeinsam Entscheidungen treffen, ist es verboten, zu tadeln und zu meckern, denn das ist der Tod jedes Brainstormings. So haben wir am Ende des Treffens einen ausgearbeiteten Plan, wie es die nächsten Wochen weitergehen wird. Das alles habe ich nie gelernt. Ich habe weder Betriebswirtschaft noch Marketing studiert und ich glaube auch nicht, dass gute Unternehmensführung ein Buch mit sieben Siegeln ist – etwas, das nur Auserwählte in den Geheimzirkeln der Eliteuniversitäten erlernen. Es kommt vor allem darauf an, zu wissen, wohin die Reise geht und dabei das Potenzial der Mitarbeiter zu fördern. *Management by Judith* bedeutet, ehrgeizige Ziele zu verfolgen, ohne auf dem Weg dorthin die Menschlichkeit zu verlieren. Jeder Mitarbeiter hat seine Stärken und Schwächen, beides muss in Entscheidungen miteinbezogen werden, um dem Mitarbeiter ein Spielfeld zu geben, auf dem er wachsen kann. Pünktlich um 14 Uhr beende ich unser Treffen, denn um 15 Uhr hat Sophia Schule aus. Jetzt ist Mama-Taxi gefragt, weil sie ins Ballett möchte. Wie damals meine Mommy bleibe ich dort, sehe ihr zu und freue mich am Spaß, den sie hat. Ich rede mit anderen Mamas, danach gehen Mutter und Tochter ein wenig shoppen. Mittlerweile weiß Sophia genau, was sie will. Sie gibt vor, welche Läden wir ansteuern und welche wir links liegen lassen. Anschließend gehen wir nach Hause, essen gemeinsam Abendbrot, später bringe ich die Mädchen ins Bett. Jetzt könnte eigentlich der gemütliche Teil des Abends beginnen, stattdessen packe ich schnell ein Köfferchen – dafür brauche ich nicht mehr als fünf Minuten. Alexander erinnert mich daran, dass nächste Woche seine Dreharbeiten beginnen. Da werde dann ich den Teil des Jobs übernehmen, den er diese Woche für mich ausführt. Doch nun springe ich ins Auto und es geht Richtung Flughafen. Dort wartet Nazan auf mich, wie immer pünktlich und mit unseren Tickets für den Spätflug nach Mailand. Der ist wirklich spät, denn der Flieger hat eineinhalb Stunden Verspätung. Als wir in Mailand landen, ist es schon weit nach Mitternacht. Der Taxifahrer zeigt uns müden und verschüchterten Frauen, dass jeder Italiener zur *Scuderia Ferrari* gehört, dem italienischen Formel-1-Rennstall. Er fährt mit

180 Stundenkilometern über die Stadtautobahn. Schlagartig sind wir hellwach. Eigentlich kann ich Italienisch, doch als er in dieser Geschwindigkeit durch eine Mautstation rast, habe ich schlagartig alles vergessen. Nazan und ich halten uns an der Hand und sind gottfroh, als wir mit quietschenden Reifen heil am Hotel ankommen, in dem auch die Filmcrew untergebracht ist. Nazan regelt noch alles, was ich für den nächsten Tag brauche, dann geht's ins Bett, denn vier Stunden später klingelt der Wecker. Immerhin, das ist um sechs Uhr, fast schon Luxus nach den letzten Tagen. Kaum bin ich auf, platzen Regisseur und Kostümbildnerin in mein Zimmer. Es geht um meine Modekollektion »I love Milano«, für die wir einen Werbespot drehen. Der Kostümbildner ist ein Modeverrückter. Er schleppt eine riesige Kiste mit Accessoires herein und kippt sie auf meinem Bett aus.

»Zu den Seidenblusen könnte das passen, oder das, oder das«, schwelgt er in Schals, Ketten und Tüchern. Während wir nach dem Geeigneten suchen, reicht mir Nazan eine Banane und einen Latte Macchiato. In solchen Momenten schätze ich sie ganz besonders. Sie sieht mir an, wenn ich vergessen habe, etwas zu trinken oder mal eben fünf Minuten zum Durchatmen brauche. Für dieses Feingefühl bin ich ihr sehr dankbar – manchmal rettet es mir geradezu das Leben. Der Kameramann ist jetzt auch da und er und der Aufnahmeleiter diskutieren, wie sie was wo filmen werden. Dann ist Aufbruch und wir fahren über den Corso di Porta Vittoria geradewegs zur Piazza del Duomo. Der Duomo di Santa Maria Nascente, der Mailänder Dom, die drittgrößte Kirche der Welt, erhebt sich vor mir und wie immer verschlägt mir dieses prächtige Bauwerk für einen Augenblick den Atem. Gleich um die Ecke befindet sich die Galleria Vittorio Emanuele II, vielleicht der schönste Ort zum Einkaufen in Europa. Dort baut das Filmteam unser Basislager auf mit den Kameras, den riesigen Lampen, den unzähligen Kleidern. Gleich darauf sind wir umringt von Schaulustigen. Doch Italiener nehmen den Charme ja mit der Muttermilch auf, zumindest ist das mein Eindruck. Ich liebe es, mich unter sie zu mischen; ihre galanten Zurufe sind Entschädigung für den eiskalten Wind, der über den Domplatz fegt. Während ich mich in einem kleinen Zelt umziehe, wird mein Make-up nachgebessert und der Sitz meines Kleides mit Stecknadeln in Form gebracht. Nazan fuchtelt mit Blättern vor meiner Nase herum. Sie hat tatsächlich vier Aktenordner in ihrem Koffer mit dabei und erinnert mich daran, dass ich hier nicht nur einen Werbespot drehen soll, sondern auch ein Unternehmen zu führen habe. Dann ruft der Aufnahmeleiter zu ersten Szene und eine Traube von Menschen sieht zu. Ein bisschen wirkt das wie Hollywood und als ich mich dazu hinreißen lasse, einen Autogrammwunsch zu erfüllen, erhalte ich einen Rüffel vom Regisseur. Ich solle bittschön mehr Konzentration an den Tag legen. Exakt abgezählt muss ich 15 Schritte nach vorn gehen, dann die Sonnenbrille abnehmen und in einem genau abgezirkelten Bogen die Szene verlassen. Das drehen wir drei Mal, was normal sei, erzählt mir der Regisseur, schließlich habe Billy Wilder im Film *Manche mögen's heiß* einige Szenen mit Marilyn Monroe zwanzig Mal häufiger gedreht. Wenn das so ist, kann ich mich jetzt auf meine Lieblingsszene freuen: Ich darf in einen Alfa Romeo Spider der zweiten Generation von 1981 steigen, der prominent vor dem Dom auf mich wartet. Laut Drehbuch steht er dort einsam und allein, doch Papier ist geduldig und Schaulustige sind es nicht. Gut vierhundert Leute drücken sich um das Auto herum und wir trauen uns nicht, sie wegzuschicken. Der Regisseur hat die kluge Idee, sie einfach in den Film mit einzubauen. Langsam fahre ich durch die Menge und komme mir nun wirklich wie ein Filmstar vor. Dann geht es durch die Stadt. Das Auto gehöre einem älteren Ehepaar, hat man mir erzählt, das darin seine Hochzeitsreise gemacht habe. Und ich stecke mitten im Mailänder Stadtverkehr! »Hoffentlich fahre ich keine Delle hinein«, denke ich, während neben mir das Auto mit dem Kameramann auftaucht.

»Judith«, schreit er. »Du musst Gas geben!«

Ich traue mich nicht so recht mit diesem wertvollen Gefährt und muss mir einiges anhören von wegen Frau am Steuer. Irgendwann ist auch diese Szene im Kasten und das ist gut so, denn Nazan weiß, dass unser Flugzeug nicht auf uns wartet. Die Zeit reicht gerade noch, damit ich dem Team einen ausgeben kann als Dank für die tolle Arbeit. Dann fährt uns ein Taxi zum Flughafen. Weil Feierabendverkehr ist, geht das dieses Mal nicht in Formel-1-Manier. Wieder hat der Flieger Verspätung und so ist es 23 Uhr, bis ich zu Hause bin. Jetzt kommt das große Ritual, auf das ich mich schon den ganzen Tag gefreut habe. Ich gehe ins Zimmer der Kinder und rufe laut: »Die Mama ist wieder zu Hause!« Ich weiß nicht, ob ich das machen würde – schließlich schlafen sie tief und fest –, wenn ich es als Kind nicht selbst verlangt hätte. Kam Daddy von einer Reise zurück, war das als Erstes zu erledigen – und wehe, er vergaß es, dann war ich stinksauer, denn irgendwo in meinen Träumen nahm ich den Ruf immer wahr. Genauso wollen es auch meine Kinder. Es muss wohl ein »Wieder zu Hause«-Gen geben, das ich weitervererbt habe. Erst nach dem Ritual darf ich mich zu Alexander ins Wohnzimmer setzen. Ich habe ihm ein kleines Geschenk aus der Galleria Vittorio Emanuele II mitgebracht. Natürlich will er alles bis ins letzte Detail wissen und dazu trinken wir noch ein Gläschen Wein. Dann falle ich ins Bett. Der Tag war lang und aufregend und zum Glück ist der morgige Mittwoch fast ein wahrer Ruhetag. Nun ja, Ruhe ist zu viel gesagt, aber ich muss zumindest nicht auf Sendung oder irgendwohin fliegen. Ich kann mit den Kindern frühstücken und sie in den Kindergarten und zur Schule fahren. Den Tag verbringe ich im Beauty-Institut, bis es an der Zeit ist, die Kinder wieder abzuholen. Der Abend gehört der Familie. Nachdem wir die Kinder ins Bett gebracht haben, will ich es ihnen am liebsten gleichtun, weil ich am nächsten Morgen schon wieder um vier Uhr aufstehen muss.

»Du wärst ein guter Bäcker geworden«, grinst Alexander, als ich den Wecker stelle. Wenigstens werde ich den Weg zum Flughafen noch vor den ersten Morgenstaus hinter mich bringen. Dieses Mal haben wir den Frühflug und das Ziel heißt Bologna. Neben Venedig eine meiner italienischen Lieblingsstädte, aber ich werde nicht viel von ihr zu sehen bekommen, denn unser Programm ist umfangreich. Bologna wird wegen seiner berühmten Universität in Italien gern »La dotta« genannt, die Gelehrte, und die Wissenschaft ist auch der Grund unseres Besuches. Gerade findet die Kosmetikmesse »Cosmoprof« statt, die weltgrößte ihrer Art, mit 2.400 Ausstellern und mehr als zweihunderttausend Fachbesuchern. Ich bin dort, um mich mit einigen auf dem Gebiet der Kosmetik führenden Wissenschaftlern zu treffen – eine wunderbare Gelegenheit, die mir einige Reisen in die USA oder nach Asien erspart. Deshalb ist mein Terminkalender auch rappelvoll. Den Tag über spreche ich über dermatologische Studien, Wirkstoffe und ob es Sinn hat, eine Creme mit sehr kleinen Proteinen zu entwickeln, sogenannten Peptiden. In den kurzen Pausen zwischen den Meetings sause ich wie ein Wirbelwind über die Messe und schaue mir Verpackungen an. Ich habe ein Faible für feine Emballagen, denn eine schöne Hülle ziert alles. Die Besprechungen ziehen sich bis in den späten Abend hinein, eine davon setzen wir sogar noch im Restaurant fort. Da wir mal wieder viel zu spät das Hotel gebucht haben, müssen wir anschließend noch sechzig Kilometer Auto fahren, bis nach Ferrara. Als Chauffeur stellt sich Roland gern zur Verfügung – und wieder darf ich eine rasante Fahrt »genießen«. Dafür versagt sein Navi und wir lernen die Umgebung von Ferrara kennen.

Um zwei Uhr nachts kommen wir endlich an, morgens um sieben Uhr geht's schon wieder weiter. Ein Termin jagt den nächsten, bis Nazan mich am Ärmel zupft: »Unser Flieger geht in einer Stunde. Schaffen wir das?«

»Der ist sowieso wieder zu spät.« Dieses Mal behalte ich leider nicht recht. Doch eine freundliche Frau vom Bodenpersonal öffnet das Gate, als Nazan und ich völlig außer Atem auftauchen. Über den Alpen finde ich eine Mütze Schlaf, die kann ich auch gebrauchen. Als wir um 19.30 Uhr ankommen, springe ich ins Taxi, telefoniere mit Zuhause und lasse mich nach Ismaning fahren. Für die zwanzig Kilometer braucht der Fahrer genau eine halbe Stunde und so bin ich superpünktlich zum

Pre Production Meeting im Sender. Heute ist Freitag und meine Shows gehen wieder los. Die letzte an diesem Abend ist wie gewohnt um null Uhr zu Ende. Ich gehe ins Hotel, schlafe ein paar Stunden, dann werde ich in den nächsten beiden Tage erneut 13 Sendungen über die Bühne bringen. Live und ohne doppelten Boden. Sonntagabend um 22 Uhr habe ich Feierabend und fahre vergnügt nach Hause.

Natürlich ist nicht jede Woche eine Judith-Williams-Woche wie hier beschrieben. Es gibt auch Zeiten, in denen ich keine Sendungen habe, weder in Deutschland noch in England noch in Russland und auch nicht in Italien, wo ich inzwischen ebenfalls on air bin. Eigentlich gibt es drei Dinge, die für das Zusammenspiel zwischen Familie und Karriere unerlässlich sind: gute Planung und gute Kommunikation mit dem Partner. Und eine Sache, die ich »Qualitätszeit« nenne. Wenn man weniger Zeit mit der Familie verbringen kann, als einem manchmal lieb ist, muss man dafür sorgen, dass sie sinnvoll genutzt wird. Alexander und ich spielen Spiele mit den Kindern; wir machen Musik und stellen etwas Lustiges auf die Beine.

Manchmal fragen mich Freunde, ob ich nicht etwas vermisse. Sie meinen damit Mußestunden, in denen nichts passiert, eben Dolcefarniente. Meistens antworte ich dann: »Ach, das wäre schon mal schön.« Doch um ehrlich zu sein stimmt es nicht. Ein Wirbelwind wie ich braucht Action. Wenn ich die habe, geht's mir gut.

Kapitel 25

Inspirationen

Ich bin in meinem Leben vielen Menschen begegnet, die mich auf ihre ganz eigene Weise inspiriert haben. Da sind zum einen meine Eltern, die es schafften, ohne Geld in einem fremden Land den Traum vom selbstbestimmten Leben zu verwirklichen. Man unterschätzt häufig, wie schwer es ist, in einem neuen Land Fuß zu fassen. Das liegt nicht daran, dass es einem das Land und seine Menschen schwermachen, im Gegenteil, man erfährt oft Hilfe von überraschender Seite. Doch ist es eine Herkulesaufgabe, die feinen Untertöne, Eigenheiten, unausgesprochenen Regeln erst einmal zu erlernen. Ich weiß, von was ich spreche, schließlich bin ich regelmäßig auf dem Amt, um meine Aufenthaltsgenehmigung zu erneuern. Manchmal kann ich dem einen oder anderen noch unerfahrenen Ausländer die in Beton gegossenen Regeln begreiflich machen. Schließlich erinnere ich mich noch gut daran, wie ich es selbst mit einer unterkühlten Amtsfrau zu tun hatte, als ich ein Au-pair-Mädchen einstellen wollte. »Das ist unmöglich«, beschied sie mir. »Sie sind keine Deutsche.«

»Ich spreche doch die Sprache. Fehlerfrei sogar«, protestierte ich. »Außerdem bin ich alleinerziehend und brauche eine Unterstützung. Bitte machen Sie eine Ausnahme.«

»Wir sprechen hier von Gesetzen und da gibt es keine Ausnahme.«

Da hatte ich es. Wenn der Amtsschimmel wiehert, gibt es eben keine Ausnahmen. Was mich dann inspiriert, ist, einen anderen Weg zu finden. Den gibt es immer, denn wo ein Wille ist, ist auch ein Weg. Und den guten Willen findet man halt nicht immer in deutschen Amtsstuben ...

Auch Alexander gehört zu denen, die noch viel besser als ich eine Herausforderung als Chance begreifen und ein Nein als ein Da-könntewas–draus-Werden ansehen, bis es am Ende zum Ja geworden ist. Roland inspiriert mich immer wieder mit seinem Mut, seinen Visionen und seiner Ruhe, wie auch Pierre Bourdon, der berühmte Parfümeur. Er erzählte mir, wie er seinen weltbekannten Duft »Cool Water« jahrelang für sich behielt, weil einfach keiner auf dieser Welt ihn haben wollte. Bis eines Tages die Zeit dafür reif war. Manchmal sind es Menschen auf der Straße, die mich inspirieren, und natürlich meine Mitarbeiter, jeder auf seine ihm eigene Art. Die größte Inspiration sind unsere vier Kinder. Wie sie alle kleinen oder großen Hindernisse überwinden und im nächsten Moment aus vollem Herzen in ein wunderbares Lachen ausbrechen. Ihre Art, die Menschen zu verstehen und nie lang irgendjemandem böse zu sein, inspiriert mich täglich, die kleinen Dinge des Lebens als größte Schätze anzusehen.

Meine Schwester Elisabeth, die ihre Krankheit mit viel Ehrgeiz und Disziplin erträgt, und Katharina, die ohne mit der Wimper zu zucken ihr letztes Hemd verschenken würde, um anderen zu helfen. Wenn man wie ich einen Engel als Mutter hat, erkennt man das im Alter mehr und mehr. Sie stand immer zu Daddy, egal, ob er viel oder wenig Geld nach Hause brachte, und sie liebt mich auch wegen meiner Schwächen. Von Daddy habe ich gelernt, dass ein Mensch mit Humor ein Millionär ist. Humor rettet uns, wenn alles andere versagt. Vieles, was ich erreicht habe, verdanke ich diesem Humor sowie meiner Disziplin und dem Mut, aufzustehen, wenn ich hingefallen bin. Dazu möchte ich auch andere Menschen anregen. Ich bin der Überzeugung, dass jeder das Recht hat, *sein Leben nach seinen Wünschen zu gestalten* und dass es möglich ist, wenn man nur will. Mich trieb mein rebellischer Geist hinaus in die Welt und es ist mein Sinn für Humor, der dafür sorgt, dass Stolpersteine nie das Ende meines Weges bedeuten. Auf diesem Weg will ich mich nicht in eine Form pressen lassen. Daher schätze ich auch Problemlöser weitaus mehr als Bedenkenträger. Als ich jetzt meine Lebensgeschichte niedergeschrieben habe, fand ich immer wieder Erfolgsrezepte, die bei mir gut funktionierten und die ich als Inspiration gern weitergeben möchte:

Pflegen Sie sich, innerlich wie äußerlich. »Aus Gedanken werden Worte, aus Worte Taten, aus Taten Gewohnheiten«, heißt es in einer indischen Sutra. Innere Pflege beginnt bei den Gedanken und ist so wichtig wie äußere Pflege. Ich habe es mir zur Grundregel gemacht, den Tag mit Dankbarkeit und Freude zu beginnen – und ihn so zu beenden. Selbst an harten Tagen mit unangenehmen Ereignissen gibt es viel, für das wir dankbar sein können.

Nutze deine Talente. Wer hätte gedacht, dass aus mir eine Verkäuferin wird? So geht es uns häufig: In uns schlummern Talente, von denen wir nichts wissen oder glauben, sie seien unnütz. Es lohnt sich, zu suchen und dann mit Leidenschaft zu fördern. Danach kommen die Gelegenheiten wie von selbst.

Lachen ist eine universelle Kraft. Ich bin der Überzeugung, dass echtes, aus dem Herzen kommendes Lachen jeden Konflikt lösen kann. Genauso wichtig wie Lachen ist Lächeln. Damit dürfen wir sehr verschwenderisch umgehen, denn wir bekommen immer so viel zurück wie wir geben. Übrigens sorgen Lachen und Lächeln für ein natürliches Lifting, weil die Wangenmuskulatur gestrafft wird.

Täglich prasseln schlechte Nachrichten auf uns ein – die guten gehen darin unter. Dabei gibt es so viele Erfolgsgeschichten, herausragende Ideen und Menschen, die große Visionen verfolgen, an denen wir uns aufrichten können. Das ist gesünder, als stets den Negativschlagzeilen zu folgen.

Dieses Buch zeigt, wie wichtig mir Familie und Freunde sind. Doch von Zeit zu Zeit kritisieren wir die, die uns am nächsten stehen, am stärksten – manchmal nur, weil sie halt da sind. Ich versuche, meinen Nächsten stets dankbar zu sein – weil sie uns lieben und da sind.

Übung macht den Meister. Ich kenne keinen, der zu den Besten seines Fachs zählt und nicht fleißig ist. Selbst sogenannte Überflieger sind Trainingsweltmeister. Wer besser werden will muss trainieren, wer trainiert, wird besser. Das ist eine Grundregel, an die ich mich jeden Tag halte. Deshalb halte ich Probleme, Stolpersteine und Schwierigkeiten mittlerweile für Lernaufgaben – überwinde ich sie, werde ich dadurch besser.

Weil ich in einer Branche arbeite, die mitunter vor Eitelkeiten strotzt, weiß ich auch, was für ein Energieräuber diese Eigenschaft ist: Eitelkeit ist eine Lebens- und Liebesbremse, die keinem nutzt. Noch ein Grund mehr, völlig darauf zu verzichten.

Sei gut zu dir selbst – vielleicht ist diese Erkenntnis die wichtigste, die ich in meinem Leben gelernt habe. Vieles geht viel leichter von der Hand, wenn wir zu uns selbst stehen und uns liebevoll akzeptieren. Dazu gehört auch äußere Pflege: Die beginnt mit dem, was wir essen und trinken. Regelmäßiges Trinken von gutem Wasser ist sogar unentbehrlich, denn Altern heißt auch austrocknen. Deshalb esse ich immer wieder Gemüse mit hohem Wassergehalt wie Salatgurken. Auf was ich gar nicht verzichten will, ist grüner Tee.

Gut zu sich selbst zu sein bedeutet für mich auch, die Haut morgens und abends meinem Hauttyp gemäß zu reinigen. Um die Augen ist eine milde, reichhaltige Reinigung empfehlenswert, um Kinn und Wangen eine antibakterielle. Ohne Peeling geht es nicht: Egal ob Glykol, Körnchen oder Handschuhpeeling – Hauptsache, es passt zum Hauttyp. Das Geheimnis liegt einzig und allein in der regelmäßigen Anwendung.

Sonne lässt unsere Haut rasant altern. Deshalb muss sie geschützt werden – mit einem Sonnenschutz ab mindestens Faktor dreißig. Für eine frisch wirkende braune Haut sind ein Selbstbräuner oder ein

Bronzing Powder bei Weitem empfehlenswerter als direkte Sonnen-einstrahlung.

Ich kann auf gute Erfahrungen mit einer Ernährungsspezialistin zurück-blicken, die mir ein klares Bild meiner hormonellen Veranlagung ge-macht hat. Manchmal fehlt uns eine hochwertige Nahrungsergänzung und diese Untersuchung ist der Schlüssel dazu.

Jeder weiß, ich liebe meine »After Eight« – trotzdem verzichte ich weit-gehend auf Zucker in meinem Leben und greife stattdessen zu Agaven-dicksaft oder Stevia.

Ein Serum schützt die Haut und hält sie jung. Eine Creme pflegt und durchfeuchtet sie. Dabei ist wichtig, auf die natürliche Basis kaltge-presster Öle zu achten sowie auf die hohe Konzentration der Wirkstoffe. Alle vier bis acht Wochen wechsle ich Serum und Creme, damit es nicht zum Gewöhnungseffekt kommt. Ich verwende nur Kosmetik ohne tierische Inhaltsstoffe – daher ist es auch selbstverständlich, dass zur Herstellung meiner Linie keine Tierversuche unternommen werden.

Ich nenne es nicht Sport, sondern Bewegung: Denn wer rastet, der rostet – das ist ganz wörtlich zu nehmen. Ich bewege mich mindestens 15 Minuten pro Tag an der frischen Luft – und wundere mich immer wieder, wie schnell sich mein Körpergefühl verbessert und meine Stim-mung sich hebt. Ein Spaziergang im taunassen Gras weckt die müden Lebensgeister sofort. Probieren Sie es mal aus.

Selbst an Abenden, an denen ich sehr spät nach Hause komme, ver-wöhne ich meine Haut noch liebevoll mit ein paar Extras: Manchmal beruhigt das meine Nerven, manchmal bringt es mich nochmals in Schwung, doch immer sorgt es dafür, dass sich die Haut im Schlaf er-holen kann. Dazu eignen sich Ampullen in Kombination mit einer Nachtcreme oder Seren – was immer die Haut sich wünscht.

Epilog

Als ich zur Geburt unserer gemeinsamen Tochter erneut in Chicago war, musste ich mich der Sicherheit wegen wieder einem Kaiserschnitt unterziehen. Trotzdem war jetzt alles anders. Nun war ich »Judith Williams, die bekannte Moderatorin« mit einer der erfolgreichsten Kosmetikmarken Europas. Doch das war unwichtig neben der Tatsache, den Vater des Kindes an meiner Seite zu wissen. Gerade hielt Alexander unsere Tochter im Arm und sah sie lange an.

»Wie wollen wir sie nennen?«, fragte ich.

Auch Alexander gehört zu diesen Männern, die nie um eine Antwort verlegen sind. »Ist doch klar«, sagte er. »Das Mädchen heißt Angelina, weil sie die Tochter meines ›Angels‹ ist, Isabella, weil meine Mutter so heißt, Gracia, weil wir dankbar sind, sie bekommen zu haben, Viktoria, weil sie die anstrengende Schwangerschaft besiegt hat, Alexandra, weil ihr Vater so heißt, Marina, weil wir mit ihr zur Geburt über den ›großen Teich‹ geflogen sind, und Maknopi nach deinen indianischen Vorfahren. Es bedeutet ja ›Die Segenbringende‹. Mit Nachnamen wird sie ›Stecher-Williams‹ heißen, okay?«

Wir lachten beide. Dem war nun wirklich nichts mehr hinzuzufügen.

Danke

Dankbarkeit ist der Anfang einer neuen Sichtweise, wenn man unzufrieden auf der Couch sitzt und sein Leben infrage stellt.

In solchen Situation nehme ich mir immer einen Zettel und schreibe auf, wofür ich dankbar bin – und schon kehren Demut und ein neues Lebensgefühl ein. Das Leben ist ein Abenteuerspielplatz, auf dem wir uns immer wieder aufs Neue entscheiden, welche Hindernisse wir überwinden möchten. Mein Abenteuerspielplatz wies bisher viele Auf und Abs auf und ich versuchte, sie alle zu überwinden, manchmal mit und manchmal ohne Angst. Jedem, dem ich auf diesem Weg begegnet bin, danke ich von Herzen für das, was ich von ihm lernen durfte. Das Leben ist zu kurz, um nicht gemeinsam die schönsten Stunden zu verbringen und ein offenes Herz füreinander zu haben, anstatt uns zu kritisieren. Die tröstenden Worte »Ich verstehe dich« sind einer der größten Reichtümer, den wir uns schenken können. Ich bedanke mich für Ihre Zeit und dass Sie mir erlaubt haben, Ihnen meine Geschichte zu erzählen. Und wer weiß, vielleicht darf ich auch bald die Ihrige lesen. Das würde mich sehr freuen.

Von Herzen
  Ihre

josé CARRERAS
LEUKÄMIE-STIFTUNG

Alle 20 Minuten erkrankt in Deutschland ein Mensch an Leukämie oder einer verwandten Blutkrankheit:

Eine Tochter. Ein Sohn. Eine Mutter. Ein Vater. Eine Ehefrau. Ein Ehemann. Ein geliebter Mensch. Jeder einzelne ist einer zu viel. Wir helfen Menschen, die an Leukämie leiden.

Bitte helfen Sie mit, denn Leukämie muss
heilbar werden – immer und bei jedem!
Unterstützen Sie uns mit Ihrer Spende.

Deutsche José Carreras Leukämie-Stiftung e.V.

Kto: 319 966 601

BLZ: 700 800 00

Commerzbank AG München

SWIFT-BIC COBADEFFXXX

IBAN DE96 7008 0000 0319 9666 01

Kontaktieren Sie uns für weitere Informationen:

José Carreras Leukämie-Stiftung

Elisabethstraße 23

80796 München

Tel. 089 / 272 904-0

Fax 089 / 272 904-44

info@carreras-stiftung.de

www.carreras-stiftung.de

Impressum

Eden Books
Ein Verlag der Edel Germany GmbH

© 2013 Edel Germany GmbH, Hamburg
www.edenbooks.de | www.facebook.com/EdenBooksBerlin
www.edel.com
1. Auflage 2013

Einige der Personen im Text sind aus Gründen des Persönlichkeits-
schutzes anonymisiert.

Projektkoordination: Nina Schumacher
Lektorat: Katharina Stauder
Fotos im Innenteil: © Judith Williams
Umschlagabbildung: © Judith Williams
Umschlaggestaltung: Rosanna Motz
Layout, Herstellung und Satz:
Bon Bon Büro Berlin | www.bonbonbuero.de
Druck und Bindung:
optimal media GmbH, Glienholzweg 7, 17207 Röbel/Müritz

ISBN 978-3-944296-19-7